机动车驾驶教练员职业资格培训系列教材

（基础知识）

主　编　王　囤
副主编　林国赓

人民交通出版社股份有限公司
China Communications Press Co.,Ltd.

内容提要

本套系列教材根据《机动车驾驶教练员国家职业技能标准》的要求进行编写,包括《基础知识》、《三级机动车驾驶教练员》、《二级机动车驾驶教练员》、《一级机动车驾驶教练员》四个分册。本分册为《基础知识》,共七章,主要内容包括:职业道德、教育学基础知识、道路交通安全知识、机动车基本知识、节能与环保知识、急救与保险知识、相关法律法规知识。

本教材主要用于机动车驾驶教练员职业技能鉴定与培训,也可作为交通类职业院校相关专业的教学参考书。

图书在版编目(CIP)数据

机动车驾驶教练员职业资格培训系列教材:基础知识/王囿主编. —北京:人民交通出版社股份有限公司,2015.4
ISBN 978-7-114-12145-6

Ⅰ. ①机… Ⅱ. ①王… Ⅲ. ①汽车驾驶-教练员-技术培训-教材 Ⅳ. ①U471.3

中国版本图书馆 CIP 数据核字(2015)第 061447 号

书　　名:	机动车驾驶教练员职业资格培训系列教材(基础知识)
著 作 者:	王　囿
责任编辑:	郭红蕊
出版发行:	人民交通出版社股份有限公司
地　　址:	(100011)北京市朝阳区安定门外外馆斜街 3 号
网　　址:	http://www.ccpress.com.cn
销售电话:	(010)59757973
总 经 销:	人民交通出版社股份有限公司发行部
经　　销:	各地新华书店
印　　刷:	北京市密东印刷有限公司
开　　本:	787×1092　1/16
印　　张:	14.5
字　　数:	336 千
版　　次:	2015 年 4 月　第 1 版
印　　次:	2015 年 4 月　第 1 次印刷
书　　号:	ISBN 978-7-114-12145-6
印　　数:	0001~5000 册
定　　价:	35.00 元

(有印刷、装订质量问题的图书由本公司负责调换)

机动车驾驶教练员职业资格培训系列教材
（基础知识）
编写人员

主　　编：王　囹

副 主 编：林国赓

参编人员（按姓氏笔画排名）：

　　　王　静　　刘兆辉　　江振禹　　李新伟　　杨宇峰
　　　吴显强　　张桂兰　　张博华　　林立军　　易志刚
　　　罗怡彬　　彭晓东　　谢炬民

前　　言

为了满足广大机动车驾驶教练员技能等级鉴定的需要，我们组织了相关专家，根据《机动车驾驶教练员国家职业技能标准》（以下简称《标准》）的要求，编写了本套系列教材。

本套系列教材共分《基础知识》、《三级机动车驾驶教练员》、《二级机动车驾驶教练员》、《一级机动车驾驶教练员》四个分册。在编写的过程中，体现了"以职业活动为导向，以职业能力为核心"的基本原则，突出了机动车驾驶教练员的职业特色。在内容上，针对《标准》所规定的职业活动领域，结合当前我国机动车驾驶员培训行业技能型人员发展和工作实际的需要，注重机动车驾驶教练员能力培养和素质提升，图文并茂，编排科学，具有较强的针对性和可操作性，便于培训教学和学员自学。

本套系列教材由广州市交通技师学院组织编写，参编人员主要是来自广州市交通技师学院培训中心及相关部门的教师。在编写过程中，除参照《标准》外，还进行了广泛的调研，征询了大量来自一线的机动车驾驶教练员及相关驾驶培训机构的意见，反复论证与修改，力求做到尽善尽美。

本套系列教材主要用于三级、二级、一级机动车驾驶教练员职业技能鉴定与培训，也可作为交通类职业院校相关专业的教学参考书，还可满足机动车驾驶教练员继续教育的实际需要。

由于水平有限，本套系列教材一定还存在很多问题，诚恳希望广大读者多提宝贵意见。另外，在本套系列教材的编写过程中，我们从网上搜集了大量的资料，并对这些资料进行了汇总整理，部分经过整理后的资料也收录入了本套教材。在此，特向这些资料的相关作者表示诚挚的谢意！

编　者

2015 年 1 月

目　　录

第一章　职业道德 ··· 1
　第一节　职业道德基本知识 ··· 1
　第二节　机动车驾驶教练员行为规范与职业守则 ······························ 4
第二章　教育学基础知识 ·· 11
　第一节　教育学、教育心理学应用知识 ··· 11
　第二节　机动车驾驶培训教学与考试大纲 ····································· 27
　第三节　机动车驾驶培训教学方法 ·· 60
　第四节　机动车驾驶操作规范 ·· 75
　第五节　教学设施设备知识 ··· 91
第三章　道路交通安全知识 ··· 106
　第一节　安全意识与安全行为 ·· 106
　第二节　汽车驾驶安全常识 ··· 112
第四章　机动车基本知识 ·· 126
　第一节　车辆构造知识 ·· 126
　第二节　车辆主要安全装置 ··· 136
　第三节　车辆维护基本知识 ··· 144
　第四节　车辆常见故障判断与处置 ·· 155
　第五节　车辆运行材料一般知识 ··· 160
第五章　节能与环保知识 ·· 170
　第一节　汽车节能减排常识 ··· 170
　第二节　汽车环保检测常识 ··· 173
第六章　急救与保险知识 ·· 176
　第一节　伤员自救、急救常识 ·· 176
　第二节　机动车保险常识 ·· 184
第七章　相关法律、法规知识 ·· 191
　第一节　《中华人民共和国道路交通安全法》相关知识 ················· 191
　第二节　《中华人民共和国道路交通安全法实施条例》相关知识 ······ 196

第三节	《中华人民共和国道路运输条例》相关知识	198
第四节	《机动车驾驶人培训管理规定》相关知识	199
第五节	《道路交通安全违法行为处理程序规定》相关知识	201
第六节	《机动车驾驶证申领和使用规定》相关知识	203
第七节	《机动车登记规定》相关知识	205
第八节	《道路交通事故处理程序规定》相关知识	206
第九节	《道路运输从业人员管理规定》相关知识	207
第十节	《机动车驾驶培训机构资格条件》相关知识	210
第十一节	《中华人民共和国刑法》相关知识	212
第十二节	《中华人民共和国劳动合同法》相关知识	213
参考文献		224

第一章 职业道德

第一节 职业道德基本知识

一、职业道德的定义

所谓职业道德,就是同人们的职业活动紧密联系的符合职业特点所要求的道德准则、道德情操与道德品质的总和。它既是对本职人员在职业活动中行为的要求,同时又是职业对社会所负的道德责任与义务。

(一)职业道德主要内容

爱岗敬业,诚实守信,办事公道,服务群众,奉献社会。

职业道德的含义包括以下 8 个方面:

(1)职业道德是一种职业规范,受社会普遍的认可。
(2)职业道德是长期以来自然形成的。
(3)职业道德没有确定形式,通常体现为观念、习惯、信念等。
(4)职业道德依靠文化、内心信念和习惯,通过员工的自律实现。
(5)职业道德大多没有实质的约束力和强制力。
(6)职业道德的主要内容是对员工义务的要求。
(7)职业道德标准多元化,代表了不同企业可能具有不同的价值观。
(8)职业道德承载着企业文化和凝聚力,影响深远。

每个从业人员,不论是从事哪种职业,在职业活动中都要遵守职业道德。

在内容方面,职业道德总是要鲜明地表达职业义务、职业责任以及职业行为上的道德准则。它不是一般地反映社会道德和阶级道德的要求,而是要反映职业、行业以至产业特殊利益的要求;它不是在一般意义上的社会实践的基础上形成的,而是在特定的职业实践的基础上形成的。因而它往往表现为某一职业特有的道德传统和道德习惯,体现在从事某一职业的人们所特有的道德心理和道德品质,甚至造成从事不同职业的人们在道德品貌上的差异,如人们常说某人有"军人作风"、"工人性格"、"学究气"、"商人习气"等。

在表现形式方面,职业道德往往比较具体、灵活、多样。它总是从本职业的交流活动的实际出发,采用制度、守则、公约、承诺、誓言、条例以及标语口号之类的形式。这些灵活的形式既易于为从业人员所接受和实行,而且易于形成一种职业的道德习惯。

从调节的范围来看,职业道德一方面是用来调节从业人员内部关系,加强职业、行业内部人员的凝聚力;另一方面也是用来调节从业人员与其服务对象之间的关系,用来塑造本职业从业人员的形象。

从产生的效果来看,职业道德既能使一定的社会或阶级的道德原则和规范"职业化",又使个人道德品质"成熟化"。职业道德虽然是在特定的职业生活中形成的,但它绝不是离开阶级道德或社会道德而独立存在的道德类型。在阶级社会里,职业道德始终是在阶级道德和社会道德的制约和影响下存在和发展的。职业道德与各种职业要求和职业生活结合,形成比较稳定的职业心理和职业习惯,以致在很大程度上改变人们在学校生活阶段和少年生活阶段所形成的品行,影响道德风貌。

(二)职业道德的特点

1. 适用范围的有限性

每种职业都担负着一种特定的职业责任和职业义务。由于各种职业的责任和义务不同,从而形成各自特定的职业道德的具体规范。

2. 发展的历史继承性

由于职业具有不断发展和世代延续的特征,不仅其技术世代延续,其管理员工的方法、与服务对象打交道的方法,也有一定历史继承性。如"有教无类"、"学而不厌,诲人不倦",从古至今始终是教师的职业道德。

3. 表达形式多种多样

由于各种职业道德的要求都较为具体、细致,因此其表达形式多种多样。

4. 兼有强烈的纪律性

纪律也是一种行为规范,但它是介于法律和道德之间的一种特殊的规范。它既要求人们能自觉遵守,又带有一定的强制性。就前者而言,它具有道德色彩;就后者而言,又带有一定的法律的色彩。就是说,一方面遵守纪律是一种美德,另一方面遵守纪律又带有强制性,具有法令的要求,如工人必须执行操作规程和安全规定,军人要有严明的纪律。因此,职业道德有时又以制度、章程、条例的形式表达,让从业人员认识到职业道德具有纪律的规范性。

(三)职业道德的社会作用

职业道德是社会道德体系的重要组成部分,它一方面具有社会道德的一般作用,另一方面它又具有自身的特殊作用,具体表现在以下方面。

1. 调节从业人员内部以及与服务对象间的关系

职业道德的基本职能是调节职能。一方面,职业道德可以调节从业人员内部的关系,即运用职业道德规范约束职业内部人员的行为,促进职业内部人员的团结与合作,要求各行各业的从业人员,都要团结、互助、爱岗、敬业、齐心协力地为发展本行业、本职业服务。另一方面,职业道德又可以调节从业人员和服务对象之间的关系,如职业道德规定了制造产品的工人要怎样对用户负责,营销人员怎样对顾客负责,医生怎样对病人负责,教师怎样对学生负责。

2. 有助于维护和提高本行业的信誉

一个行业或一个企业的信誉也就是它们的形象、信用和声誉,是指企业及其产品与服务在社会公众中的信任程度,提高企业的信誉主要靠产品的质量和服务质量,而从业人员职业道德水平高是产品质量和服务质量的有效保证。若从业人员职业道德水平不高,很难生产出优质的产品和提供优质的服务。

3. 促进本行业的发展

行业、企业的发展有赖于高的经济效益,而高的经济效益源于高的员工素质。员工素质主要包含知识、能力、责任心3个方面,其中责任心是最重要的。而职业道德水平高的从业人员其责任心是极强的,因此,职业道德能促进本行业的发展。

4. 有助于提高全社会的道德水平

职业道德是整个社会道德的主要内容。一方面,职业道德涉及每个从业者如何对待职业,如何对待工作,同时也是一个从业人员的生活态度、价值观念的表现,是一个人的道德意识、道德行为发展的成熟阶段,具有较强的稳定性和连续性。另一方面,职业道德也是一个职业集体,甚至一个行业全体人员的行为表现,如果每个行业、每个职业集体都具备优良的道德,对整个社会道德水平的提高一定会发挥重要作用。

二、职业道德规范

(一)爱岗敬业

爱岗敬业是职业道德的基础和核心,也是社会主义市场经济条件下实现职业利益的必然要求。爱岗敬业是热爱自己的本职工作,对本职工作尽心尽力。敬业是爱岗的升华,就是以恭敬、严肃的态度对待自己的职业,专心致志。爱岗敬业要求从业人员:脚踏实地、不怕困难,有吃苦精神;忠于职守、团结协作,认真完成工作任务;钻研业务、提高技能、勇于革新,做行家里手。

(二)诚实守信

诚实守信是职业道德的基本准则,也是做人的基本准则。市场经济是契约经济,遵守契约、言而有信,是企业和每一个经济主体在市场竞争中立足的基本条件。企业是这样,职业和从业人员也是这样。职业无信无以立,人无信更不能立。可见,在社会主义市场经济条件下,诚实守信更是不可或缺的一个道德要求。诚实守信要求从业人员:做老实人、说老实话、办老实事,用诚实劳动获取合法利益;讲信用、重信誉、信守诺言,以信立业;平等竞争、以质取胜、童叟无欺,反对弄虚作假、坑蒙拐骗。

(三)办事公道

办事公道是各行各业特别是党政机关和服务行业的从业人员在职业行为中应遵循的普遍性道德要求。办事公道要求从业人员:坚持公平、公正、公开的原则,不因私害公,一切秉公办事;主持公道,伸张正义,保护弱者,清正廉洁,克己奉公,反对以权谋私、行贿受贿;对服务对象要一视同仁,不因民族和种族、阶级和阶层、性别和年龄、职位高低、贫富亲疏的差别而有所差别。

(四)服务群众

服务群众是为人民服务的道德核心和集体主义原则在职业道德中的具体体现,是对社会中各行各业及其从业人员的要求。服务群众就是为满足群众需要提供帮助。在社会主社会,无论从事何种职业都需要为人民、为社会服务;各种职业、各种岗位之间都需要"互相协作、互相服务",自己既为别人工作和服务,别人又为自己工作和服务。服务群众要求从业人员:听取群众意见,了解群众需要,为群众排忧解难;端正服务态度,改进服务措施,提高服务质量,为群众工作和生活提供便利。因此,每个从业人员都应自觉地把人民群众的需要作为工作的出发点,把让人民群众满意作为工作的落脚点,把群众最为关心和迫切要求解决的问题作为工作的着力点,把群众意见最大的问题作为工作首要解决的突破口。

(五)奉献社会

奉献社会是社会主义职业道德的本质特点和基本要求。奉献社会要求从业人员:有社会责任感,为国家发展尽一份心、出一份力,履行对社会、对他人的义务,自觉地、努力地为社会、为他人做出贡献;承担社会义务、自觉纳税、扶贫济困、捐款捐物、致富不忘国家和集体,把社会利益放在首位,艰苦奋斗、多做工作、顾全大局,必要时为了社会利益而不惜牺牲局部利益和个人利益。提倡奉献社会,就要反对只讲索取、不尽义务,反对拜金主义、享乐主义和个人主义。

第二节 机动车驾驶教练员行为规范与职业守则

一、机动车驾驶教练员的概念

机动车驾驶教练员这一职业称谓,最先在以师带徒培训驾驶人时期,人们都习惯称呼为师傅或"教官",也有的称呼为技能教师,大部分人习惯称呼为教练员。在专业机动车驾驶学校,评定技术职称时,机动车驾驶教练员归类为实习指导教师。目前,很多人都习惯称呼为"教练"、"教官",这是很不确切的。我们知道,凡从事机动车驾驶人培训职业的人,除了具有高超的驾驶技术外,还必须具备丰富的教学经验和为人师表的综合素质。实践证明,这两方面都具备了,所培养出来的机动车驾驶人,才能是具有良好驾驶理论和实际操作技能、能单独安全驾驶车辆的机动车驾驶人,为此,确切的称谓应为教师。

教师这个字眼,在历史上有过很多评价,但不外乎是讲教师这一职业的崇高,称其为"人类灵魂的工程师"。在我国进入奴隶社会时,教育便从生产活动中分化出来,教师职业也就产生了。众所周知,有深远影响的孔子,他是生活在两千多年前春秋时期的鲁国人,名气很大,威望很高,被称为"圣人"、"先师先哲"。就是因为他致力发展教育,他是教育家,也可以说是一名享有盛名的教师。

人类社会发展到了现在,教育事业已经发展到了多层次、多学科而又相互交叉、衔接的教育体系。目前,机动车驾驶人培训在遵循教学规律、教学原则下健康发展。但是,不管哪一层次、哪一门类的学校或培训站(校),要培养出合格的驾驶人,都要求教师必须具备相应的职业道德。

二、机动车驾驶教练员行为规范

教练员是学员的楷模和培育者,教练员的职业行为,会对学员产生潜移默化的影响。一名合格的驾驶人,不仅要具有熟练的驾驶技术,还应该具有强烈的社会责任感和良好的职业行为,要培养出有社会责任感的驾驶人,教练员必须具有良好的行为规范。

(一)珍爱生命,安全第一

安全第一、珍爱生命,是驾驶培训工作的宗旨。教练员从教学员起步开始,就要严格按操作规范要求,教育学员安全驾驶、珍爱生命,时刻把安全意识的培养作为教学重点。教学过程中,从维护交通秩序、保障道路畅通的高度出发,将安全意识贯穿于教学始终,各个阶段的教学都要强调安全意识、安全礼让,让学员真正明白,只有安全的驾驶人才是合格的驾驶人。

(二)遵守法规,为人师表

严格遵守交通安全法律法规,是安全行车的基本保证。教练员首先自己要做到知法、懂法、守法,安全地驾驶车辆,才能教育学员遵章守法,养成安全驾驶的行为习惯。交通安全法律法规是驾驶教学的核心内容,必须始终贯穿于教学过程中。这就要求教练员必须正确理解法律法规的内容,严格按照教学大纲的规定进行教学。教练员自身应加强修养,培养优良品德,树立安全行车理念,建立环保意识,做到言传身教。同时,教育学员自觉遵守交通安全法律法规,规范操作,谨慎驾驶,养成安全驾驶和文明行车的行为习惯。

(三)规范教学,诚实守信

诚实守信是经济交往中最可贵的理念。教练员作为服务主体,只有做到诚信,才能赢得学员的信任和社会的承认。因此,教练员必须履行教学大纲赋予的教学职责,认真按照大纲的要求和规定的学时进行教学,使学员付出的价值和得到的利益相吻合。决不允许以权谋私,投机取巧,弄虚作假,欺骗学员,变相索贿,侵害学员的正当权益。

服务学员、与学员建立良好的关系是教练员的一项重要任务。学员与教练员之间存在着一种权利与义务、被服务与服务的关系,为学员服务是教练员的义务。教练员应摆正自己的位置,用服务的理念创造一种和谐的教学环境,诚实、平等地面对所有学员。从第一次见面时就开始创造出积极、轻松、诱人的学习氛围,以此赢得学员的信任,对整个学习过程产生积极的影响,从而取得良好的学习效果。

学员具有不同的年龄、性别、知识背景和职业背景,因此,要求教练员应具备特殊的、灵活的教学方式,并根据学员的不同类型随时进行调整。优秀的教练员应真诚、公正、积极地对待每一位学员。

(四)廉洁自律,文明施教

教练员从事的教学,主要在动态条件下进行,往往面临着不同的教学环境,是一个理论与操作紧密联系的互动教学过程。这就要求教练员既要具备理论教学素质,又要有实际操作能力。

由于教练员教学对象复杂多样、层次参差不齐,教学难度较大。教学手段和教学方法就必须因人而异,本着为学员和社会负责的态度,从培养学员的学习态度着手,用爱心、诚恳、亲切和以身作则、循循善诱的方式帮助学员树立学习信心,循序渐进,由浅入深,从鼓励到逐渐严格要求。根据学员不同性别、性格、接受能力,乃至家庭和生活环境及生理、心理反应,因材施教,保证教学效果和教学质量。

（五）勤于钻研,不断创新

教练员的素质决定了驾驶培训的质量,教练员的教学理念和教学能力是培养安全驾驶人的关键因素。学员驾驶技术的高低取决于教练员的专业知识、操作技能和教学能力,而学员驾驶行为和品质的优劣在于教练员的教学理念和道德风貌。教练员专业知识浅薄、操作技术生疏,就无法引导学员学好专业知识,牢固掌握驾驶技术,同时也得不到学员的尊重。教练员的思想意识、道德风貌、治学精神、言谈举止,每时每刻都在感染、熏陶和影响着学员,对学员起着潜移默化的作用。

因此,教练员必须具有良好的文化道德修养和较高的文化素质,广博深厚的专业理论知识和熟练的驾驶操作技能,先进的教学理念和教学方法。同时,还要不断丰富自己的专业知识,及时调整知识结构,强化安全意识,更新教学理念,提高教学水平,以适应社会的发展和驾驶人素质教育的需要。

三、机动车驾驶教练员职业守则

（一）做好职业转变

要做好职业转变,这是由机动车驾驶人教学工作的特点决定的,也是从事这项职业的教师普遍应转变的。这是因为担负这一职业的教师,并不像普通教育的教师由师范院校培养后走向讲台,向学生传授知识。作为机动车驾驶人的教师的要求,在《机动车驾驶人培训机构资格条件》中有明确规定,必须是具有相应的学历和5年以上安全驾驶经历,经过教练员培训班的培训考核合格,取得教练员资格证书,才能走上这一职业教师岗位。也就是说,由驾驶人转换为教师,不仅服务对象变了,而且工作内容由动手驾车变为用嘴讲课,完全转变为传授驾驶技术的专职教师,这360°的大转变,对于走向教师岗位的每一个人来讲,其难度是相当大的。既然选择了这一职业,就必须要有充分的思想准备。

（1）应尽快树立起教师的形象。按心理学的观点,教师给学员的第一印象是很重要的。怎么树立教师的形象？由于驾驶行业的特点,许多驾驶人的仪表、仪容、言谈举止都存在一些不尽人意的地方,文化层次、知识结构、道德修养等方面仍有欠缺。现在从单独作业变为群体性工作,驾驶行业的不良恶习必须坚决改掉。

（2）要成为名副其实的教师就应认真学好教育学和心理学,这是当好教师的基础或前提。

（3）要在教学实践中虚心向有教学经验的老教师学习,汲取教学中的知识养分。实践表明,有的新教师完成这个职业转变比较快,适应性强,教学效果逐渐变好；但也有的新教师,在原来的驾驶职业中所形成的不良习惯比较顽固,难以改变,其职业转变也就较慢。如果自身又不努力学习和钻研教学业务,教学效果也就较差,最终会被淘汰出教师队伍。所谓隔行如隔山,作好职业转变,对于搞好教学、提高教学质量是十分重要的。

（二）热爱企业,为企业整体发展努力

学校的兴衰与每一位教师有着直接的联系,从事机动车驾驶人培训工作的每一名教师,对自己所在企业的热爱也应该是真诚的。只有企业的兴旺发达,才有每一位教师施展才华的地方。

热爱企业,首先要关心企业的校风建设。校风是什么?校风就是学校的形象代言词,是学校的声誉。要爱护学校的形象和声誉,为学校的建设和发展添砖加瓦,要肩负"学校兴亡,匹夫有责"的使命,同那些损害学校形象、声誉的不良行为彻底决裂。

热爱企业,也是教师主人翁责任感的真实体现。一个缺少主人翁责任感的教师是不可能具有高尚的道德情操的,从事机动车驾驶培训这一职业活动也是不称职的。

(三)热爱教师工作,敬业奉献

教师工作成果的好坏,关系到民族素质的提高和国家兴旺发达。敬业奉献,就是爱自己所从事的职业,并愿为之付出自己的一切,是全心全意为人民服务的具体表现。敬业,就是敬重自己所从事的职业。从事机动车驾驶培训工作,首先要热爱这一职业,愿为之付出心血和汗水,也就是我们常说的事业心。奉献,就是要正确处理好国家利益、集体利益、个人利益三者之间的关系,集体主义的价值观就是奉献的价值观。随着机动车驾驶培训买方市场的逐步建立,学习机动车驾驶技能的人,更看重的是企业的服务质量。因而,企业经营的好坏,服务质量是否到位显得十分重要。很大一部分人是利用业余时间学习驾驶。教师不可能沿袭传统的8小时工作制,实际工作时间往往都在10多个小时,而付出的劳动时间与获取的劳动报酬也难成正比。教师常常要付出很多业余时间、节假日时间为学员服务,这就是奉献精神所在。为此,这就要求教师在自己的工作岗位上,不畏艰辛,尽责尽职,献出自己全部的光和热。

(四)热爱学员,全面关心学员

教师进行职业活动的对象是活生生、有感情、有个性的社会成员。教师教学的手段和方式,除了必备的机动车和各种不同的道路、训练场地外,更重要的是教师用自身的知识、道德品质、修养、情感去影响学员。机动车驾驶培训有这样的特殊性,学员与教师在一个相当长的时间里朝夕相处,教师的职业活动是和学员相互作用完成的。在这种师生关系中,很重要的是道德关系,也就是说,师生之间要不断地进行道德方面的调整。而师生之间关系的调整,教师起着主导作用。因此,教师热爱教育事业,必须同热爱学员有机地结合起来。托尔斯泰说:"如果一个教师仅仅热爱事业,那么他只是一个好教师,如果一个教师把热爱学生结合起来,他就是一个完美的教师。"完全可以说,热爱学员,就是教师热爱人民的具体表现。反过来说,如果教师不热爱学员,就不具备人民教师的资格,也没有身为人师最起码的道德基础。

解决了对热爱学员重要性的认识,还要解决好热爱学员的方法。我们说的爱,是有理智的爱,是有严格要求的爱。爱和严是对立统一,爱必须严,严是为了爱,爱中有严,严中有爱。没有爱的严,可能是冷酷无情,是封建家长式的严,这不符合师德的要求;同样,没有严的爱,不是真正的爱,是偏爱、溺爱、放纵,也不符合师德的要求。正确的方法是,严而有格,爱而有方。

严而有格,就是要按照国家的法律法规、教学计划和教学大纲以及学员应掌握的职业道德、安全驾驶常识等教育和管理学员。

爱而有方,主要是以下3点。

(1)以平等的态度对待学员。每个教师应该懂得,教师和学员在地位上是平等的,追求的目标是共同的。教师希望学员学好,学员希望教师教好,共同点就是严格按照教学计划和教学大纲,教完和学完全部教学内容,做到每个学员的理论学习和驾驶操作时间充足、科目不漏、里程不少、标准不降,使学员达到驾驶考试的基本要求和独立安全地驾驶车辆的目标。采用压制、放任或交易的办法和态度对待学员,都不符合师德的要求。

(2)相信、尊重学员。从总体来看,学员具有强烈的求知识、学技术的愿望,能够接受教师的正确辅导和教育。只要教学方法得当,学员就能够做到虚心好学、勤学苦练。尊重学员就是要尊重学员的人格,学员是有头脑、有个性、有尊严的人。即使对待那些有缺点、错误、接受能力慢的学员,也要从他们的自尊心上考虑,注意批评的方式和方法,不能采取讽刺、挖苦、打击、刁难、体罚等办法,更不能采取回避的办法,不闻、不问或和稀泥。要善于观察学员的性格、情绪变化,有针对性地做好深入细致的思想工作,帮助学员解决疑难问题,对他们的进步多鼓励,使学员以饱满、轻松、愉快的心情投入到学习中。相信学员、尊重学员可以使教师的爱通达学员的心灵,形成良好的师生感情,这是正确调整师生关系和保证教师教好、学员学好的基础条件。

(3)保持情绪稳定。切忌对学员表示厌恶、进行谩骂、人身攻击、殴打和侮辱人格等违反师德的行为。更不能因为在工作中受到上级领导的批评,在家中与家庭成员发生争吵,在日常生活中与同事、朋友闹意见等,将心里的不痛快发泄在学员头上,导致学员产生逆反心理,形成心理障碍或形成师生之间的感情障碍。

(五)团结互助,发挥群体作用

社会主义的师德,不仅要调整师生之间、教师与社会之间的关系,而且还要调整教师与教师的关系。目前的驾驶培训教学已经不再是师带徒的教法,而是一个企业、一个教练队、一个教学点的集体化教学,教师之间追求的目标和根本利益是一致的。众所周知,一所学校之所以能成为名牌,并不仅是学校的硬件、软件齐备,也不仅是有一名"名牌"教师,而是储备了众多"名牌"的教师。人们所说的一人红红一点,万紫千红春满园,说的就是这个道理。因此,正确处理教师与教师之间的关系,就是教师之间在思想上要以诚相待,在工作上互相支持配合、互相帮助,在教学上交流探讨、相互观摩,取长补短、共同提高,在生活上彼此关心爱护、为他人排忧解难,牢固树立集体利益高于一切的思想。那种彼此轻视、同行嫉妒的旧思想和旧观念必须清除,教师必须具有嫉妒之心不可有、虚心态度不可无的胸怀。

(六)以身作则,为人师表

教师被誉为人类灵魂的工程师,那什么是灵魂?就是具有良好的心理品质,高尚的道德情操。作为人类灵魂的工程师,需要用自身的道德实践去做学员的楷模,感化和陶冶学员的心灵,成为学员成长道路上的好带头人。

为人师表,就是要求教师要有身体力行、以身作则的精神,"其身正,不令而行;其身不正,虽令不从",这是古训,若用现代的话讲是"喊破嗓子,不如做出样子"。这就是说,教师在教学活动中,必须做到言传身教,凡是要求学员要做好的事,自己要先做好,言行一致、表里如一。但个别教师在做"示范"过程中,过分"卖弄"驾驶技术或过分地"表演"而忽视规范操作和遵守交通法规,甚至开"英雄车"、"霸王车"以及"得理不让人",这些恶习对学员起着

第一章 职业道德

极不好的作用。对学员来说,规范正确的驾驶操作学起来相对费力,而"歪门邪道"却学得快,所以教师切忌过于"卖弄"或"表演"。

为人师表,还要严于解剖自己,善于多作自我批评。"金无足赤,人无完人",即使是一位很有威望的教师,在教学中也难免有缺点和错误。优秀的教师能够及时发现缺点和错误,或在领导、同事、学员为其指出时,敢于正视并勇于开展自我批评或向学员赔礼道歉,认真改正而不固执己见。事实上,教师在教学中发生差错,向学员作自我批评,不仅不会降低教师的威信,反而会得到学员的尊重。

(七)廉洁奉公,抵制不正之风

社会主义市场经济的发展,给道德建设提出了一系列的新问题。权钱交易、风气不正、道德低下,也已经在机动车驾驶培训行业中有所表现:用暗示的方法,要求学员"表示表示";以自己或家属过生日为由,向学员摊派钱物;收受学员的礼物;硬性向学员"借钱";吃了饭让学员付钱;在外教学时让学员包吃、包住,去酒吧、卡拉 OK 厅、舞厅;让学员陪打麻将、玩扑克牌,甚至从中赢取学员的钱物;让学员承付教学车辆的过路费、停车费、汽油费、修理费。这些行为在个别地方或驾校已经"公开化""合法化",如果学员不满足教师的这些无理要求,教师就会采用多种方式"惩治",例如:在驾驶操作过程中讽刺、刁难、挖苦、打击、侮辱学员、克扣学员的正常训练时间、里程、"包办代替"学员的正常操作(无故拉方向、代学员加减挡、踩制动踏板),车辆天天抛锚、天天维修等。个别教师"吃、拿、卡、要"的行为已经到了让学员"谈虎色变"的境地,这些丑恶现象的滋生和漫延严重扰乱了机动车驾驶培训市场的秩序,违背了市场经济运行的规律。这些行业不正之风不除,就难以保证机动车驾驶培训市场朝着有序、规范的方向发展。

为此,作为机动车驾驶培训的教师,必须坚决抵制行业不正之风,在教学活动中做到:

一是不吃学员一餐饭;

二是不喝学员一瓶水;

三是不抽学员一包烟;

四是不收学员一份礼;

五是不借学员一分钱;

六是不向学员摊派任何名目的费用;

七是不使用不文明语言教学;

八是不跟学员进舞厅和卡拉 OK 厅;

九是教学期间对待学员一视同仁;

十是不无故占用学员的教学时间和里程;

十一是教学期间不饮酒或玩棋牌;

十二是不无故带学员到教学路线以外的地点游山玩水。

这 12 条戒律,是检验每位教师道德品质好坏的标尺,也是维护教师自身形象和维护培训站(校)信誉的关键所在,每一位教师都应争做廉洁奉公的楷模,这也是对教师职业道德的具体要求。

(八)努力学习,与时俱进

机动车驾驶培训教师这个职业,不单是教给学员驾驶技术,而且还要不断向学员灌输交通法规、安全驾驶理论知识、机动车构造和维护等方面的知识。要想成为一名合格的教师，必须深入细致地学好、弄通《中华人民共和国机动车驾驶证申领和使用规定》、《中华人民共和国道路交通安全法》及实施条例和机动车安全驾驶、机动车构造等多方面知识。只有这样才能做到"自己肚里有一桶水，方能向学员倒出一碗水"。并且，应满足当代机动车驾驶培训教学的要求，努力使教学向规范化、层次化方向发展，逐渐成长为一名高素质的教师。

第二章 教育学基础知识

第一节 教育学、教育心理学应用知识

一、职业教育基本知识

(一)职业教育的含义

1. 国际上对职业教育内涵的界定

国内外对职业教育的理解存在一定差别,比较典型的论述有以下几种。

(1)《国际教育标准分类法》(1997年)——职业前或技术前教育。

它是为学生进入劳务市场和准备让他们学习职业或技术教育课程而设计的教育。

它是为引导学生掌握在某一特定的职业或行业,或某类职业或行业中从业所需的实际技能、知识和认识而设计的教育。

(2)联合国教科文组织(2001年)——技术与职业教育。

它所指的教育过程除涉及普通教育之外,还涉及学习与经济和社会生活各部门的职业有关的技术及各门科学,以及获得相关的实际技能、态度、理解能力和知识。还进一步理解为:普通教育的一个组成部分;准备进入某一就业领域以及有效加入职业界的一种手段;终身学习的一个方面以及成为负责任的公民的一种准备;有利于环境的可持续发展的一种手段;促进消除贫困的一种方法。

2. 国内对职业教育内涵的界定

职业教育是指适应个体发展以及经济和社会发展要求,在一定的文化水平基础上,培养人们获得一定职业资格,以及继续深造、职业发展所需要的知识和技能的综合职业素质教育。包含以下3个方面的含义:

(1)职业教育是给予学生或者在职人员从事某种生产、工作所需的知识、技能和态度的教育。分为就业前和就业后两类。

(2)职业教育是专门以职业为目的的教育,是使受教育者达到职业资格的获得、保持或转变职业生涯质量的获得与改进的教育。

(3)职业技术教育是指在一定普通教育基础上,为某种适应职业需要而进行的专门知识、技能和职业道德教育,使受教育者成为社会职业所需要的应用人才的教育。

(二)职业教育的目的

我国现代意义上的职业教育已有一百多年的历史,其实质是教人学会生存的社会活动。

职业教育培养的人才面广、专业门类繁多，涉及第一、第二产业和第三产业的各类专业。职业教育的目的是什么？到目前为止，虽然还没有一个完整而公认的表述，但是综观我国各个历史时期对职业教育目的的阐述，职业教育的目的应包含以下内容：

(1)全面发展：不同时期、不同层次、不同专业的职业教育目的无不要求接受职业教育的对象在德、智、体方面全面发展。

(2)人才类型是技能型和技术型人才。

(3)人才层次是初、中、高级专门人才。目前，职业教育呈现层次高移的趋势，人才层次主要以高级专门人才为主。

(4)工作场合是基层部门、生产一线和工作现场。

(5)工作内涵是将成熟的技术和管理规范变为现实的生产和服务。

以上观点基本反映目前关于职业教育有关目的的表述，更多的是属于培养目标的层次。

1996年全国职业教育会议提出："高职人才的培养目标是培养实用型、技能型人才，优先满足第一线和农村地区对高等应用型人才的需要"。教育部《关于加强高等职业教育人才培养工作的意见》（〔2000〕2号）提出：高等职业教育要培养"拥护党的基本路线，适应生产、建设、管理、服务需要的德智全面发展的高等技术应用性专业人才。学生应在具有必备的基础知识和专业知识的基础上重点掌握从事专业领域实际工作的基本能力和基本技能，具有良好的职业道德和敬业精神"。

(三)我国职业教育的结构体系

经过十多年的发展，一个具有我国特色的职前、职后相互衔接的职业教育结构体系正在形成。职业学校教育和职业培训构成了这个体系的两大类。

1. 职业学校教育

在这方面，既有培养技术工人的技工学校、职业高中和高级技工学校，又有培养中等程度的技术、管理人才的中等专业学校和部分职业高中，还有培养较高层次技术人才的职业大学、职业技术学院、高等专科学校、成人高等学校、职业技术师范学校以及普通高校办的职业技术学院。

在21世纪，要使企业新增职工基本上能受到必需的职业教育，使农村绝大多数新增劳动者获得必需的实用技术培训，现有的职业教育结构体系仍难以适应。

为了完善职业教育结构体系，要特别注意以下几个方面的问题：第一，在坚持以政府办学为主的前提下，要依靠和鼓励行业、企事业单位、社会团体和公民个人等社会力量联合举办职业教育。第二，要大力兴办和发展农村职业教育，特别是在尚难于普及九年义务教育的经济欠发达地区要适当发展初级职业教育。第三，在经济发达地区，要努力发展高等职业教育和社会学院。第四，职前与职后职业技术教育要形成一个整体，发挥一校多功能的作用，努力提高职前培训质量，减轻职后培训压力。

2. 职业培训

在职培训，包括城市职业技术培训和农村职业技术培训两大网络。在城市职业技术培训方面，既有以全员培训为特点的职工教育，又有劳动部门和社会力量举办的对待业、转业、下岗、失业人员进行各种职业培训。农村的职业技术培训，根据我国现阶段农业生产的现状,走的是一条农、科、教三位一体及基础教育、职业教育和成人教育"三教统筹"的道路。它主要是把各类实用技术,根据各地农村资源不同的情况,加以推广和应用,达到增加生产和农民脱贫致富的目的。

职业教育从劳动现场转入学校实施,是现代化大生产发展的要求,现在职业学校教育已形成完整的体系。由于职业学校教育学程连贯,课程的顺序安排合乎教学法,知识的传授有系统性,因而有利于受教育者系统地掌握生产技术。但是,职业学校教育的不足是缺乏针对性,学生在学校学习的技能与生产岗位的技能要求存在一定的差距。因此,在改革职业教育的实践中,国外教育界提出了职业教育应摆脱以学校为中心的观点,强调职业教育者与实际劳动现场紧密结合。

职业学校教育与职业培训在实施过程中各有其不可代替的特殊功能,两者的结合已成为现代社会职业教育发展的一大特点。世界各国在重视发展职业学校教育的同时,十分重视各种职业培训,积极推动学校与企业联合办学。产学合作,实现学校职业教育与企业职业培训的优势互补。

(四)职业教育发展趋势

1. 以终身教育思想为指导,中等职业教育与高一级教育相互衔接沟通

在终身教育思想的指导下,学校职业教育被看作是人整个一生中所接受的一部分教育,一个阶段性教育,不是终结性教育。建立与高一级教育相衔接沟通的机制,不断增强职业教育发展的动力和吸引力,是许多国家都在探讨和解决的一个重大课题。最根本的问题是建立和完善中等职业教育与高等职业教育相互衔接的机制,打通中等职业教育通向普通高等教育的路径,变终结性的中等职业教育为阶段性的教育,为职教学生提供继续接受高一级职业教育或普通教育的机会,大力扭转中等职业教育入口大、出口小的局面,进一步拓宽出口,解决等值承认职教普教学历资格问题,允许中等职业教育学生报考高等院校。

2. 加强企校结合,发展现代学徒制度

学徒制是一种传统的职业教育形式。随着时代的发展,许多国家在吸取借鉴传统学徒制优点的基础上,发展现代学徒制度,作为实施职业教育的一种重要形式,以进一步密切职业教育与劳动力市场的关系。面对日益严峻的青年就业形势,许多国家高度重视学徒制培训在增加就业机会中所起的重要作用,积极发展学徒制培训。不少国家的经验表明,现代学徒制培训是实现产教结合的一种好形式,在个别国家它已成为高中阶段职业教育的主流形式。如大部分欧洲国家,亚洲的韩国、新加坡等。

3. 发展全民技术职业教育,促进职业教育机会均等

机会均等是教育的一个基本原则。在联合国教科文组织提出全民教育概念后,第二届国际技术与职业教育大会提出发展全民职业教育概念,并作为大会的六个议题之一。全民职业教育概念是指建立全纳性职业教育制度,面向全体,满足全体学习者的需要,努力发展面向边缘群体的职业教育,增加妇女受职业教育的机会,同时转变观念,鼓励男性进入以女性为主导的培训和职业领域,培养男女职业教育教师,积极发展残疾人职业教育事业。

4. 加强和完善职业指导和咨询制度

职业指导是职业教育中不可缺少的重要组成部分,帮助学生正确选择升学和就业方向,使学生朝着自己所期望的目标发展。近年来,国外职业指导出现以下发展趋势:制定"职业发展纲要",对职业成熟程度、职业指导的内容、考试及评估等方面作出具体规定;开设职业和个人发展课程;设立职业指导中心,开展个人和小组咨询,提供各种职业指导服务和劳动力市场信息,开展求职培训;开展网上指导,除政府部门在网上提供职业指导信息外,教育机构、企业、专业机构、工会也将升学或就业方面的信息推到网上。欧洲一些国家甚至实施了网上跨国职业指导项目,提供 4 个国家的升学、工作和劳动力市场方面的信息。

二、职业教育技术在驾驶培训中的应用

(一)从培养目标出发,运用理论实践一体化、教学实践服务一体化等教学方法

职业教育以培养学生的创新精神和实践能力为重点,培养具有全面素质和综合职业能力,在生产、技术等一线工作的应用型专门人才和高素质劳动者。一体化教学方法,紧紧围绕职业教育培养目标,以提高学生专业技能水平为目的,以实践技能教学为主线,采用课题、模块的方式组织实施教学,重视理论的学习、运用和指导作用,突出了学以致用、理论联系实际的教学原则,是提高学生综合职业能力有效的教学方法。

理论实践一体化教学方法,是由师生双方共同在实训中心(或专业教室)中边教、边学、边做来完成某一教学任务。这种理论实践一体化教学方法,改变了传统的理论教学和实践教学相分离的做法,突出了教学内容和教学方法的应用性、综合性、实践性和先进性。

驾驶培训综合训练场包括现场理论教学设施设备和模拟器、实车、场地等。教练员通过理论实践一体化教学方法,使学员对道路交通安全法规、机动车基本知识、安全驾驶知识、紧急情况应急处置等知识的掌握更加系统和稳固。

(二)从节约能源、提高教学安全性出发,运用模拟(仿真)教学方法

模拟(仿真)教学法,是由教师围绕某一教学目标和教学内容,给学生创设直观、真实的教学环境和条件,模拟企业生产现场,仿真企业实际运行过程,通过实施周密的过程控制以达到一定的教学目的的一种教学方法。这种教学方法特别适用于生产现场难以安排实习任务情况。

驾驶培训中采用驾驶模拟器等现代化教学设备,由教练员指导学员在模拟情景下进行驾驶操作训练,能够弥补客观条件的不足,节约能源、益于环保,提高培训效率,同时允许学员在训练过程中操作失误,增强了教学的安全性。

(三)从缩短学与用的距离出发,运用现场教学法

现场教学法是在生产现场直接进行教学的教学方法,让学生在实习现场或工厂车间,学、练、做相结合,缩短了理论教学与实际生产应用的距离,极大地提高了教学的针对性和实效性。

教练员运用现场教学法,在确保安全的前提下,带领学员上路实习。学员将之前学到的知识和技术运用在实际操作中,通过一定时间的训练,能够学以致用,并顺利通过考试。

(四)运用多媒体教育技术、信息网络教育技术等现代教育技术

职业学校都把运用以计算机多媒体技术和信息网络技术为核心的现代教育技术和方法

作为教学改革、提高教学质量的突破口。计算机多媒体技术、信息网络技术的运用,使教学方法手段现代化,使教育产生飞跃。一支粉笔、一本教材、一块黑板、一张嘴巴,这种传统的教学方法已难以独立维持。多媒体辅助教学集声音、图像、文字于一体,计算机网络教学集自由问答、双向交互、远距离传输于一体,使教学方法更加灵活,教学手段更加先进,教学内容更加丰富,教学效果更加显著。

多媒体教学指在驾驶培训过程中,教练员根据教学目标和教学内容,通过教学设计,合理选择和运用现代化的教学设备,并与传统的教学手段有机结合,形成合理的教学过程结构,达到最优化的教学效果。

随着信息技术的发展,目前远程教学也已经脱离实验室,在欧洲一些国家开始试用,通过在机动车内安装各种信息设备,使得教练员不用跟车即可指导学员训练,而且还能实时显示学员的动作规范程度,搜集学员的训练信息,为指导学员克服弱点、提高技术提供详尽的数据。

三、驾驶技能的形成规律

(一)驾驶技能的基本构成

1. 心智技能

根据心理学的原理分析,汽车驾驶技能可分为心智技能和操作技能两种。

所谓心智技能,主要是认识活动,它包括感知、记忆、想象和思维。在认识特定事物、解决具体问题时,这些心理活动按一定合理的、完善的方式进行。掌握正确的思维方式、方法是心智技能的本质特征。如车辆行驶时,驾驶人根据道路、交通情况运用已学过的知识和经验,特别是对道路上的行人、车辆、障碍等进行判断,做出合理的反应,这种技能就属于心智技能,也就是驾驶人对道路和车辆的情况观察、判断、决策的能力。

2. 操作技能

操作技能是指掌握与运用驾驶技术的能力。在汽车驾驶过程中,所涉及的一系列实际动作,以完善、合理方式组织起来并顺利地进行时,就成为操作技能。它表现在外部行动上,是通过练习形成、巩固起来的一种近乎自动化的行为方式。心智技能和操作技能是相互联系的,两者不能截然分开。初级基础训练阶段,主要是学习汽车驾驶的基本动作(如起动、起步、换挡、转向、制动、停车等),这些都是操作技能的训练。中、高级训练阶段,主要是学习场地科目以及对道路交通情况的处理。这些都属于心智技能的训练范畴。心智技能是在操作技能训练的过程中产生、建立和形成的,而操作技能又是在心智技能形成和发展的过程中逐步提高和完善的。因此,两者相互联系、相互促进。根据教育心理学和学习论的分析,汽车驾驶技能训练的本质特征是:分阶段进行,并通过不断地练习在相应的情境中习得驾驶技能。

(二)驾驶技能的形成过程

技能形成的过程,就是通过练习而掌握技能的过程。汽车驾驶技能形成过程,一般要经过四个阶段。

1. 基础阶段

基础阶段是驾驶技能的基本功训练,主要是通过教练员示范,学员对单一动作模仿练习。学员在刚接触驾驶操作时,驾驶动作技术对人体产生刺激,通过感受器传到大脑皮质,引起大脑皮质细胞强烈兴奋。另外,因为大脑皮质内抑制尚未确立,所以大脑皮质中的兴奋与抑制都呈现扩散状态,使条件反射暂时联系不稳定,出现泛化现象。这时学员的外表活动往往是动作僵硬、呆板、忙乱等不协调现象。这个阶段训练的重点是动作的准确、扎实,需要加大单项动作的操练量,把连贯动作分解成简单的动作进行反复操练,在正确用眼、用手与用脚上下功夫,注意培养正确的驾驶姿势与驾驶操作习惯。教师应该针对动作的主要环节和学员掌握动作中存在的主要问题进行教学,不应过多强调动作细节,而应以正确的示范和简练的讲解帮助学员掌握整体动作要领。基础阶段的训练应最大限度地使用模拟器,先模拟操练,后实车操作,交替进行,这样才能学得快,学得扎实。

2. 提高阶段

在练习过程中,初学者对该动作技能有了初步的理解,一些不协调和多余的动作逐渐消除。此时,大脑皮质运动中枢兴奋和抑制过程逐渐集中,由于抑制过程加强,特别是分化抑制得到发展,大脑皮质的活动由泛化阶段进入了分化阶段。因此,练习过程中的大部分错误动作得到纠正,能比较顺利和连贯地完成整体驾驶动作。这时初步建立了动力定型。但定型尚不巩固,遇到新异刺激,多余动作和错误动作可能会重新出现。教练员应特别注意对错误动作的纠正,让学员体会动作的细节,促进分化抑制进一步发展,使动作更趋准确。

提高阶段的训练目标是把驾驶单项连贯动作转换成完整的驾驶操作动作。这个阶段的训练仍以操作技能训练为主,心智训练次之。因此,训练的重点是逐步形成比较连贯协调的一般操作技能。这个阶段适时运用模拟器,有助于提早消除动作转换呆板不协调、不连贯的现象。在模拟器上操作熟练后,在实车上驾驶操作就比较适应,感觉比较良好,可加快动作连贯的速度,缩短掌握一般操作技能的训练时间。

3. 熟练阶段

通过进一步反复练习,动作条件反射系统已经巩固,达到建立巩固的动力定型阶段。这样,在环境条件变化时,驾驶动作不易受破坏。熟练阶段是培养学员适应交通环境变化,能够准确、灵活、连续地驾驶汽车的技能,在心智技能作用下将一般操作技能转换为熟练的复杂技能,形成完整的驾驶技能。这个阶段的训练,要求学员对道路交通信息进行观察、分析、判断、处理,形成适应交通要求的知觉机能和思维方式,使心理活动与操作动作相沟通,即学员对交通信息的知觉效应产生处理动作的指令,并由四肢完成既定的操作动作,安全驾驶汽车。

心智技能的形成与熟练,必须在大量、复杂的交通信息下训练才能获得,必须在操作技能比较熟练的基础上训练才有可能实现。因此,心智技能必须在道路上组织训练。然而,教练车在道路上的实车驾驶训练会受到很多限制,因此需要使用模拟器来训练心智技能。高档次的模拟驾驶系统可以模拟再现很复杂、很危急的交通情境。配合实车心智技能训练的效果更好。所以,组织心智技能的模拟训练十分必要。

4. 巩固阶段

随着动作技能的熟练、完善,各个动作相互联系、相互协调,并能按准确的顺序以连锁的方式实现出来,此时的动作近乎自动化,所以巩固阶段可称为"自动化"阶段。如汽车驾驶中的起步、换挡、停车、转弯以及预见性减速等,当达到驾驶技能训练最后阶段时,这些动作,可以在无意识的条件下"自动"完成。"自动化"阶段是指无意识地进行驾驶操作的阶段,它是经过长时间驾驶实践,在驾驶经验、技能巩固、完善和发展中逐渐形成的。这个阶段的操作技能与心智技能双向作用、互为促进,共同发展成适应和处置各种复杂条件的应变能力。

四、心理、生理与安全驾驶的关系

(一)驾驶人心理与安全驾驶的关系

心理学是研究人们心理规律的科学。心理规律是指人的认知、情感、意志等心理变化过程和气质、性格以及能力等心理特性。驾驶人在驾车过程中,内因受其心理支配,外因是车辆和道路以及交通环境。外因通过内因起作用。

在复杂的人、车、道路系统中,驾驶人的心理有着自身的活动规律。美国哈佛大学的心理学家闵斯波格认为,一位优秀的驾驶人必须具备良好的感知力,复杂的注意力,适应于驾驶的情绪、性格和气质以及敏捷的反应能力等,能在千变万化的道路系统中持续地接收和分析周围环境和汽车状态的信息,并做出合理的操纵动作的心理素质。

1. 驾驶人的注意

注意是心理活动的重要组成部分。通常人们所说的"聚精会神"、"专心致志"、"留神"、"当心"等,就是注意的意思。注意是一种心理现象,它和人的心理活动紧密相连,是心理活动的一种属性或特征。当人的心理活动指向并集中于某一对象时的心理表现形式就叫注意。

注意具有两大特征:指向性,即使人的认识指向意识所关注的对象;集中性,即把人的认识活动只集中在少数事物或某一事物上。因为在同一时间内,人们不能同时感知很多对象,只能选择少数重要对象进行感知,以便获得清晰、深刻和完整的反映。

驾驶人在交通行驶过程中,要做到安全行驶,就要通过心理活动有选择地指向和集中于交通环境中的各种情况,通过观察迅速、清晰、深刻地获取交通信息,经大脑分析、综合判断和推理,然后采取正确的交通行为。如果在观察、思维、行动时没有注意的指向和集中,那么一切情况便会视而不见,听而不闻,判断不准,行动出错,产生严重后果。

根据有无目的和意志努力的程度,人的注意可以分为两类,即无意注意和有意注意,这是两种性质不同的注意,在实际工作中两种注意都需要。

1)驾驶人的无意注意

无意注意是在没有人的任何意图、没有预定目的、也不需要主观努力的情况下而产生的注意,这是一种不受人的意志支配、形式比较低级的注意,如人对强烈噪声、强烈闪光的感受,就属于这一种。例如,某件事我们并没有打算注意它,但它却吸引住我们,于是就不由自主地去注意它,就是无意注意。确切地说,无意注意取决于当前刺激的特点。当前刺激应具备什么样的特点才能引起人们的无意注意呢?

首先,刺激物的强度会引起无意注意。强度大的刺激物,如强光、浓郁的气味、巨大的声响等,会引起人们的无意注意。

其次,刺激物的活动或变化会引起无意注意。如一闪一灭或不停地转动的霓虹灯、五颜六色的广告牌和招牌等,都会引起人们的无意注意。交通工程中设置闪烁的警告指示标志,以及汽车上的许多警告装置,都是从吸引驾驶人注意力的角度,唤起驾驶人的无意注意,以达到提醒驾驶人的目的。

最后,刺激物之间的对比关系也会引起无意注意。如形状、大小、强度、颜色或持续时间等方面的明显对比,容易引起无意注意。

在驾驶过程中,车外环境不断变化,新鲜、稀奇的事物以及各种各样的强烈刺激很多,如果驾驶人不能控制自己而成为无意注意的奴隶,那是非常容易出交通事故的。

2)驾驶人的有意注意

有意注意,也称为积极注意,是一种自觉、有预定目的并经过意志的努力而产生和保持的注意,这是一种受人的意志支配、有一定预期目的、形式比较复杂的注意。

有意注意的注意集中对象是根据一定的目的确定的,有时必须经过意志的努力,才能把注意集中并保持在对象上。例如,考试交通规则时,考试前的阅读和记忆交通规则,行车过程中留心观察路线和行人动态,都是有目的的注意。即使这样会感到单调、疲劳,但还是强迫自己去注意,所以是需要一定的主观努力。这样的注意便是有意注意。引起有意注意的事物,不一定是强烈、新奇的刺激。

3)无意注意和有意注意的相互转换

有意注意的心理特征是紧张,而且这种注意持续时间长了所导致的疲劳,往往比体力上的紧张厉害得多。要真正确保行车安全,要在行驶中保持高度注意,都要靠有意注意。但仅靠有意注意,就容易导致驾驶人疲劳。

在驾驶过程中,驾驶人要注重无意注意和有意注意的相互转换。通过两种注意不断转换,既可以使注意长期保持在对象上,同时又避免了长时间有意注意带来的疲劳。在驾驶中,驾驶人要设法使两种注意交替,以保持注意持久地集中。

2. 驾驶人的情绪与情感

驾驶人在行车过程中,不断地感知各种客观现实刺激,经过大脑的分析判断,就会转化为各种信息。其中,有些信息是符合人需要的,驾驶人的心里就会高兴、快乐;有些信息是不符合人需要的,就厌恶、反感。人的这种对客观事物所持的态度而在内心中产生的体验,就是情绪和情感。

驾驶人的情绪、情感对行车安全有着直接的影响。积极的情绪情感,可以使驾驶人反应迅速,动作敏捷,对驾驶工作顺利进行起到促进作用;消极不良的情绪情感,对行车安全有很大的阻碍作用,会降低驾驶人的工作效率,不应有的失误增多,影响行车安全。因此,研究情绪、情感与驾驶活动的关系,掌握其变化的规律和特点,及时、有效地控制和调节情绪、情感的变化,对于交通安全是十分重要的。

情绪和情感是人对客观事物是否符合需要,对需要是否获得满足而产生的一种态度的体验。他是人对客观事物与人的需要之间关系的一种反应形式。当客观事物符合人的需要时,就会引起积极的情绪情感,如喜爱、愉快、满意等内心体验;当客观事物不符合人的需要时,便产生否定或消极的情绪情感,如憎恨、厌烦、愤怒、恐惧等内心体验。

一般情况下,人的一切心理活动都带有情绪色彩,而且以心境、激情和应激三种状态显露出来。驾驶人出现这些情绪状态时,将对驾驶工作产生不同的影响。

1)心境与驾驶行为

心境是一种比较弱的、平静而持久的情绪状态,是由于特别高兴或特别不愉快时产生的情感留下的遗波。在其产生的全部时间里,它能够影响人的整个行为表现,积极、良好的心境有助于积极性的发挥,提高效率,克服困难;消极、不良的心境使人厌烦、消沉。驾驶人在良好的心境下,感知清晰,判断敏捷,操作准确,而在压抑、沮丧的心境下就会感到什么都不顺眼,可能会强行超车,开斗气车,往往会导致事故。

引起不同心境的具体原因是多方面的,在单位工作是否顺心、与同事关系是否融洽、环境条件的变化以及身心健康的状况等,都可以成为引起某种心境的原因。当然,驾驶人的心境受个人的性格、信念等心理因素的影响和制约,由于每个驾驶人在个体心理上的差异,因而引起各种心境的原因也各不相同。据日本心理学家内山道明对100名交通肇事者的调查表明,有12%的人在家里吵过架,9%的人在家里遭遇到麻烦事,8%的人被上司训过,4%的人在公司里碰到令人讨厌的事,这就是说,33%的人在发生事故前曾具有消极不良的心境。

由此可见,消极不良的心境与交通事故的发生是有着十分密切的因果关系的。

2)激情与安全驾驶

激情是强烈的、暴风雨般的、激动而短促的情绪状态。有很明显的外部表现,在激情状态下,人的认识活动范围往往会缩小,人被引起激情体验的认识对象所局限,理智分析能力受到抑制,控制自己的能力减弱,往往不能约束自己的行为,不能正确地评价自己行动的意义及后果。暴怒、恐惧、剧烈的悲痛等都是激情,驾驶人在激情状态下难以自制,会影响观察、判断和操作,容易发生交通事故。

激情产生的原因很多,一般是由相互矛盾的强烈愿望或冲突引起的。在混合式交通状态下驾驶,驾驶人与骑车者、行人、机动车、警察等难免要发生这样那样的冲突,尤其是年轻的驾驶人,好胜心强,开"英雄车"、"赌气车"等现象屡见不鲜,在激情状态下还可能会做出超乎寻常的越轨行为,如强行超车、超速等,而不考虑其行为后果。交通管理部门提出的安全口号,如"宁停三分、不抢一秒"等,就是劝告驾驶人在处理行车中车与车的关系时,要慎重、平静,避免出现激情状态。

3)应激与交通事故

驾驶人在紧急情况下所表现出的行为状态属于应激情绪状态。在突如其来或十分危险的条件下,必须迅速、几乎没有选择余地地采取决定的时刻,容易出现应激状态。例如,行驶中突然遇到行人在车前横穿道路或同方向行驶的自行车突然猛拐等,这时需要驾驶人利用过去经验,集中注意力和精神,迅速地判断情况,在一瞬间做出决定。因此,紧急的情景会惊动整个有机体,心率、血压、肌紧度发生显著改变,而引起情绪的高度应激化和行动的积极化。在这种情况下,比一般的激情更甚,认识的狭窄会使得很难实现符合目的的行动,容易做出一些不适当的反应。

喜怒哀乐是人们常见的心理情绪反映,驾驶人也是如此,他们因受生活中某些事件的刺激、牵动,从而产生各种各样、形式不同的愉快、兴奋、悲伤、恐惧等情绪状态。如车内环境变化会引起驾驶人情绪不稳定,道路平坦会诱发驾驶人驾驶单调形成道路催眠,弯曲道路由于车辆连续转弯产生厌烦心情,车辆拥挤和堵车会使驾驶人产生急躁情绪,遇交通事故会使驾驶人产生恐慌心理等。由于各类心理的重复出现会诱发驾驶人心理反应的严重改变,出现急躁、松懈、麻痹、骄傲、自卑、精神过度紧张等心理,具有这种心理往往使驾驶人的手和眼不能敏捷地配合,导致驾驶操作容易失误。如果驾驶人经常处于某种不稳定心理情绪的支配下驾驶车辆,就有可能妨碍驾驶操作的正常进行,严重时还会导致驾驶人不讲职业道德和不顾交通法规,甚至盲目蛮干、失去理智,最后导致交通事故的发生。

3. 驾驶人的意志

意志与驾驶活动有着密切的关系。意志是指一个人在完成某种有目的的活动时,所进行的选择、决定和执行的心理过程。意志是一种自觉的、具有确定目的的、与克服某种困难相联系的心理活动。意志是成才和成功的内在动力,不仅对主观世界的形成和发展有重要作用,而且对客观世界的改造具有重要意义。如果说感觉是外部刺激向内部意识的转化,那么,意志是内部意识向外部动作的转化。

从事驾驶活动的过程中,为达到安全的目的,驾驶人应克服干扰,正确处理路面情况,冷静应对复杂的交通矛盾冲突。意志可以对意识进行调节,具体表现为有能力去实现有目的活动和需要克服困难的行动,人的意志是在完成预先拟定目的的活动中表现出来的。驾驶人在从事驾驶活动时通常会遇到各种复杂的情况,为了安全地抵达目的地,就需要完成一系列决断并果断地实施。比如,是加速还是减速,是超车还是让车,是避让还是停车等,这些过程中都包含着驾驶人意志的作用,并且直接影响到安全行车。

1) 自觉性品质对安全行车的影响

自觉性品质是影响安全行车的重要因素,表现在行车过程中具有正确和明确的目的。作为一名驾驶人,在驾驶过程中,其正确和明确的目的就是要安全驾驶、顺利完成行车任务。在这样的目的指引下,驾驶人应具备高度的责任感和良好的职业道德,始终坚持正确的原则,自觉地拒绝影响行车安全的心理和行为,独立思维和判断,不受他人的负面影响。在行车过程中,始终指向自己的行车过程和目标,对行车环境具有主动的识别和辨别能力,自觉地遵守交通法规。对于行车过程中出现问题和遇到障碍时,不需要别人的提示,能自觉主动地去发现和解决,具有清晰的头脑。在解决问题的过程中,能自觉分析、冷静思考,找到处理的办法,不会受到别人的影响和暗示。

2) 果断性品质对安全行车的影响

驾驶人在行车过程中,由于道路交通环境的复杂性,难免遇到各种紧急情况发生,比如在行驶时遇到行人横穿公路,超车时遇到前方有车相向行驶,行车时出现故障,驾驶人突遭身体不适、遭遇车祸等。果断性对这些紧急、重大事件的处理具有重大意义。在行车过程中,有些事故的发生是有先兆的,能否在事故发生前的一刹那,自觉采取果断措施排除险情,与操作者的意志关系很大。所谓"车行千里,出事几米",如果能在情况紧急时,保持冷静,根据当时的情形独立做出判断,快速果断地进行决策,采取正确的预防和应对措施,就能够避免事故发生。相反,则可能会延误时机,造成严重后果。

果断性反映了驾驶人作决定的速度和行为反应的敏捷性,但迅速决断不意味着草率决定、轻举妄动,比如有的驾驶人在遇到紧急情况发生时,不能深思熟虑,只根据自己获取的一小部分信息就做出判断,没有整合多渠道的信息就采取行动,在采取具体的驾驶操作时也不细心,莽撞行事,动作该大的时候不大,该小的时候不小,由此导致严重的后果。

3) 自制力品质对安全行车的影响

安全行车需要驾驶人保持稳定的情绪状态,因此驾驶人必须合理地调节和控制自己的情绪。但是在驾驶过程中,驾驶人和驾驶环境都存在很多影响人情绪的不利因素,比如驾驶人在行车之前遇到了烦闷、痛苦的事情，又如车出现故障或者行车环境异常复杂甚至恶劣使得驾驶人产生急躁、紧张、恐慌的情绪，长时间驾驶产生的枯燥乏味情绪等。在这样的情况下，只有具备良好的自制力，善于调节和控制不良情绪对行车的影响，保持稳定良好的情绪和心理状态，以理智的思维和行动去应对，才能保障行车的安全。

自制力还要求驾驶人在任何情况下都要明确交通法规对自己的约束，抑制与行动目的不相容的动机，不为其他无关刺激所诱惑、动摇。比如要抵制饮酒、抵制金钱诱惑，不为满足他人的某些利益需求而无视交通法规；又如能随时觉察自己的生理状态，不断调节自己，使自己在行车过程中始终处于良好的身体状态，拒绝疲劳驾驶，否则将会酿成恶果，造成惨剧的发生。

4. 驾驶人的个性心理特征

个性心理特征是指个人气质、性格和能力等方面的特征和差异。俗话说："人心不同，各如其面。"可以说，在世界上找不到面貌完全相同的两个人，同样，也找不出心理活动完全相同的两个人，每个人都有自己独特的个性特征。

1) 驾驶人气质类型及行为特征

交通安全心理学研究表明，驾驶人心理气质特征与安全驾驶之间有很高的相关性。气质是针对一个人的心理活动速度、稳定性、强度和受心理素质支配的对客观事物的处理倾向来说的，也就是人们常说的人的情绪、脾气、个性等。确切地说，气质是个人心理活动中比较稳定的动力特征，表现为心理活动的速度（如语言速度、思维速度）、强度（如情绪体验的强度、意志努力的程度）、稳定性（如注意力集中时间的长短）和指向性（如内向或外向）等方面的特点和差异。

气质是人典型的、稳定的心理特点，是人的个性心理特征之一。它是先天遗传因素、后天教育、生活阅历诸因素作用下逐渐形成的相对稳定的心理特征，具有极大的稳定性。具有某种气质类型的人，常常在内容很不相同的活动中都显示出同样性质的动力特点。如一个人具有安静迟缓的气质特征，这种气质特征会在学习、工作、体育比赛、驾驶等各种活动中表现出来。根据心理特征差异，可以把气质分为胆汁质、多血质、黏液质、抑郁质四种基本类型。

胆汁质驾驶人其神经系统的活动类型是强而不平衡。属胆汁质的驾驶人，在驾驶活动中的行为表现主要是：均衡性差，脾气急躁，情感容易冲动而不能自制，挑衅性强，态度直率，言语、动作急速而难以抑制等。工作特点是当他们情绪高涨时，能以极大的热情投身于工作，并有克服行驶道路上遇到的各种困难的决心。但是，一旦当他们对自己的能力失去信心时，情绪顿时跌落，一事无成。在驾驶活动中，攻击性强，表现为超速行驶、争道抢行、强行超车等不安全行为。而且，他们还会常常因为一些小事，开斗气车，甚至相互排挤。在通过路口时，他们往往以较高的车速冲入路口，显得不管不顾，易造成交通危险状态及交通纠纷。

多血质驾驶人其神经系统的活动类型是强、平衡且灵活性高。属多血质的驾驶人，在驾驶活动中的行为表现主要是：善于适应环境的变化，喜欢丰富的刺激；喜欢新颖和被人注意；兴趣广泛而不稳定；注意力易转移也易分散；思维灵活，富于机智，但思考问题易受情绪影响。这种类型的驾驶人在复杂的道路交通条件下，表现良好；而在道路景观单调时，情绪不够稳定，而且在长距离的高速公路上行驶时，容易打瞌睡。

黏液质驾驶人其神经系统的活动类型是强、平衡且灵活性较低。这种驾驶人在驾驶活动中的行为表现主要是：感情不外露，情绪不易冲动。他们在驾驶工作中，显得心平气和，喜欢安静地工作，不愿别人打扰；具有较强的坚持性，从不半途而废，能严格遵守工作制度、秩序和组织纪律；具有处理复杂事物的耐心，能适应单调刺激的环境；有克服困难的毅力和自制力；在工作中显得冷静、稳重、踏实，遇到紧急情况时，能有条不紊地保持精神和体力的紧张状态；但他们对外界事物反应慢，行动比较迟缓，行为不够灵活，注意不易转移。这种类型的驾驶人在驾车过程中，能够自觉遵守交通规则，很少出现交通违章。能够处理好其他交通元素违章对自己带来的不便，在遇到紧急情况时，能够有效地控制自己的紧张状态。但由于性子慢，在遇到紧急情况时，应变能力较差，决策和反应过程比较慢，不利于对情况的快速处理。

抑郁质驾驶人其神经系统的活动类型是弱而不平衡、不灵活。这种驾驶人在驾驶活动中的行为表现的积极方面主要是：有较强的感受力，因而观察比较仔细、深入，善于察觉别人不易察觉的细节，直觉性、预见性强。消极方面是：情感产生慢，情感一旦产生，其体验深刻、持久，情感脆弱，不易外露，难以忍受强烈刺激；对外界事物敏感，行动迟缓，处理问题谨慎小心，优柔寡断，在遇到紧急情况时，易产生失望和恐惧感，导致行为惊惶失措，意志坚忍性差。在交通参与者调节彼此间通行关系的过程中，要求任何一方都必须在最短的时间内决定自己的行为方案，并以确定的姿态展现给予其他相关的交通参与者，很显然，抑郁质驾驶人如果优柔寡断，就不利于调节通行关系，并易于导致交通事故。

2）驾驶人的性格

性格特征主要是指表现在性格中的各种心理特性，包括性格的认知特征、性格的情绪特征、性格的意志特征、性格的态度特征等几个方面，它们从不同方面影响着驾驶活动的顺利完成。不同性格类型驾驶人的行为特征迥然不同。

（1）按理智、意志、情绪三种心理机能中哪一个占优势来分，主要有三种：理智型、意志型、情绪型。

理智型驾驶人常常以理智衡量一切和支配自己的交通行为。这类驾驶人处事深思熟虑，沉着稳健，善于控制自己，不易为情绪所左右，不因外界干扰而动摇决心。当自己的空间通行权利受到侵犯时，比如其他车辆突然穿插或行人突然横穿公路，致使出现紧张状态，需要采取应急措施来避免冲突时，理智型驾驶人很少采取报复性动作，而是依旧正常行驶。

意志型驾驶人有比较明确的目标，行动果断，反应迅速，遇事勇敢顽强，坚忍不拔。这类驾驶人能够在道路、环境极其复杂的情况下，平稳地控制车辆。例如，炎热的夏天，驾驶室没有空调，驾驶人工作在闷热的空间环境中，仍然能够正常控制车辆，不会因此产生与人抢行、开快车、盲目加速然后又急制动等现象。

情绪型驾驶人的行为举止往往带有浓厚的情绪色彩，心境多变，易感情用事，好冲动。情绪型驾驶人的行为特征正好与理智型驾驶人相反，他们容易被激怒，一旦受到侵犯，就会冲动，产生报复心理。在公路上驾驶时，偶然也会出现车辆之间的"摩擦事件"。究其原因，往往在于起初受伤害的一方就是情绪型驾驶人；如果双方都属于情绪型驾驶人，那么"摩擦事件"会不断升级，最终导致冲突事件或交通事故。

（2）按照交通行为的决策能力来分，主要有两种：独立型和顺从型。

独立型驾驶人，善于思考问题和解决问题。在驾驶工作中，他们的活动具有高度的独立型。他们可以按照自己固有的态度和习惯化行为方式去控制车辆和处理各种交通情况，尤其是在遇到严峻或复杂的交通情况时,能够机智果断地做出决定,并对自己的决定充满信心。因此,独立型性格的人员,比较适合从事驾驶人工作。

顺从型驾驶人在遇到问题时或处理问题的过程中,往往没有主见,过分地依赖上级领导的指示以及同伴的参谋。在工作中,他们能够积极地服从命令、听从指挥,但由于缺乏独立处理问题的能力,因而在独立承担某项任务时,就会遇到困难,甚至不知道该怎么办。这些心理特征对于具有较高独立性要求的驾驶工作来说,是不利的。特别是在道路交通情形复杂,又需要快速准确地做出决策时,顺从型驾驶人的驾驶适应性较差。

(3)按照性格倾向性,分为两种:内倾型和外倾型。

内倾的个性是指一种心理活动过程经常指向自己的内心世界的个性,这种个性的人具有不善于交际、孤僻、有问题难以启齿、动作缓慢、应变能力差、内在体验深刻、办事严谨、力求稳妥、讲究条理、喜欢单独行动等性格特点。这种性格的驾驶人的显著优点是自我控制能力较强,较少出现交通违章。在良好的道路条件和交通状态下,从维护道路交通秩序、确保道路交通安全的角度考虑,内向型性格的人比较适合做驾驶人。这类驾驶人的缺点是紧急情况的处理速度较慢。

外倾的个性是指一种心理活动过程常常指向外在事物的个性,这种个性的人具有喜欢社交、善于言辞、内在体验肤浅、办事粗枝大叶、寻求刺激、喜欢冒险、标新立异等性格特点。这种性格的驾驶人经常有冒险、超速高速行车、在行车中制造刺激、有意识地去破坏交通秩序等恶劣行为,其优点则体现在反应的敏捷性上。

5. 驾驶人的几种不良心理因素

1)侥幸心理

侥幸心理主要表现有:一是汽车穿越十字路口、窄路、险桥或事故多发路段时,驾驶人对可能出现的复杂情况估计不足,自认为会平安无事而侥幸通过,结果导致违章肇事;二是行车途中喝酒,认为少喝点也许没事,但端起酒杯往往不能自控,致使酒后开车而违章肇事;三是有的驾驶人明知车辆有毛病,但因赶路心切而不停车检修,认为还剩几里路凑合凑合就到家了,估计不会有问题,结果发生了事故。

2)赌气心理

驾驶人在行车中,碰到不顺心或违背自己意愿的事而赌气,把车辆当成发泄自己怨气、向对方施行报复的工具,是造成道路交通事故的重要原因之一。驾驶人的赌气心理主要表现在:如会车时,对方没有让出中心线,或者夜间对方没有按规定使用灯光,影响到自己行驶路线和视线时,易产生恼火情绪,与对方对着干,互不相让;超车时,有的驾驶人想超车而被前面车阻挡时,或对方减速不让路或让路不减速,跟随时间长了,易产生报复心理;遇到行车时间紧迫,行人、自行车让路不及时,妨碍自己行车时,易产生急躁情绪。

3)恐慌和迁怒心理

驾驶人情绪过于紧张与恐慌会导致感觉混乱,运动失调,操作失误,极易发生交通事故。如车况路况不熟悉、特别是新驾驶人走险路、山路,事故多发路段时,心里不踏实;驾驶人在路上看到惨不忍睹的交通事故场面时;有的驾驶人出车受到外界因素的干扰和刺激而心情不佳、内心烦闷,在途中便以高速行驶发泄内心的气愤或者舒缓不良的心境,这样做也容易造成事故。

4)逞强和自我表现心理

有的驾驶人把开机关的车看得"高人一等",争道抢行,横冲直撞;有的驾驶人骄傲自满,觉得自己技术高明,头脑聪明,于是就开"英雄车"、"逞能车",特别在一些危险情况复杂的路段常常冒险高速通过;有的驾驶人虚荣心强,喜欢表现,如所驾车上有老乡、同学、年轻异性时,想露一手给他们看看,以博得赞扬和夸奖。这些逞强和自我表现心理也是酿成事故的重要原因。

5)注意力分散

驾驶人的注意力高度集中是保证行车安全的必要前提。在驾驶过程中,有的驾驶人或与同车人谈天说地,或抽烟吃零食,或陶醉于音乐之中等,都会使其注意力分散,以致遇到紧急情况时惊慌失措、手忙脚乱而发生事故。

(二)驾驶人生理与安全驾驶的关系

除了驾驶人的心理健康对行车安全有影响之外,驾驶人生理健康也对行车安全有重要影响。驾驶人的生理健康包括视觉、听觉、嗅觉等感官机能正常,反应特征正常等。

1. 驾驶人生理素质对行车安全的影响

1)视觉

驾驶人通过眼睛所获的信息占全部信息的80%以上,行车过程中,驾驶人的视觉能力直接关系到驾驶人行为,对行车安全起着决定性作用。

(1)视力。驾驶人的视力可分为静视力、动视力和夜视力。静视力是人在静止状态时的视力,动视力是人在运动状下的视力。影响驾驶人动视力的因素有车辆相对运速度、年龄、目标的颜色和照度、道路及其环境等。其中,车速对动视力的影响最大。车速越高,动视力下降越明显,并且随着年龄的增加,动视力下降的幅度也越大。夜视力是在黑暗环境中的视力,黄昏时刻驾驶人视线最不好。另外,夜视力与驾驶人的年龄有关。年龄越大,夜视力越差。20~30岁的夜视力最好。夜视力还与车速有关,车速增加,夜视力下降。

(2)视野。眼睛观看正前方所能看见的空间范围称为视野。视野一般分为静视野和动视野。当头部和眼球固定不动时,眼睛观看正前方所能看见的空间范围称为静视野。头部固定不动,眼球自由转动所能看见的空间范围称为动视野。

驾驶人的视野与行车速度有密切关系,随着车速增加,注视点前移,视野变窄,对交通环境的分辨率变低,容易引起交通事故。

(3)明适应、暗适应。从亮处到暗处的适应称为暗适应,反之称为明适应。如当车辆进入隧道时,光线由明亮转为黑暗,这就是暗适应;当车辆从隧道出来时,光线由黑暗转为明亮,这就是明适应。暗适应时间较长,一般需要4~6min,完全适应则需要30min。在明暗适应的过程中如不做好相应的准备,极有可能发生事故。

(4)炫目。人的眼睛突然受到强光照射会出现暂时性的视觉障碍,称为"炫目",炫目发生时驾驶人会看不清周围的物体,极容易发生交通事故。驾驶过程中,驾驶人应设法减少强光射到眼睛内,可通过改变车灯光束与眼睛的投影角度等预防炫目。

2)听觉

听觉在驾驶过程中很重要。当超车或会车、在高速公路上高速行车、遇到前方有行人、在雾天视觉受到影响时,常用按喇叭的方式来引起对方驾驶人和行人的注意。驾驶人听觉不正常,就无法接收有声信息,易导致交通事故。

3）知觉

对于驾驶人来说,空间知觉和运动知觉很重要。行车中驾驶人要随时了解道路几何形状及其他交通工具的大小、离本车的距离和行驶方向等,离不开较好的空间知觉;分辨物体的静止和运动及运动速度的大小,离不开运动知觉。

4）反应特征

反应特征是对某种刺激所产生的应激动作,即从接收信息（感知）到反应（决策）产生效果的过程。整个过程所需的时间,可以划分为感知时间和反应时间。

感知时间是指在正常条件下,从眼睛观察到聚焦目标再到大脑识别出危险类型和性质的时间。反应较快的驾驶人一般需要 1.75s 的感知时间,车速为 88km/h 时,这相当于 43m 的距离。反应时间是指正常条件下,从大脑识别出危险类型和性质到脚踩下制动踏板这段时间。驾驶人一般需要 0.75s 的反应时间。车速为 88km/h 时,这相当于 18m 的距离。特殊的生理状况会很大程度上影响驾驶人的感知和反应时间。

驾驶人反应越快,处理情况越及时,安全行车就越有保障。研究表明,驾驶人的反应能力除了与年龄、技术、经验有关外,还受到疲劳程度、车速、药物和酒精等因素的影响,在行车中要尽量排除这些因素的负面干扰。

2．影响驾驶人生理的主要因素

1）疲劳驾驶

疲劳是人经过连续的体力劳动和脑力劳动后,工作能力暂时下降的一种状态。驾驶中的疲劳主要是由于行车中驾驶人长时间的注意力集中、不断观察和判断各种情况,致使感觉器官（如眼、耳等）和中枢神经始终处于紧张状态。因此,驾驶疲劳是一种神经疲劳。

在我国,驾驶人疲劳已经成为交通事故高发的重要原因之一,20% 以上的交通事故是由疲劳驾驶直接导致的。事实上,由于驾驶疲劳引起的交通事故很难界定,因此由疲劳引发事故的比例要远远高于 20%。

疲劳对安全驾驶的影响主要表现为：判断力下降、反应迟钝和操作失误增加,严重时驾驶人会失去对车辆的控制能力,疲劳对安全驾驶的影响可见表 2-1-1。

疲劳对安全驾驶的影响　　　　　　表 2-1-1

疲劳驾驶的影响	主 要 表 现
感、知觉机能弱化	听觉和视觉敏锐度降低、产生视觉错觉;注意力范围变小、注意力转移迟缓、注意力分配困难;驾驶活动必需的生理过程组合的内部协调受到破坏
反应潜伏期显著延长,判断能力下降	反应时间显著延长、反应的灵敏性和对信号的处理能力下降
操作动作的准确性下降	动作的协调性受到破坏,出现动作过于急促或过分迟缓的现象;严重疲劳时发生手足发抖、脚步不稳、动作失调、肌肉痉挛

根据疲劳的程度不同,可将疲劳分为轻度疲劳期、中度疲劳期和重度疲劳期。当产生轻度疲劳时,驾驶人会出现操作紊乱,操作和判断事物能力下降。当产生中度疲劳时,驾驶人工作能力的各项指标急剧下降,驾驶动作出现经常性差错,极易导致事故发生。当产生重度疲劳时,驾驶人出现经常性的意识短暂丧失和对外界刺激没有反应的现象,是事故的高发期。疲劳的主要征兆见表2-1-2。

疲劳的主要征兆　　　　　　　　　　　　　表2-1-2

疲劳程度	征　兆
轻度疲劳	频繁打哈欠,眼皮沉重,换挡不及时,不准确
中度疲劳	眼睛疼、口干舌燥、走神、全身发热
重度疲劳	出现瞬间意识模糊,头不由自主地往下耷拉,心跳加快,视像出现重影,浑身发颤,出冷汗

疲劳产生原因多种多样,针对疲劳产生的原因,及时做好不同预防措施,是防范因疲劳危及驾驶安全的最好方法,详细对策见表2-1-3。

疲劳产生的原因和对策　　　　　　　　　　表2-1-3

驾驶人的疲劳表现	疲劳产生的原因	预防措施
感觉困倦	睡眠不足	调整工作安排,保证行车前有足够的睡眠
	连续驾车超过4h	掌握疲劳自检方法,感觉疲劳时,选择安全的地方停车休息和调整
深夜开车精神不好,犯困	违背生理规律,经常在0:00~5:00时间段行车	科学安排行车时间,充分利用生理高潮期,力求避免生理低谷时驾驶车辆
中枢神经受到抑制,产生困倦	外界信息过少,道路交通环境不利于安全驾驶	开窗通风,呼吸新鲜空气,听一些轻松欢快的音乐,活动一下身体;适当增加中途休息次数,如每隔2h休息一次
腰酸背痛,头晕目眩,精神烦躁	驾驶环境恶劣,长期保持同一驾驶姿势,驾驶室的温度、空间、噪声、振动、照明等条件不利于驾驶人行车	改善驾驶工作环境,必要时根据自身状况安排休息
感冒等疾病引起身体不适,四肢乏力,困倦	驾驶人的身心状况不适合行车	避免带病工作或过于饥饿和饱食,合理调配饮食,吃一些容易消化的食物

2)饮酒对安全行车的影响

酒后驾车的主要原因是缺乏安全意识,许多机动车驾驶人盲目轻信自己的能力,没有意识到饮酒会影响判断和操作,对驾驶安全构成潜在的危险,饮酒对行车安全的影响见表2-1-4。

饮酒对行车安全的影响　　　　　　　　　　表2-1-4

影响因素	具体影响
觉察力	视野变窄、视觉和听觉能力减退;不能正确地估计行车车速和安全间距
反应能力	反应变慢;变得犹豫不决

续上表

影响因素	具体影响
预见性驾驶能力	难以提前对交通情况做出正确的分析和判断,并采取相应的措施;严重醉酒时,对交通情况的分析和判断能力完全丧失
自我判断能力	变得胆大、轻率和冒险

3)药物对安全行车的影响

一些作用于中枢神经系统的药物,如镇静剂、兴奋剂和致幻剂,在服用后会产生一系列的副作用,诱发交通事故。这些药物的具体作用见表2-1-5。

影响安全行车的药物及其作用　　　　表2-1-5

药物类型	积极作用	负面作用	药物举例
镇静剂	在不减弱人的思维能力的情况下,消除人的恐惧感、不安感和紧张情绪	使人肌肉活力下降,表现出消极的情绪;引起头晕目眩、乏力等症状使机体出现动作协调失控、反应迟钝等危险	安定片、安达可辛等
兴奋剂	疲劳感降低、睡意消失,智力和活动的积极性提高,思维活动改善,动作速度加快	会使驾驶人的某些抑制因素作用减退,以致丧失警觉性和过高地估计自己的能力	咖啡因等
致幻剂	局部麻醉,消除疼痛	产生幻觉,出现类似精神分裂症的症状;体力和智力下降,短时间内丧失驾驶能力	普西比辛等

4)疾病

机动车驾驶人比较常见的疾病有:高血压、胃病、腰肌痛、肌炎、神经根炎、下肢静脉曲张、痔疮等。机动车驾驶人在病态下开车,注意力和反应力会大大降低,动作不协调,准确性和速度也会下降,慢性疾病同样会增加发生交通事故的可能性。

第二节　机动车驾驶培训教学与考试大纲

一、机动车驾驶培训教学与考试大纲

2013年1月1日,交通运输部与公安部首次联合发布新的《机动车驾驶培训教学与考试大纲》(以下简称新《大纲》)正式实施。新《大纲》包括:机动车驾驶培训教学大纲、机动车驾驶人考试大纲和驾驶培训教学日志等3项内容。驾照考试的培训学时、教学内容、考试内容都将有较大变化,主要呈现6大特点:

一是新《大纲》培训由原来的4个阶段改成了3个阶段,每天理论培训学时由原来不能超过6学时改为不能超过4学时。

二是新《大纲》的培训学时有了变化,申请小型汽车的培训学时由86学时减少到78学时;申请增学大型客车和中型客车的培训学时由86学时减少到82学时;申请增加牵引车的

培训学时由90学时减少到88学时;申请大型货车的培训学时由96学时增加到118学时;申请城市公交车的培训学时由98学时增加到120学时。

三是新《大纲》将安全文明驾驶常识部分单独列出。原来在第一阶段学习的安全文明驾驶常识,作为第三阶段的理论部分,指导第三阶段实际道路驾驶训练,并在第三阶段路考合格后,增加了"安全文明驾驶常识"考试,考纲单独列出该部分。新《大纲》将安全意识培养和安全驾驶习惯养成教育贯穿于各阶段教学的始终。在教学及考试内容中首次加入了违法行为综合判断的内容,以提高学员对事故的防范意识。

四是新《大纲》更加注重实际驾驶能力的培养,设置了非常实用的培训项目。新《大纲》增加了"跟车"、"通过人行横道"、"通过学校区域"等项目,都是从实际驾驶需要出发而设计的;在培训学时安排上加大了基础操作及实际道路训练比例。小型车取消了单独桩考,改为倒车入库考试,只要求"在运动中操纵车辆从两侧正确倒入车库",强化了基础操作训练及实际道路训练。

五是新《大纲》对大型客车、牵引车、城市公交车、中型客车、大型货车的考试增加了培训考试项目,教学与考试删除了不符合驾驶技能规律的百米加减挡项目,增加了窄路掉头以及模拟高速公路、连续急弯山路、隧道、雨(雾)天、湿滑路、紧急情况处置等项目,并要求省级公安机关交通管理部门根据实际增加山区、隧道、陡坡等复杂道路驾驶培训及考试内容。

六是新《大纲》要求交通运输部门利用信息技术手段,积极推广"按学时收费"、"先培训、后付费"等先进模式。明确对于实行"按学时收费"、"先培训、后付费"培训模式的培训机构,交通运输部门、公安部门在培训能力评估和考试安排方面应当给予便利。

该《大纲》的修订出台对于加强机动车驾驶培训与考试管理工作,规范驾驶培训机构教学行为,提高驾驶培训质量具有积极意义。

以下是新《大纲》的详细内容:

为了加强机动车驾驶培训与考试管理工作,规范驾驶培训机构教学行为,提高驾驶培训质量,根据《中华人民共和国道路交通安全法》及实施条例、《中华人民共和国道路运输条例》、《机动车驾驶人培训管理规定》、《机动车驾驶证申领和使用规定》等有关规定,制定本大纲。

《机动车驾驶培训教学与考试大纲》包括:机动车驾驶培训教学大纲、机动车驾驶人考试大纲和驾驶培训教学日志。

机动车驾驶培训教学的学时安排见表2-2-1。

学 时 安 排 表　　　　表2-2-1

车型	C1	C2	C3	C4、D、E、F	C5	B2	A3	A1、B1	A2
总学时	78	78	56	48	78	118	120	82	88

每个学员的理论培训时间每天不得超过4学时,实际操作培训时间每天不得超过4学时。

本大纲培训教学部分分为三个阶段,每个教学阶段结束后,应当对学员本阶段的学习进行考核,考核员由二级以上教练员担任;阶段考核合格后,进入下一阶段学习;阶段考核不合格的,由考核员确定应当增加复训的内容和学时。

第二章 教育学基础知识

本大纲考试部分分为三个科目,考试由公安机关交通管理部门组织,考试顺序按照科目一、科目二、科目三依次进行。前一科目考试合格后,可以参加下一科目的考试;前一科目考试不合格的,继续该科目考试。

轮式自行机械车(M)、无轨电车(N)、有轨电车(P)三种准驾车型的培训教学与考试大纲,由各省根据需要和地方特点自行制定,并报交通运输部和公安部备案。

各阶段机动车驾驶培训教学大纲、机动车驾驶人考试大纲及驾驶培训教学日志见表2-2-2~表2-2-11。

第一阶段(科目一):道路交通安全法律、法规和相关知识教学大纲　　　表2-2-2

教学项目	教学内容	教学目标	学时安排							
			C1	C2	C3	C4 D E F	C5	B2	A3	A1 B1	A2
			12	12	12	10	12	12	14	10	10
1.机动车基本知识	车辆结构常识	了解车辆的基本构成									
	车辆主要安全装置	熟悉各主要安全装置的配置;掌握仪表、报警灯的作用;掌握安全头枕、安全带、安全气囊、灯光、喇叭、防抱死制动系统的作用	1	1	1	1	1	1	1	1	1
	驾驶操纵机构	掌握转向盘、加速操纵装置、制动操纵装置、变速器操纵杆、驻车制动操纵装置及其他操纵装置的作用	1	1	1		1	1	1	1	1
		掌握离合器踏板的作用		*			*				
	车辆性能	了解车辆性能与安全行车的关系;了解制动性能对行车安全的影响				1					
	车辆检查和维护	掌握日常检查和维护的基本内容	1	1			1	1	1	1	1
	车辆运行材料	了解燃油、润滑油、冷却液、风窗玻璃清洗液等运行材料的使用常识									
	客车制动系统及车门	了解客车行车制动装置、缓行器和驻车制动装置、客车乘客门、安全出口、客车外推式安全窗的结构特点	*	*	*	*	*	*	1	*	*
	公交车制动系统及车门	了解公交车行车制动装置、驻车制动装置、乘客门的结构特点	*	*	*	*	*	1	*	*	
	汽车列车制动系统、连接与分离装置	了解汽车列车制动系统的结构特点;了解汽车列车连接与分离装置的结构	*	*	*	*	*	*	*	1	

续上表

教学项目	教学内容	教学目标	C1	C2	C3	C4DEF	C5	B2	A3	A1B1	A2
			12	12	12	10	12	12	14	10	10
2. 法律、法规及道路交通信号	机动车驾驶证申领与使用	熟练掌握机动车驾驶证申领与使用的规定、考试标准、记分标准	1	1	1	1	1	1	1	1	1
	道路通行规则	熟练掌握道路交通信号的种类、识别和作用；熟练掌握各类道路条件下的通行规则；熟练掌握变更车道、跟车与限制超车、会车规定、避让行人和非机动车、掉头与倒车的规定	4	4	4	3	4	4	4	1	1
	驾驶行为	熟练掌握正确驾驶的行为要求	1	1	1	1	1	1	1	1	1
	违法行为处罚	掌握主要交通安全违法行为情形、法律责任的基本知识、驾驶机动车禁止行为	2	2	2	2	2	2	2	2	2
	机动车登记	掌握机动车登记的有关规定	1	1	1	1	1	1	1	1	1
	交通事故处理	了解道路交通事故现场处置方法									
3. 综合复习及考核	道路交通安全法律、法规及相关知识	熟练掌握道路交通安全法律、法规、交通信号等相关知识；考核不合格的，可根据实际情况增加相应的内容和学时	—	—	—	—	—	—	—	—	—

注：1. 本阶段理论知识应当采用课堂多媒体教学。
　　2. 本阶段所有车型综合复习及考核不计学时。

第一阶段(科目一)：道路交通安全法律、法规和相关知识考试大纲　　表2-2-3

考试项目	考试内容	考试要点	考试目标
1. 道路交通安全法律、法规和规章	中华人民共和国道路交通安全法及实施条例	灯光、喇叭的使用；有划分车道的道路通行；无划分车道的道路通行；交叉路口通行；变更车道；机动车限速通行；跟车与限制超车；会车规定；铁路道口及渡口通行；缓行、拥堵路段交替通行；漫水路、漫水桥通行；避让行人和非机动车；掉头与倒车	熟练掌握各类道路条件下的通行规则；熟练掌握驾驶证申领和使用的有关规定；熟知相关权利、义务和法律责任；掌握其他法律、法规和规章中与道路交通安全有关的主要规定
	刑法	交通肇事罪；危险驾驶罪	
	道路交通安全违法行为处理程序规定	扣留车辆的情形；扣留机动车驾驶证的情形	
	道路交通事故处理程序规定	事故现场处置；高速公路事故现场处置；现场报警和处置；自行协商事故处理；事故现场的强制撤离	

第二章 教育学基础知识

续上表

考试项目	考试内容	考试要点	考试目标
1.道路交通安全法律、法规和规章	机动车驾驶证申领和使用规定	机动车驾驶证许可;机动车驾驶证种类、准驾车型和有效期;机动车驾驶证申请条件;初次申领机动车驾驶证的车型;驾驶人考试内容和合格标准;驾驶人考试要求;有效期满换证;转入换证;变更换证;驾驶证遗失补证;记分制度;违法记分分值及考试;驾驶证实习期;驾驶证审验;驾驶人体检;驾驶证注销;违法处罚	
	机动车登记规定	机动车注册、变更、转移、抵押、注销登记;机动车登记证书灭失、丢失或者损毁;机动车号牌、行驶证灭失、丢失或者损毁;临时行驶车号牌;机动车检验	
2.地方性法规	根据地方性法规选定的重点内容		掌握地方性法规的重点内容
3.交通信号	道路交通信号灯	红灯;绿灯;黄灯;车道信号灯;箭头信号灯;黄色闪光警告信号灯;道路与铁路平面交叉道口信号灯	熟练掌握各类道路交通信号的种类、识别和作用
	道路交通标志	警告标志;禁令标志;指示标志;指路标志;旅游区标志	
	道路交通标线	指示标线;禁止标线;警告标线	
	交通警察手势	停止信号;直行信号;左转弯信号;左转弯待转信号;右转弯信号;变道信号;减速慢行信号;示意车辆靠边停车信号	
4.安全行车、文明驾驶基础知识	驾驶行为	驾驶人驾驶行为要求;驾驶人对所驾车辆应负的安全责任;避让特种车辆;避让道路养护作业车辆;机动车停车;高速公路安全行驶;高速公路故障车处置;故障车警示要求	掌握正确驾驶行为要领;掌握主要交通安全违法行为情形、法律责任的基本知识
	交通安全违法行为	驾驶机动车禁止行为;对道路交通安全违法的处罚种类;对违反交通信号的处罚;对酒后、吸毒、服药驾驶的处罚;对涉机动车驾驶证违法的处罚;对涉机动车号牌违法的处罚;简易程序处罚;对不正当手段取得驾驶证的处理;超员、超载违法消除规定	
5.机动车驾驶操作相关基础知识	仪表与指示灯	仪表;雾灯指示灯;机油压力表与报警灯;燃油报警灯;水温报警灯;远、近光指示灯;安全带报警灯;危险报警闪光灯;转向指示灯;其他指示灯	掌握机动车主要仪表、指示灯和操纵、安全装置的基本知识
	操纵装置	转向盘;离合器踏板;制动踏板;加速踏板;变速器操纵杆;驻车制动器操纵装置;点火开关;灯光开关;风窗玻璃刮水、除霜和除雾装置	
	安全装置	安全头枕;安全带;防抱死制动(ABS)装置;安全气囊	

第二阶段(科目二):场内驾驶教学大纲 表2-2-4

阶段目标:掌握基础的驾驶操作要领,具备对车辆控制的基本能力;熟练掌握场地和场内道路驾驶的基本方法,具备合理使用车辆操纵机件、正确控制车辆运动空间位置的能力,能够准确地控制车辆的行驶位置、速度和路线。

理论知识

教学项目	教学内容	教学目标	C1	C2	C3	C4DEF	C5	B2	A3B1	A2
		学时安排	2	2	2	2	2	2	2	2
1.基础驾驶	基础驾驶操作规范	掌握基础驾驶操作的要求、作用	1	1	1	1	1	1	1	1
2.场地驾驶	场地驾驶知识	熟知速度控制、转向控制、空间位置控制对安全行车的影响	1	1	1	1	1	1	1	1

实际操作

教学项目	教学内容	教学目标	C1	C2	C3	C4DEF	C5	B2	A3B1	A2
		学时安排	24	24	12	12	24	52	51	34/38
1.基础驾驶	驾驶姿势	掌握正确的驾驶姿势要领	2	2	1	0.5	2	2	2	1
	操纵装置的操作	掌握转向盘、变速器操纵杆、驻车制动装置、行车制动装置、加速操纵装置的安全操作方法;掌握照明和信号及其他操纵装置的操作方法								
		掌握离合器踏板的安全操作方法				*		*		
		掌握转向盘、制动和加速迁延控制手柄的正确操作方法;掌握制动和加速迁延控制踏板的正确操作方法;掌握照明和信号装置及其他操纵装置的正确操作方法								
		掌握转向盘、转向盘控制辅助手柄、制动和加速迁延控制手柄、转向信号灯迁延开关的正确操作方法;掌握驻车制动辅助手柄、照明和信号装置及其他操纵装置的正确操作方法	*	*	*	*	1	*	*	*
	行车前车辆检查与调整	掌握调整座椅、头枕、后视镜和系、松安全带的正确方法;掌握检查操纵装置、起动发动机、检查仪表、停熄发动机的正确方法	1	1	1	1	1	1	1	1

第二章　教育学基础知识

续上表

教学项目	教学内容	教学目标	学时安排							
			C1	C2	C3	C4DEF	C5	B2	A3	A1B1	A2

教学项目	教学内容	教学目标	C1	C2	C3	C4DEF	C5	B2	A3	A1B1	A2
			24	24	12	12	24	52	51	34	38
2.场地驾驶	牵引车与挂车的连接与分离	掌握牵引车与挂车的连接与分离的操作方法和注意事项	*	*	*	*	*	*	*	*	1
	上车、下车动作	掌握正确的上车、下车动作	1	1	1	0.5	*	1	*	*	*
	车上轮椅或拐杖的放置	掌握轮椅和拐杖的安全放置方法	*	*	*	*		*	*	*	*
	上车前的观察	掌握上车前观察,确认安全的正确方法				*					
	下车前的观察	掌握下车打开车门前观察,确认安全的正确方法									
	起步、停车	掌握安全平稳起步、停车的操作方法	6	6	2		6	8	8	4	4
	变速、换挡、倒车	掌握加速、减速行驶和换挡、倒车的安全操作要领				2					
	行驶位置和路线	判断安全状况,保持车辆沿正确的位置和路线行驶									
	倒车入库	在运动中操纵车辆从两侧正确倒入车库				*		*	*	*	*
	坡道定点停车和起步	准确地判断停车位置;正确地选择挡位,平稳起步				1					
	侧方停车	在运动中操纵车辆正确停入道路右侧车位(库)	8	8	4		8				
	曲线行驶	熟练操纵转向装置,控制车辆曲线行驶									
	直角转弯	在急转弯路段正确操纵转向装置,准确判断内外轮差				*		16	16	10	10
	通过限宽门	在一定车速下正确判断车身位置顺利通过限宽门									
	通过连续障碍	准确判断车轮行驶轨迹和内外轮差,顺利通过连续障碍									
	起伏路行驶	操纵车辆平顺通过起伏路面	*	*	*		*				
	通过单边桥	准确运用转向装置,正确判断车轮直线行驶轨迹顺利通过单边桥				2					
	窄路掉头	不超过三进二退掉头后靠右停车				*					

33

续上表

教学项目	教学内容	教学目标	学时安排							
			C1	C2	C3	C4 D E F	C5	B2	A3	A1 B1	A2
			24	24	12	12	24	52	51	34	38
2. 场地驾驶	侧方移位、倒车进库	准确判断行车轨迹,操控车辆进行倒车进库、移位和出库	*	*	*	*	*	8	8	6	8
	模拟高速公路驾驶	操纵车辆在模拟高速公路完成匝道入主道、变更车道、驶出高速公路等操作	*	*	*	*	*	10	10	6	8
	模拟连续急弯山区路驾驶	操纵车辆在模拟急弯山区路完成减速、靠右行驶、驶入弯道等操作									
	模拟隧道驾驶	操纵车辆在模拟隧道完成减速、开启(关闭)灯光、鸣喇叭等操作									
	模拟雨(雾)天驾驶	操纵车辆在模拟雨(雾)天气完成减速、选择刮水器挡位、开启灯光等操作									
	模拟湿滑道路驾驶	操纵车辆在模拟湿滑路完成减速、低速挡匀速行驶等操作									
	模拟紧急情况处置	操纵车辆在模拟紧急情况出现时,完成制动、停车、开启危险报警闪光灯、摆放警告标志、撤离车内人员等操作									
	模拟城市街道驾驶	掌握通过人行横道、路口、学校区域、居民小区、公交车站、医院、商店、铁路道口等操作要领	2	2	*	*	2	*	*	*	*
	跟车速度感知	掌握50km/h或70km/h跟车行驶的方法	1	1	*	*	1	1	1	*	*
	绕桩驾驶	在运动中从起点绕桩前进驶出,再倒车绕桩反向驶回	*	*	*	2	*	*	*	*	*
	停靠货台	倒车尾靠货台、倒车侧靠货台、前进侧靠货台,准确停靠到位	*	*	*	*	*	2	*	*	2
	停靠站台	倒车侧靠站台、前进侧靠站台,准确停靠到位	*	*	*	*	*	2	2	*	*
	独立驾驶	独立在场内安全驾驶车辆	1	1	1	1	1	1	1	2	2
3. 综合驾驶及考核	基础驾驶;场地驾驶	综合运用本阶段的所学内容,熟练完成场地驾驶科目;考核不合格的,可根据实际情况增加相应的内容和学时	2	2	2	2	2	2	2	2	2

注:本阶段实际操作项目基础驾驶应当采用驾驶模拟器教学。

第二阶段(科目二):场内驾驶考试大纲

表 2-2-5

考试项目	考试要点	考试车型	考试目标
1. 桩考	正确判断车身行驶空间位置,操控车辆低速完成倒车或前进通过空间限位障碍	A1、A2、A3、B1、B2、C4、D、E、F	
2. 倒车入库	正确判断车辆倒车轨迹,操控车辆完成倒车入库	C1、C2、C3、C5	
3. 坡道定点停车和起步	准确地判断停车位置;协调运用加速踏板、驻车制动器和离合器,平稳起步	A1、A2、A3、B1、B2、C1、C2、C3、C4、C5、D、E、F	
4. 侧方停车	在运动中操纵车辆正确停入道路右侧车位(库)	A1、A2、A3、B1、B2、C1、C2、C3、C5	
5. 通过单边桥	在运动中准确运用转向装置,正确判断车轮直线行驶轨迹,保持直线行驶	A1、A2、A3、B1、B2、C4、D、E、F	
6. 曲线行驶	在运动中操纵转向装置,控制车辆曲线行驶	A1、A2、A3、B1、B2、C1、C2、C3、C5	
7. 直角转弯	在运动中正确操纵转向装置,准确判断内外轮差	A1、A2、A3、B1、B2、C1、C2、C3、C5	掌握基础的驾驶操作要领;具备合理使用车辆操纵机件、正确控制车辆运动空间位置的能力;能够准确地控制车辆的行驶位置、速度和路线
8. 通过限宽门	在一定车速下正确判断车身位置通过限宽门	A1、A2、A3、B1、B2	
9. 通过连续障碍	在运动中准确判断左右车轮内侧空间运行变化	A1、A2、A3、B1、B2	
10. 起伏路行驶	运行中针对凹凸障碍以最小颠簸方式通过障碍	A1、A2、A3、B1、B2	
11. 窄路掉头	不超过三进二退掉头后靠右停车	A1、A2、A3、B1、B2	
12. 模拟高速公路驾驶	驶入驶出高速公路、合理选择行车道、遵守行车规定以及高速公路应急停车	A1、A2、A3、B1、B2	
13. 模拟连续急弯山区路驾驶	通过模拟急弯山区路要减速、鸣号、靠右行	A1、A2、A3、B1、B2	
14. 模拟隧道驾驶	进入隧道前完成减速、开灯、鸣号操作以适应环境光照度急剧变化	A1、A2、A3、B1、B2	
15. 模拟雨(雾)天驾驶	操纵车辆在模拟雨(雾)天气完成减速、选择刮水器挡位、开启灯光等操作	A1、A2、A3、B1、B2	
16. 模拟湿滑路驾驶	操纵车辆在模拟湿滑路低速匀速行驶	A1、A2、A3、B1、B2	
17. 紧急情况处置	操纵车辆在模拟紧急情况出现时,合理完成制动、停车、开启危险报警闪光灯、摆放警告标志、撤离车内人员等操作	A1、A2、A3、B1、B2	
18. 省级公安机关交通管理部门增加的考试内容	省级公安机关交通管理部门可以根据实际增加考试内容,并确定轮式自行机械车、无轨电车、有轨电车的考试内容	A1、A2、A3、B1、B2、C1、C2、C3、C5、M、N、P	

第三阶段(科目三):道路驾驶技能和安全文明驾驶常识教学大纲　　　　表2-2-6

阶段目标:掌握安全文明驾驶知识,具备对车辆综合控制能力;了解行人、非机动车的动态特点及险情的预测和分析方法;熟练掌握一般道路和夜间驾驶方法,能够根据不同的道路交通状况安全驾驶;形成自觉遵守交通法规、有效处置随机交通状况、无意识合理操纵车辆的能力。

理论知识

教学项目	教学内容	教学目标	学时安排							
			C1	C2	C3	C4DEF	C5	B2	A3	A1B1	A2
			16	16	14	14	16	20	20	16	16
1. 安全、文明驾驶	安全驾驶	熟练掌握车辆安全检查与调整的方法;熟练掌握起步、汇入车流、跟车行驶、变更车道、会车、超车、让超车、停车、掉头和倒车的安全驾驶方法;熟练掌握通过弯道、路口、人行横道、学校区域、居民小区和公交车站的安全驾驶方法;掌握保护行人(尤其儿童)、非机动车和乘车人的安全要领	2	2	2	2	2	4	4	2	2
	文明礼让	培养优先通行权与安全礼让(尤其校车)的道德意识;养成安全、文明的驾驶习惯;杜绝不文明行为和违法行为	4	4	4	3	4	4	4	4	4
	常见交通标志、标线和交警手势辨识	具备实际道路驾驶时辨识、遵守各类道路交通信号的能力									
2. 恶劣气象和复杂道路条件下的安全驾驶	雨天驾驶	掌握雨天灯光、刮水器的正确使用方法;掌握雨天行驶路面选择、速度控制方法;掌握雨天跟车、会车、制动和停车的安全驾驶方法	4	4	4	3	4	4	4	4	4
	冰雪道路驾驶	掌握冰雪道路灯光的正确使用方法;掌握冰雪道路行驶路面选择、速度控制方法;掌握冰雪道路跟车、会车、制动、停车的安全驾驶方法									
	雾天驾驶	掌握雾天灯光的正确使用方法;掌握雾天行驶路面选择、速度控制方法;掌握雾天跟车、会车、制动、停车的安全驾驶方法									
	大风天气驾驶	掌握大风天气灯光的正确使用方法;掌握大风天气行驶路面选择、速度控制方法;掌握大风天气跟车、会车、制动和停车安全驾驶方法									

第二章 教育学基础知识

续上表

教学项目	教学内容	教学目标	学时安排							
			C1	C2	C3	C4DEF	C5	B2	A3	A1B1	A2
			16	16	14	14	16	20	20	16	16
2.恶劣气象和复杂道路条件下的安全驾驶	泥泞道路驾驶	掌握泥泞道路的路面选择、速度控制、方向控制方法;了解侧滑、驱动轮空转打滑的处置方法									
	涉水驾驶	熟悉通过漫水桥、漫水路及其他情况的安全涉水驾驶方法									
	施工道路驾驶	掌握安全通过施工路段的方法									
	通过铁路道口	掌握安全通过铁路道口的方法									
	山区道路驾驶	掌握山区道路跟车、超车、会车、停车、坡道和弯道行驶的安全驾驶方法									
	通过桥梁	通过立交桥、公路跨线桥、山区跨涧公路大桥及跨江、河、海大桥及简易桥梁的安全驾驶方法									
	通过隧道	熟悉通过隧道的明暗适应知识;掌握通过隧道时灯光的使用、速度控制方法及禁止行为									
	夜间驾驶	掌握夜间灯光的使用、路面的识别与判断、会车、跟车、超车、让超车、通过交叉路口、通过坡道、通过人行横道、转弯的安全驾驶方法及车辆发生故障时处置方法									
	高速公路驾驶	掌握安全驶入高速公路、加速车道行驶、行车道的选择、行车速度控制的正确方法;掌握控制高速公路安全跟车距离、变更车道、通过隧道、减速车道行驶、驶出高速公路的方法;掌握高速行驶减速不让路的安全驾驶方法									
3.紧急情况下的临危处置	险情的预测与分析	了解跟车、会车、超车、变更车道、转弯、倒车、掉头等不同行驶状态下险情的预测与分析方法;了解山区道路、桥梁、隧道等典型道路环境下驾驶险情的预测与分析方法;了解雨天、雪天、雾天、风沙等恶劣气象条件下驾驶险情的预测与分析方法;了解高速公路驾驶险情的预测与分析方法;了解夜间驾驶险情的预测与分析方法	2	2	1	2	2	4	4	2	2

续上表

教学项目	教学内容	教 学 目 标	学时安排							
			C1	C2	C3	C4DEF	C5	B2	A3B1	A2
			16	16	14	14	16	20	20	16	16
3.紧急情况下的临危处置	紧急情况避险知识	熟悉轮胎漏气、突然爆胎、转向突然失控、制动突然失效、发动机突然熄火、雨雪天侧滑、泥泞路面侧滑、碰撞、连续倾翻、着火、落水、突然出现障碍物、行人突然横穿道路、遇险时对乘员的保护等临危应急处置方法；掌握紧急情况下的避险原则								
	高速公路驾驶紧急避险	熟悉高速公路行驶发生"水滑"、雾天遇事故、意外碰撞护栏、遇到横风、紧急情况停车的应急避险方法；掌握高速公路紧急避险的原则								
4.发生交通事故后的处置	事故处置原则；事故现场处置	了解事故现场急救的原则、基本要求；掌握昏迷不醒、失血、烧伤、中毒、骨折伤员的自救、急救方法；掌握常用的伤员止血方法	2	2	1	2	2	2	2	2
5.危险学品知识	常见危险化学品知识	了解常见危险化学品的特性及运输中特殊情况的处理方法	*	*	*	*	*			
6.典型事故案例	违法行为综合判断与案例分析	分析道路交通典型事故案例，判断事故发生原因	2	2	2	2	2	2	2	2

注：本阶段理论知识应当采用多媒体教学，有条件的可通过网络等形式配合教学。

实 际 操 作

教学项目	教学内容	教 学 目 标	学时安排							
			C1	C2	C3	C4DEF	C5	B2	A3B1	A2
			24	24	16	10	24	32	33	20	22
1.起步	起步操作	掌握起步前检查、调整、观察的要领和安全平稳起步的驾驶方法								
2.直线行驶	直线行驶、行驶速度与安全距离控制	掌握根据道路情况合理控制车速、使用挡位，保持直线行驶，跟车距离适当，行驶过程中适时观察内、外后视镜的驾驶方法	1	1	1	1	1	1	1	1

第二章 教育学基础知识

续上表

教学项目	教学内容	教学目标	学时安排							
			C1	C2	C3	C4 D E F	C5	B2	A3 B1	A2
			24	24	16	10	24	32	33	20	22
3.换挡	加、减挡操作	掌握根据道路交通状况和车速,合理加减挡,及时、平顺换挡的驾驶方法		*			*				
4.跟车	跟车距离和跟车速度控制	掌握合理控制跟车速度、保持安全跟车距离的驾驶方法	4	4	2	1	4	4	4	4	4
5.变更车道	安全变更车道	掌握变更车道时观察、判断车辆安全距离,控制行驶速度,使用灯光信号的驾驶方法									
6.靠边停车	顺位停车;S形倒车入位;L形倒车入位	掌握靠路边顺位停车(S形倒车入位)、倒入车库(L形倒车入位)的操作方法	1	1	1	*	1	1	1	1	1
7.通过路口	直行通过路口	掌握路口合理观察交通情况,减速或停车瞭望,直行安全通过路口的驾驶方法	8	8	4	4	8	13	13	4	4
	路口左转弯、路口右转弯	掌握路口合理观察交通情况,减速或停车瞭望,正确使用转向灯,左、右转弯安全通过路口的驾驶方法									
8.通过人行横道	安全通过人行横道	掌握安全通过人行横道、合理控制车速、礼让行人的驾驶方法									
9.通过学校区域	安全通过学校区域	掌握安全通过学校区域,文明礼让,避让学生和校车,确保安全通过的驾驶方法									
10.通过公共汽车站	安全通过公共汽车站	掌握通过公共汽车站提前减速,观察公共汽车进、出站动态和上下车乘客动态及预防行人横穿道路的驾驶方法									
11.会车	安全会车	掌握正确判断会车地点,会车有危险时,控制车速、提前避让、调整会车地点及对方车辆保持安全间距的驾驶方法									
12.超车	同向超车、借道超车	掌握同向超车、借道超车的要领,以及观察被超越车辆的动态,保持与被超越车辆的安全间距,观察左侧交通情况,选择合理超车时机的驾驶方法									

39

续上表

教学项目	教学内容	教学目标	学时安排							
			C1	C2	C3	C4 D E F	C5	B2	A3 B1	A2
			24	24	16	10	24	32	33	20	22
13.掉头	安全掉头	掌握降低车速,观察交通情况,正确选择掉头地点和时机的驾驶方法	1	1	1	*	1	1	1	1	1
14.夜间驾驶	夜间安全驾驶与灯光的使用	掌握夜间起步、会车、超车、通过急弯、通过坡路、通过拱桥、通过人行横道或者没有交通信号灯控制的路口时正确使用灯光的驾驶方法	2	2	2	1	2	4	4	2	4
15.行驶路线选择	自行选择行驶路线	按照自行选择的行驶路线,在一般道路上独立地安全驾驶	1	1	1	1	1	2	2	1	1
16.模拟驾驶	驾驶行为综合分析与判断	能够对常见驾驶陋习和违法行为进行综合分析与判断	2	2	2	1	2	2	2	2	2
	恶劣条件下的驾驶	掌握在雨天、雾天、冰雪路面、泥泞道路、涉水等恶劣条件下安全驾驶的要领和方法	1	1	1	1	1	2	2	1	1
	山区道路驾驶	掌握山区道路安全驾驶的要领和方法									
	高速公路驾驶	掌握高速公路安全驾驶的要领和方法	1	1	*	*	1	1	1	1	1
17.综合驾驶及考核	实际道路驾驶;安全文明驾驶常识;模拟驾驶	在实际道路上熟练地驾驶所学准驾车型;掌握安全文明驾驶常识和驾驶行为综合分析与判断方法;考核不合格的,可根据实际情况增加相应的内容和学时	2	2	1	—	2	2	2	2	2

注:1.本阶段模拟驾驶部分内容可采用驾驶模拟器教学。
 2.本阶段C4、D、E、F车型的综合驾驶及考核不计学时。

第三阶段(科目三):道路驾驶技能和安全文明驾驶常识考试大纲 表2-2-7

道路驾驶技能			
考试项目	考试要点	考试车型	考试目标
1.上车准备	上车前观察车辆外观和周围环境,确认安全	A1、A2、A3、B1、B2、C1、C2、C5	

续上表

考试项目	考试要点	考试车型	考试目标
2. 起步	起步前调整和检查车内设施，观察后方、侧方交通情况，起步过程规范、平稳	A1、A2、A3、B1、B2、C1、C2、C3、C5	熟练掌握各类道路和夜间驾驶方法，具备自觉遵守交通法规、有效处置随机交通状况、无意识合理操纵车辆的能力，做到安全、文明、谨慎驾驶
3. 直线行驶	根据道路情况合理控制车速，正确使用挡位，保持直线行驶，跟车距离适当	A1、A2、A3、B1、B2、C1、C2、C3、C5	
4. 加减挡位操作	根据道路交通状况和车速，合理加减挡，换挡及时、平顺	A1、A2、A3、B1、B2、C1、C2、C3、C5	
5. 变更车道	变更车道过程中正确使用转向灯，观察侧后方交通情况，保持车辆安全间距，控制行驶速度，合理选择变道时机	A1、A2、A3、B1、B2、C1、C2、C3、C5	
6. 靠边停车	正确使用转向灯，观察后方和右侧交通情况，减速向右平稳停车	A1、A2、A3、B1、B2、C1、C2、C3、C5	
7. 直行通过路口	合理观察交通情况，减速或停车瞭望，直行安全通过路口	A1、A2、A3、B1、B2、C1、C2、C3、C5	
8. 路口左转弯	合理观察交通情况，减速或停车瞭望，正确使用灯，左转弯安全通过路口	A1、A2、A3、B1、B2、C1、C2、C3、C5	
9. 路口右转弯	合理观察交通情况，减速或停车瞭望，正确使用灯，右转弯安全通过路口	A1、A2、A3、B1、B2、C1、C2、C3、C5	
10. 通过人行横道	减速，观察两侧交通情况，确认安全后，合理控制车速通过，遇行人停车让行	A1、A2、A3、B1、B2、C1、C2、C3、C5	
11. 通过学校区域	提前减速观察情况，文明礼让，确保安全通过，遇有学生横过公路时应停车让行	A1、A2、A3、B1、B2、C1、C2、C3、C5	
12. 通过公共汽车站	提前减速，观察公共汽车进、出站动态和乘客上下车动态，着重注意同向公共汽车前方或对向公共汽车后方有无行人横穿道路	A1、A2、A3、B1、B2、C1、C2、C3、C5	
13. 会车	正确判断会车地点，与对方车辆保持安全间距	A1、A2、A3、B1、B2、C1、C2、C3、C5	
14. 超车	保持与被超越车辆的安全跟车距离，观察左侧交通情况，选择合理时机，正确使用灯光，从被超越车辆的左侧超越。超越后，在不影响被超越车辆正常行驶的情况下，逐渐驶回原车道	A1、A2、A3、B1、B2、C1、C2、C3、C5	
15. 掉头	降低车速，观察交通情况，正确选择掉头地点和时机，发出掉头信号后掉头；掉头时不妨碍其他车辆和行人的正常通行	A1、A2、A3、B1、B2、C1、C2、C3、C5	
16. 夜间行驶	行驶中根据各种照明情况和道路情况正确使用灯光	A1、A2、A3、B1、B2、C1、C2、C3、C5	

续上表

考试项目	考试要点	考试车型	考试目标
17. 省级公安机关交通管理部门确定的考试内容	除大型客车、牵引车、城市公交车、中型客车、大型货车、小型汽车、小型自动挡汽车、低速载货汽车和残疾人专用小型自动挡载客汽车外的其他准驾车型考试内容	C4、D、E、F、M、N、P	
18. 省级公安机关交通管理部门增加的考试内容	大型客车、牵引车、城市公交车、中型客车、大型货车的山区、隧道、陡坡等复杂道路驾驶考试内容	A1、A2、A3、B1、B2	

安全文明驾驶常识			
考试项目	考试内容	考试要点	考试目标
1. 违法行为综合判断与案例分析	典型事故案例	道路交通事故原因分析；典型事故带来的经验教训	能够独立对各类典型事故案例进行分析，总结经验教训，了解常见违法行为和不文明行为
	违法行为	常见违法行为和不文明行为分析	
2. 安全行车常识	安全行车	出车前的检查；起步前的调整；安全起步；安全汇入车流；安全跟车距离；安全会车；安全超车；让超车；安全停车；安全掉头；安全倒车；弯道安全驾驶；路口安全驾驶；安全通过人行横道；安全通过学校区域；安全通过居民小区；安全通过公交车站；保护乘车人	熟练掌握安全驾驶知识，强化安全、谨慎驾驶意识
3. 驾驶职业道德和文明驾驶常识	文明驾驶	人行横道前的礼让；会车时的礼让；超车时的礼让；遇特种车辆的礼让；遇异常行驶车辆的礼让；遇道路、路口拥堵时的礼让；遇行人的礼让；遇牲畜的礼让；遇非机动车的礼让；常见不文明行为；常见违法行为	熟练掌握文明驾驶知识，强化文明、礼让驾驶意识
4. 常见交通标志、标线和交警手势辨识	道路交通信号	警告标志；禁令标志；指示标志；指路标志；旅游区标志；指示标线；禁止标线；警告标线；交通警察手势	具备实际道路驾驶时辨识、遵守各类道路交通信号的能力
5. 恶劣气象和复杂道路条件下驾驶常识	通过桥梁、隧道的安全驾驶	通过桥梁的安全驾驶；通过双向行驶隧道的安全驾驶	熟练掌握恶劣气象和复杂道路条件下的安全驾驶知识，能够根据不同的道路交通状况安全驾驶
	山区道路安全驾驶	山路跟车时的安全驾驶；山路超车时的安全驾驶；山路会车时的安全驾驶；山区道路安全停车；山路坡道的安全驾驶；山路弯道的安全驾驶	
	夜间安全驾驶	夜间灯光的使用；夜间路面的识别与判断；夜间跟车、超车、让超车时的安全驾驶；夜间会车时的安全驾驶；夜间通过交叉路口时的安全驾驶；夜间通过坡道、人行横道时的安全驾驶；夜间转弯、发生故障时的安全驾驶	

续上表

考试项目	考试要点	考试车型	考试目标
5.恶劣气象和复杂道路条件下驾驶常识	特殊道路及恶劣气象条件下的安全驾驶	雨天安全驾驶；冰雪道路的安全驾驶；雾天安全驾驶；大风天气的安全驾驶；泥泞、涉水、施工道路的安全驾驶	
	高速公路安全驾驶	驶入收费口；匝道行驶；加速车道行驶；汇入车流；行车道的选择；行车速度确认；安全距离；安全停车；通过隧道、桥梁；减速车道行驶	
6.紧急情况下避险常识	紧急情况通用避险知识	紧急情况下的避险原则；轮胎漏气、突然爆胎、转向突然失控、制动突然失效、发动机突然熄火、侧滑、碰撞、倾翻、火灾、车辆落水的应急处置	熟练掌握紧急情况下的临危处置方法，掌握应对各类突发紧急情况的基本知识
	高速公路紧急避险	紧急避险的原则；发生"水滑"、雾天遇事故、意外碰撞护栏、遇到横风、紧急情况停车的应急处置	
7.交通事故救护及常见危险化学品处置常识	事故处置	事故处置原则；事故现场处置常规方法	掌握发生交通事故后现场处置方法、伤员自救常识和常见危险化学品名称、特性等常识
	伤员自救、急救	伤员急救的基本要求；昏迷不醒伤员急救；失血伤员急救；烧伤者急救；中毒伤员的急救；骨折伤员处置；常用伤员止血方法	
	常见危险化学品	常见危险化学品的特性；危险化学品运输中特殊情况的处理	
8.地方试题	省级公安交通管理部门根据实际确定的考试内容		掌握根据本地实际确定的安全文明驾驶常识

注：1.标注"＊"部分为本车型不要求的教学项目和内容；
　　2.按照培训车型使用教学日志。

C1、C2、C5/C3 驾驶培训教学日志

表 2-2-8

车型：C1、C2、C5/C3
学时：78/56
每学时为1h

No.

培训机构名称：		学员姓名：	车型：
第一阶段　学时：12		阶段目标：了解机动车基本知识，掌握道路交通安全法律、法规及道路交通信号的规定。	
理论知识学时：12	教学项目	教学目标	
	1.机动车基本知识 2.法律、法规及道路交通信号	1.熟练掌握法律、法规及道路交通信号相关规定和要求 2.掌握车辆主要安全装置、驾驶操纵机构的作用 3.了解机动车基本结构知识、车辆性能、车辆运行材料知识	

续上表

次数/日期	1/	2/	3/	4/
教学项目				
所用学时				
学员签字				
教练员评价及签字				

第一阶段考核意见：

考核员签字：
年　月　日

第二阶段　学时:26/14	阶段目标:掌握基础的驾驶操作要领,具备对车辆控制的基本能力;熟练掌握场地和场内道路驾驶的基本方法,具备合理使用车辆操纵机件、正确控制车辆运动空间位置的能力,能够准确地控制车辆的行驶位置、速度和路线。		
理论知识 学时:2/2	教学项目 1.基础驾驶 2.场地驾驶	教学目标 1.掌握基础驾驶操作的要领与作用 2.熟知速度控制、转向控制、空间位置控制对安全行车的影响	日　期 教学项目 所用学时 学员签字 教练员评价及签字
实际操作 学时:24/12	教学项目 1.基础驾驶 2.场地驾驶	教学目标 1.掌握正确的上、下车动作及驾驶姿势要领 2.熟练掌握操纵装置的操作要领 3.掌握行车前车辆的检查与调整方法 4.掌握上下车观察、起步、变速、换挡、停车、倒车的驾驶方法 5.掌握判断安全状况,保持车辆沿正确的位置和路线行驶的方法 6.掌握倒车入库、坡道定点停车和起步、侧方停车、曲线行驶、直角转弯驾驶的方法 7.掌握通过人行横道、路口、学校区域、居民小区、公交车站、医院、商店、铁路道口等操作要领 8.掌握50km/h或70km/h车速下的跟车行驶要领 9.独立在场内安全驾驶车辆	

次数/日期	1/	2/	3/	4/	5/	6/
教学项目						
所用学时						
学员签字						

第二章 教育学基础知识

续上表

次数/日期	7/	8/	9/	10/	11/	12/
教练员评价及签字						
教学项目						
所用学时						
学员签字						
教练员评价及签字						

第二阶段考核意见：

考核员签字：
年　月　日

第三阶段　学时:40/30	阶段目标:掌握安全文明驾驶知识,具备对车辆综合控制能力;了解行人、非机动车的动态特点及险情的预测和分析方法;熟练掌握一般道路和夜间驾驶方法,能够根据不同的道路交通状况安全驾驶;形成自觉遵守交通法规、有效处置随机交通状况、无意识合理操纵车辆的能力。	
理论知识 学时:16/14	教学项目	教学目标
	1. 安全、文明驾驶 2. 恶劣气象和复杂道路条件下的安全驾驶 3. 紧急情况下的临危处置 4. 发生交通事故后的处置 5. 典型事故案例	1. 熟练掌握安全驾驶、文明礼让知识,具备实际道路驾驶时辨识、遵守各类道路交通信号的能力 2. 掌握雨天、冰雪道路、雾天、大风天气、泥泞道路、涉水、施工道路、通过铁路道口、山区道路、夜间、高速公路和通过桥梁、隧道的安全驾驶方法 3. 熟知险情的预测和分析方法、紧急情况避险知识和高速公路紧急避险方法 4. 熟知事故处置原则,掌握常用事故现场处置方法 5. 分析道路交通典型事故案例,判断事故发生原因

次数/日期	1/	2/	3/	4/
教学项目				
所用学时				
学员签字				
教练员评价及签字				

实际操作 学时:24/16	教学项目	教学目标
	1. 起步 2. 直线行驶	1. 掌握起步前检查、调整、观察的要领和安全平稳起步的驾驶方法 2. 掌握根据道路情况合理控制车速、保持直线行驶,跟车距离适当,行驶过程中适时观察内、外后视镜的驾驶方法

续上表

教学项目		教 学 目 标
实际操作 学时:24/16	3.换挡 4.跟车 5.变更车道 6.靠边停车 7.通过路口 8.通过人行横道 9.通过学校区域 10.通过公共汽车站 11.会车 12.超车 13.掉头 14.夜间驾驶 15.行驶路线选择 16.模拟驾驶	3.掌握根据道路交通状况和车速,合理加减挡,及时、平顺换挡的驾驶方法 4.掌握合理控制跟车速度、保持安全跟车距离的安全驾驶方法 5.掌握变更车道时观察、判断车辆安全距离,控制行驶速度、使用灯光信号的安全驾驶方法 6.掌握靠路边顺位停车、倒入平行式停车位(S形倒车入位)、倒入垂直式停车位(L形倒车入位)的操作方法 7.掌握路口合理观察交通情况,直行、向左右转弯安全通过路口的驾驶方法 8.掌握通过人行横道、学校区域、公共汽车站的安全驾驶方法 9.掌握会车、同向超车、借道超车、掉头的安全驾驶方法 10.掌握夜间安全驾驶与灯光的使用方法 11.按照自行选择的行驶路线,在一般道路上独立地安全驾驶 12.掌握常见驾驶陋习、违法行为的综合分析与判断的方法 13.掌握模拟雨天、雾天、冰雪路面、泥泞道路、涉水等恶劣条件下的安全驾驶要领和方法 14.掌握模拟山区道路、高速公路的安全驾驶要领和方法

次数/日期	1/	2/	3/	4/	5/	6/
教学项目						
所用学时						
学员签字						
教练员评价及签字						

次数/日期	7/	8/	9/	10/	11/	12/
教学项目						
所用学时						
学员签字						
教练员评价及签字						

第三阶段考核意见:

考核员签字:

年　月　日

培训机构
审核意见

(盖章)

年　月　日

第二章 教育学基础知识

B2/A2 驾驶培训教学日志

表 2-2-9

车型：B2/A2
学时：118/88
每学时为 1h

No.

培训机构名称：		学员姓名：		车型：	
第一阶段 学时：12/10		阶段目标：了解机动车基本知识，掌握道路交通安全法律、法规及道路交通信号的规定。			
理论知识 学时：12/10	教学项目	教学目标			
	1. 机动车基本知识 2. 法律、法规及道路交通信号	1. 熟练掌握法律、法规及道路交通信号相关规定、要求和通行规则 2. 掌握车辆主要安全装置、驾驶操纵机构的作用 3. 了解机动车基本结构知识、车辆性能、车辆运行材料知识			
次数/日期		1/	2/	3/	4/
教学项目					
所用学时					
学员签字					
教练员评价及签字					

第一阶段考核意见：

考核员签字：
　　　年　　月　　日

第二阶段 学时：54/40		阶段目标：掌握基础的驾驶操作要领，具备对车辆控制的基本能力；熟练掌握场地和场内道路驾驶的基本方法，具备合理使用车辆操纵机件、正确控制车辆运动空间位置的能力，能够准确地控制车辆的行驶位置、速度和路线。			
理论知识 学时：2/2	教学项目	教学目标		日　期	
	1. 基础驾驶 2. 场地驾驶	1. 掌握基础驾驶操作的要领与作用 2. 熟知速度控制、转向控制、空间位置控制对安全行车的影响		教学项目	
				所用学时	
				学员签字	
				教练员评价及签字	

续上表

教学项目		教 学 目 标
实际操作 学时:52/38	1.基础驾驶 2.场地驾驶	1.掌握牵引车与挂车的连接与分离的操作方法和注意事项 2.掌握正确的上、下车动作及驾驶姿势要领 3.熟练掌握操纵装置的操作要领 4.掌握行车前车辆的检查与调整方法 5.掌握上下车观察、起步、变速、换挡、停车、倒车的驾驶方法 6.掌握判断安全状况,保持车辆沿正确的位置和路线行驶的方法 7.掌握倒桩、坡道定点停车和起步、侧方停车、通过单边桥、曲线行驶、直角转弯、通过限宽门、通过连续障碍、起伏路行驶、窄路掉头的驾驶方法 8.掌握模拟高速公路、连续急弯山区路、隧道、雨(雾)天、湿滑路驾驶方法及遇紧急情况的处置方法 9.掌握50km/h或70km/h车速下的跟车行驶要领 10.掌握倒车尾靠货台、倒车侧靠货台、前进侧靠货台,准确停靠到位的方法 11.独立在场内安全驾驶车辆

次数/日期	1/	2/	3/	4/	5/	6/	7/
教学项目							
所用学时							
学员签字							
教练员评价及签字							
次数/日期	8/	9/	10/	11/	12/	13/	14/
教学项目							
所用学时							
学员签字							
教练员评价及签字							
次数/日期	15/	16/	17/	18/	19/	20/	21/
教学项目							
所用学时							
学员签字							
教练员评价及签字							
次数/日期	22/	23/	24/	25/	26/	27/	28/
教学项目							
所用学时							
学员签字							

第二章 教育学基础知识

续上表

教练员评价及签字						
第二阶段考核意见：					考核员签字： 年　月　日	
第三阶段　学时：52/38		阶段目标：掌握安全文明驾驶知识，具备对车辆综合控制能力；了解行人、非机动车的动态特点及险情的预测和分析方法；熟练掌握一般道路和夜间驾驶方法，能够根据不同的道路交通状况安全驾驶；形成自觉遵守交通法规、有效处置随机交通状况、无意识合理操纵车辆的能力。				
理论知识学时：20/16	教学项目	教学目标				
	1. 安全、文明驾驶 2. 恶劣气象和复杂道路条件下的安全驾驶 3. 紧急情况下的临危处置 4. 发生交通事故后的处置 5. 危险化学品知识 6. 典型事故案例	1. 熟练掌握安全驾驶、文明礼让知识，具备实际道路驾驶时辨识、遵守各类道路交通信号的能力 2. 掌握雨天、冰雪道路、雾天、大风天气、泥泞道路、涉水、施工道路，通过铁路道口、山区道路、夜间、高速公路和通过桥梁、隧道的安全驾驶方法 3. 熟知险情的预测和分析方法、紧急情况避险知识和高速公路紧急避险方法 4. 熟知事故处置原则，掌握常用事故现场处置方法 5. 了解常见危险化学品的特性及运输中特殊情况的处理方法 6. 分析道路交通典型事故案例，判断事故发生原因				
次数/日期	1/	2/	3/	4/	5/	
教学项目						
所用学时						
学员签字						
教练员评价及签字						
实际操作学时：32/22	教学项目	教学目标				
	1. 起步 2. 直线行驶 3. 换挡 4. 跟车 5. 变更车道 6. 靠边停车 7. 通过路口	1. 掌握起步前检查、调整、观察的要领和安全平稳起步的驾驶方法 2. 掌握根据道路情况合理控制车速、保持直线行驶，跟车距离适当，行驶过程中适时观察内、外后视镜的驾驶方法 3. 掌握根据道路交通状况和车速，合理加减挡，及时、平顺换挡的驾驶方法 4. 掌握合理控制跟车速度、保持安全跟车距离的安全驾驶方法 5. 掌握变更车道时观察、判断车辆安全距离，控制行驶速度、使用灯光信号的安全驾驶方法 6. 掌握靠路边顺位停车、倒入平行式停车位(S形倒车入位)、倒入垂直式停车位(L形倒车入位)的操作方法 7. 掌握路口合理观察交通情况，直行、向左右转弯安全通过路口的驾驶方法				

续上表

	教学项目	教学目标
实际操作 学时:32/22	8.通过人行横道 9.通过学校区域 10.通过公共汽车站 11.会车 12.超车 13.掉头 14.夜间驾驶 15.行驶路线选择 16.模拟驾驶	8.掌握通过人行横道、学校区域、公共汽车站的安全驾驶方法 9.掌握会车、同向超车、借道超车、掉头的安全驾驶方法 10.掌握夜间安全驾驶与灯光的使用方法 11.按照自行选择的行驶路线,在一般道路上独立地安全驾驶 12.掌握常见驾驶陋习、违法行为的综合分析与判断的方法 13.掌握模拟雨天、雾天、冰雪路面、泥泞道路、涉水等恶劣条件下安全驾驶要领和方法 14.掌握模拟山区道路、高速公路的安全驾驶要领和方法

次数/日期	1/	2/	3/	4/	5/	6/	7/	8/
教学项目								
所用学时								
学员签字								
教练员评价及签字								

次数/日期	9/	10/	11/	12/	13/	14/	15/	16/
教学项目								
所用学时								
学员签字								
教练员评价及签字								

第三阶段考核意见:

考核员签字:
　　　年　月　日

培训机构
审核意见

(盖章)
　　　年　月　日

第二章　教育学基础知识

A3/A1、B1 驾驶培训教学日志　　　　　　　　　　　表 2-2-10

车型：A3/A1、B1
学时：120/82
每学时为 1h

No.

培训机构名称：		学员姓名：		车型：	
第一阶段　学时：14/10		阶段目标：了解机动车基本知识,掌握道路交通安全法律、法规及道路交通信号的规定。			
理论知识学时：14/10	教学项目	教学目标			
	1.机动车基本知识 2.法律、法规及道路交通信号	1.熟练掌握法律、法规及道路交通信号相关规定、要求和通行规则 2.掌握车辆主要安全装置、驾驶操纵机构的作用 3.了解机动车基本结构知识、车辆性能、车辆运行材料知识			
次数/日期	1/	2/		3/	4/
教学项目					
所用学时					
学员签字					
教练员评价及签字					
第一阶段考核意见： 考核员签字： 　　年　月　日					
第二阶段　学时：53/36		阶段目标：掌握基础的驾驶操作要领,具备对车辆控制的基本能力;熟练掌握场地和场内道路驾驶的基本方法,具备合理使用车辆操纵机件、正确控制车辆运动空间位置的能力,能够准确地控制车辆的行驶位置、速度和路线。			
理论知识学时：2/2	教学项目	教学目标	日　期		
	1.基础驾驶 2.场地驾驶	1.掌握基础驾驶操作的要领与作用 2.熟知速度控制、转向控制、空间位置控制对安全行车的影响	教学项目		
			所用学时		
			学员签字		
			教练员评价及签字		
实际操作学时：51/34	教学项目	教学目标			
	1.基础驾驶 2.场地驾驶	1.熟练掌握操纵装置的操作要领 2.掌握行车前车辆的检查与调整方法			

51

续上表

实际操作 学时:51/34	教学项目	教 学 目 标					
	1.基础驾驶 2.场地驾驶	3.掌握上下车观察、起步、变速、换挡、停车、倒车的驾驶方法 4.掌握判断安全状况,保持车辆沿正确的位置和路线行驶的方法 5.掌握倒桩、坡道定点停车和起步、侧方停车、通过单边桥、曲线行驶、直角转弯、通过限宽门、通过连续障碍、起伏路行驶、窄路掉头的驾驶方法 6.掌握模拟高速公路、连续急弯山区路、隧道、雨(雾)天、湿滑路驾驶方法及遇紧急情况的处置方法 7.掌握50km/h或70km/h车速下的跟车行驶要领 8.掌握倒车侧靠站台、前进侧靠站台,准确停靠到位的方法 9.独立在场内安全驾驶车辆					
次数/日期	1/	2/	3/	4/	5/	6/	7/
教学项目							
所用学时							
学员签字							
教练员评价及签字							
次数/日期	8/	9/	10/	11/	12/	13/	14/
教学项目							
所用学时							
学员签字							
教练员评价及签字							
次数/日期	15/	16/	17/	18/	19/	20/	21/
教学项目							
所用学时							
学员签字							
教练员评价及签字							
次数/日期	22/	23/	24/	25/	26/	27/	28/
教学项目							
所用学时							
学员签字							
教练员评价及签字							

第二阶段考核意见:

考核员签字:
年 月 日

第二章　教育学基础知识

续上表

	教学项目	教学目标
第三阶段　学时:53/36		阶段目标:掌握安全文明驾驶知识,具备对车辆综合控制能力;了解行人、非机动车的动态特点及险情的预测和分析方法;熟练掌握一般道路和夜间驾驶方法,能够根据不同的道路交通状况安全驾驶;形成自觉遵守交通法规、有效处置随机交通状况、无意识合理操纵车辆的能力
	教学项目	教学目标
理论知识 学时:20/16	1.安全、文明驾驶 2.恶劣气象和复杂道路条件下的安全驾驶 3.紧急情况下的临危处置 4.发生交通事故后的处置 5.危险化学品知识 6.典型事故案例	1.熟练掌握安全驾驶、文明礼让知识,具备实际道路驾驶时辨识、遵守各类道路交通信号的能力 2.掌握雨天、冰雪道路、雾天、大风天气、泥泞道路、涉水、施工道路、通过铁路道口、山区道路、夜间、高速公路和通过桥梁、隧道的安全驾驶方法 3.熟知险情的预测和分析方法、紧急情况避险知识和高速公路紧急避险方法 4.熟知事故处置原则,掌握常用事故现场处置方法 5.了解常见危险化学品的特性及运输中特殊情况的处理 6.分析道路交通典型事故案例,判断事故发生原因

次数/日期	1/	2/	3/	4/	5/
教学项目					
所用学时					
学员签字					
教练员评价及签字					

	教学项目	教学目标
实际操作 学时:33/20	1.起步 2.直线行驶 3.换挡 4.跟车 5.变更车道 6.靠边停车 7.通过路口 8.通过人行横道 9.通过学校区域 10.通过公共汽车站 11.会车 12.超车 13.掉头 14.夜间驾驶 15.行驶路线选择 16.模拟驾驶	1.掌握起步前检查、调整、观察和安全平稳起步的驾驶方法 2.掌握根据道路情况合理控制车速、保持直线行驶,跟车距离适当,行驶过程中适时观察内、外后视镜的驾驶方法 3.掌握根据道路交通状况和车速,合理加减挡,及时、平顺换挡的驾驶方法 4.掌握合理控制跟车速度、保持安全跟车距离的安全驾驶方法 5.掌握变更车道时观察、判断车辆安全距离,控制行驶速度、使用灯光信号的安全驾驶方法 6.掌握靠路边顺位停车、倒入平行式停车位(S形倒车入位)、倒入垂直式停车位(L形倒车入位)的操作方法 7.掌握路口合理观察交通情况,直行、向左右转弯安全通过路口的驾驶方法 8.掌握通过人行横道、学校区域、公共汽车站的安全驾驶方法 9.掌握会车、同向超车、借道超车、掉头的安全驾驶方法 10.掌握夜间安全驾驶与灯光的使用方法 11.按照自行选择的行驶路线,在一般道路上独立地安全驾驶 12.掌握常见驾驶陋习、违法行为的综合分析与判断的方法 13.掌握模拟雨天、雾天、冰雪路面、泥泞道路、涉水等恶劣条件下安全驾驶要领和方法 14.掌握模拟山区道路、高速公路安全驾驶要领和方法

53

续上表

次数/日期	1/	2/	3/	4/	5/	6/	7/	8/	9/
教学项目									
所用学时									
学员签字									
教练员评价及签字									
次数/日期	10/	11/	12/	13/	14/	15/	16/	17/	18/
教学项目									
所用学时									
学员签字									
教练员评价及签字									

第三阶段考核意见：	
	考核员签字： 年　月　日
培训机构审核意见	（盖章） 年　月　日

C4、D、E、F 驾驶培训教学日志

表 2-2-11

车型：C4、D、E、F
学时：48
每学时为 1h

No.

培训机构名称：		学员姓名：	车型：
第一阶段　学时：10		阶段目标：了解机动车基本知识，掌握道路交通安全法律、法规及道路交通信号的规定	
理论知识 学时：10	教　学　项　目	教　学　目　标	
	1. 机动车基本知识 2. 法律、法规及道路交通信号	1. 熟练掌握法律、法规及道路交通信号相关规定和要求 2. 掌握车辆主要安全装置、驾驶操纵机构的作用 3. 了解机动车基本结构知识、车辆性能、车辆运行材料知识	
次数/日期	1/	2/	3/	4/
教学项目				

第二章 教育学基础知识

续上表

所用学时				
学员签字				
教练员评价及签字				

第一阶段考核意见：

考核员签字：
年　月　日

第二阶段　学时:14		阶段目标:掌握基础的驾驶操作要领,具备对车辆控制的基本能力;熟练掌握场地和场内道路驾驶的基本方法,具备合理使用车辆操纵机件、正确控制车辆运动空间位置的能力,能够准确地控制车辆的行驶位置、速度和路线		
理论知识学时:2	教学项目	教学目标	日　期	
	1.基础驾驶 2.场地驾驶	1.掌握基础驾驶操作的要领与作用 2.熟知速度控制、转向控制、空间位置控制对安全行车的影响	教学项目	
			所用学时	
			学员签字	
			教练员评价及签字	
实际操作学时:12	教学项目	教学目标		
	1.基础驾驶 2.场地驾驶	1.掌握正确的上、下车动作及驾驶姿势要领 2.熟练掌握操纵装置的操作要领 3.掌握行车前车辆的检查与调整方法 4.掌握起步、变速、换挡、停车、倒车的驾驶方法 5.掌握判断安全状况,保持车辆沿正确的位置和路线行驶 6.掌握绕桩驾驶、坡道定点停车和起步、通过单边桥的驾驶方法 7.独立在场内安全驾驶车辆		
次数/日期	1/	2/	3/	4/	5/	6/
教学项目						
所用学时						
学员签字						
教练员评价及签字						

第二阶段考核意见：

考核员签字：
年　月　日

55

续上表

第三阶段 学时:24	阶段目标:掌握安全文明驾驶知识,具备对车辆综合控制能力;了解行人、非机动车的动态特点及险情的预测和分析方法;熟练掌握一般道路和夜间驾驶方法,能够根据不同的道路交通状况安全驾驶;形成自觉遵守交通法规,有效处置随机交通状况,无意识合理操纵车辆的能力	
理论知识 学时:14	教学项目	教学目标
	1. 安全、文明驾驶 2. 恶劣气象和复杂道路条件下的安全驾驶 3. 紧急情况下的临危处置 4. 发生交通事故后的处置 5. 典型事故案例	1. 熟练掌握安全驾驶、文明礼让知识,具备实际道路驾驶时辨识、遵守各类道路交通信号的能力 2. 掌握雨天、冰雪道路、雾天、大风天气、泥泞道路、涉水、施工道路、通过铁路道口、山区道路、夜间和通过桥梁、隧道的安全驾驶方法 3. 熟知险情的预测和分析方法、紧急情况避险知识 4. 熟知事故处置原则,掌握常用事故现场处置方法 5. 分析道路交通典型事故案例,判断事故发生原因

次数/日期	1/	2/	3/	4/
教学项目				
所用学时				
学员签字				
教练员评价及签字				

实际操作 学时:10	教学项目	教学目标
	1. 起步 2. 直线行驶 3. 换挡 4. 跟车 5. 变更车道 6. 通过路口 7. 通过人行横道 8. 通过学校区域 9. 通过公共汽车站 10. 会车 11. 超车 12. 夜间驾驶 13. 行驶路线选择 14. 模拟驾驶	1. 掌握起步前检查、调整、观察和安全平稳起步的驾驶方法 2. 掌握根据道路情况合理控制车速、保持直线行驶,跟车距离适当,行驶过程中适时观察内、外后视镜的驾驶方法 3. 掌握根据道路交通状况和车速,合理加减挡,及时、平顺换挡的驾驶方法 4. 掌握合理控制跟车速度、保持安全跟车距离的安全驾驶方法 5. 掌握变更车道时观察、判断车辆安全距离,控制行驶速度、使用灯光信号的安全驾驶方法 6. 掌握路口合理观察交通情况,直行、向左右转弯安全通过路口的驾驶方法 7. 掌握通过人行横道、学校区域、公共汽车站的安全驾驶方法 8. 掌握会车、同向超车、借道超车的安全驾驶方法 9. 掌握夜间安全驾驶与灯光的使用方法 10. 按照自行选择的行驶路线,在一般道路上独立地安全驾驶 11. 掌握常见驾驶陋习、违法行为的综合分析与判断的方法 12. 掌握模拟雨天、雾天、冰雪路面、泥泞道路、涉水等恶劣条件下安全驾驶要领和方法 13. 掌握模拟山区道路安全驾驶要领和方法

续上表

次数/日期	1/	2/	3/	4/
教学项目				
所用学时				
学员签字				
教练员评价及签字				
次数/日期	5/	6/	7/	8/
教学项目				
所用学时				
学员签字				
教练员评价及签字				
第三阶段考核意见:	考核员签字:　　　年　月　日			
培训机构审核意见	（盖章）　　　年　月　日			

二、道路客、货运输驾驶人从业资格培训教学大纲

培训目标:掌握道路运输法规及各种条件下安全行车知识;树立良好的职业道德和安全意识;了解汽车使用技术知识;掌握汽车常见故障的处理方法;掌握道路运输专业知识;培养专业知识应用能力。培训教学大纲见表 2-2-12。

道路客、货运输驾驶人从业资格培训教学大纲　　　　表 2-2-12

(一)理论知识					
教学项目	教学内容	教学目标	学时安排		
			旅客运输	货物运输	
			32	34	
1. 道路运输法规	《中华人民共和国道路运输条例》				

续上表

教学项目	教学内容	教学目标	学时安排	
			旅客运输	货物运输
			32	34
1. 道路运输法规	《道路运输从业人员管理规定》 《道路旅客运输及客运管理规定》 《道路货物运输及站场管理规定》	熟练掌握道路运输法规的有关内容	8	8
2. 职业道德与安全行车知识	职业道德规范	理解职业道德与行车安全的关系,培养良好的职业道德	6	6
	安全驾驶基本知识	掌握安全驾驶与驾驶人心理、生理因素的关系,掌握谨慎驾驶基本知识		
	驾驶疲劳	了解驾驶疲劳的危险性		
	高速公路安全行车	了解高速公路交通设施;掌握高速公路安全行车方法;了解高速公路交通事故特点		
	紧急情况的处理	掌握紧急情况的处理原则及发动机突然熄火、转向失控、制动失效、侧滑、轮胎漏气及爆裂、碰撞、侧翻、遇行人突然横穿、行车火灾等的应急处理方法;掌握事故现场的保护及应急处置方法		
	危险化学品的基本常识及消防知识	了解危险化学品的分类及常见危险化学品基本知识;了解常用灭火器的使用及灭火方法		
3. 汽车使用技术	汽车维护的基本常识	了解汽车维护的分类及作业内容	6	6
	道路运输车辆技术要求	了解营运车辆综合性能的要求和检验方法;了解道路车辆外廓尺寸、轴荷及质量限值;了解道路运输车辆改装管理的有关规定		
	轮胎的合理使用	了解轮胎使用寿命的影响因素;掌握轮胎的正确使用方法		
	节约燃料的基本知识	了解燃料消耗的影响因素;掌握节约燃料的驾驶方法;了解代用燃料汽车的使用常识		
	环保知识	了解汽车主要污染物的种类与危害;掌握降低排放污染的操作方法		
	汽车行驶记录仪和车用导航系统	掌握汽车行驶记录仪和车用导航系统的使用方法		

第二章 教育学基础知识

续上表

教学项目	教学内容	教学目标	学时安排	
			旅客运输	货物运输
			32	34
4.汽车常见故障	发动机常见故障	掌握发动机常见异响及润滑系、冷却系故障的判断与处理方法	6	8
	底盘常见故障	掌握传动系、制动系、前桥和转向系常见故障的判断与处理方法		
	电气设备常见故障	掌握蓄电池、起动机、充电系统、照明及其他设备常见故障的判断与处理方法		
5.道路旅客运输知识	旅客运输的基本知识	了解道路旅客运输的分类、承运人责任险的相关规定;掌握道路旅客运输驾驶人的安全驾驶行为要求、行车中的应急处置知识及行车日志的使用方法	6	*
	旅客运输服务规范	掌握班车客运、出租客运、包车(旅游)客运的服务规范		
	旅客急救的基本知识	掌握旅客急救原则、危重伤员应急抢救措施;了解常用急救方法		
6.道路货物运输知识	货物运输的基本知识	了解道路货物运输的分类;掌握道路货物运输驾驶人安全驾驶行为要求、货运应急处置方法及运输中的禁止行为	*	6
	普通货物运输	了解普通货物运输的分类与特点;掌握零担货物运输的要求;掌握普通货物的装载及保管知识		
	特种货物运输	了解限运、禁运、凭证运输物品的种类、特点;掌握大件运输特点及装卸、运输中的要求;掌握鲜活、易腐货物运输特点及装卸、运输中的要求;了解贵重货物运输特点及运输要求		

注:教学大纲中地方性法规的内容由各省级交通主管部门自行制定,并根据本地实际,确定培训学时。

(二)专业知识应用

教学项目	教学内容	教学目标	学时安排	
			旅客运输	货物运输
			10	8
1.车辆安全检视	车辆安全检视的内容、要求和标准	掌握车辆驾驶室内部、左中后部、后部、右中后部、右前部、左前部、前部及发动机舱、客车内部主要零部件的安全检视的操作方法	2	2

续上表

教学项目	教学内容	教学目标	学时安排	
			旅客运输	货物运输
			10	8
2.旅客急救	常用的旅客急救方法	掌握心肺复苏抢救法及常用止血法、包扎法、骨折固定法的操作方法	6	*
3.轮胎更换	轮胎的更换步骤和要求	掌握轮胎气压的检查、后轮外侧轮胎的拆卸、安装及千斤顶的操作方法	*	4
4.综合复习与考核	综合复习	掌握道路运输法规和有关理论知识,并能够规范地进行车辆安全检视、旅客急救、轮胎更换等实际操作	2	2

注:1. 标注"*"部分为该培训类别不要求的教学项目和内容;
　　2. 按照培训类别使用教学日志。

第三节　机动车驾驶培训教学方法

一、讲授法

讲授法,是指教师通过口头语言直接向学生系统连贯地传授知识的方法。从教师教的角度来说,讲授法是一种传授型的教学手段;从学生学的角度来说,讲授法是一种接受型的学习方式。

(一)讲授法的具体方式

讲授法的具体方式有4种:讲述、讲解、讲读、讲演。其中,讲述侧重于生动形象地描绘某些事物、现象和概念,有从情绪上感染人的效果;讲演是教师就教材中的专题进行有理有据、首尾连贯的论说,中间不插入或很少插入其他活动,如向学生说明、解释和论证科学概论、原理、公式和定理的时候多采用讲解的方式。

讲授法可以以让教师选择不同词语陈述相同的内容,来帮助学生理解;讲授中有师生的情感交流,师生相互作用,相互强化;在讲授时教师还可以根据听课对象、设备和教材对讲授内容灵活处理。由此看出,讲授法的明显优点是教师可以控制整个教学过程,实施自己的教学内容,实现自己的教学目的。因此,大多数教师感到,讲授法比其他教学方法更容易掌握,而且安全可靠。

(二)讲授法的特点

1. 有利于大幅度提高课堂教学的效果和效率

讲授法具有两个特殊的优点,即通俗化和直接性。教师的讲授能使深奥、抽象的课本知识变成具体形象、浅显通俗的东西,从而排除学生对知识的神秘感和畏难情绪,使学习真正成为可能和轻松的事情;讲授法采取定论的形式(而不是问题的形式或其他形式)直接向学生传递知识,避免了认识过程中的许多不必要的曲折和困难,这比学生自己去摸索知识可少走不少弯路。所以,讲授法在传授知识方面具有无法取代的简捷和高效两大优点,这也就是讲授法长盛不衰的根本原因。在现行的班级授课制里,采用讲授法能有效地保证让绝大部分学生在短时间内学到人类花费漫长时间积累起来的知识和技能。

2. 有利于帮助学生全面、深刻、准确地掌握教材,促进学生学科能力的全面发展

教材作为学生学习的学科知识体系的一个蓝本,不仅汇集着系统的学科知识,而且还蕴藏着许多其他有价值的内容,如学科的思想观点、思维方法以及情感因素。但是,由于教材的编写要受到书面形式等因素的限制,对学生来说,不仅知识本身不好读懂,其所潜藏的内涵更是不易发现。而教师由于闻道在先,术业有专攻,能够比较全面、准确地领会教材编写意图,吃透教材、挖掘教材的深邃内涵。所以,正是借助教师的系统讲授和透辟分析,学生才得以比较深刻准确地掌握教材,从而不仅学到学科的系统知识,而且还领会和掌握了蕴含在学科知识体系中的学科思想观点、思维方法和情感因素。这样,学生的学科能力也就得到了全面提高。

3. 有利于充分发挥教师自身的主导作用,使学生得到远比教材多得多的东西

任何真正有效的讲授都必定是溶进了教师自身的学识、修养、情感,流露出教师内心的真、善、美。所以,讲授对教师来说,不仅是知识方法的输出,也是内心世界的展现。它潜移默化地影响、感染、熏陶着学生的心灵。可以说,它是学生认识人生、认识世界的一面镜子,也是学生精神财富的重要源泉。

4. 是其他教学方法的基础

从教的角度来看,任何方法都离不开教师的"讲",其他各种方法在运用时都必须与讲授相结合,只有这样,其他各种方法才能充分发挥其价值。所以,可以认为,讲授是其他方法的工具,教师只有讲得好,其他各种方法的有效运用才有了前提。

从学的角度来看,接受法也是学生学习的一种最基本的方法,其他各种学习方法的掌握大多是建立在接受法的基础上。学生只有学会了"听讲",才有可能潜移默化地或自觉系统地把教师的教法内化为自己的学法,从而真正地学会学习,掌握各种方法。

5. 容易使学生产生"假知"从而导致知识与能力的脱节

教师运用讲授法,把现成的知识教给学生,往往使人产生一种错觉,似乎学生只要认真听讲就可径直地获得知识。而实际上,学生对任何知识的真正掌握都是建立在新旧知识的有机结合和自己的独立思考上。而在讲授法中,教师把知识讲解得清清楚楚,学生以听讲代替思考,即使有自己思维参与,也是被教师架空起来的,因为要跟教师同步进行,这样也就把学生在独立思考中所必然要碰到和解决的各种必要的疑问、障碍和困难隐蔽起来。结果,学生听起来好像什么都明白,事后却又说不清,一遇新问题就会手足无措。这样不靠思维获得知识,不仅知识本身掌握不牢固,更谈不上举一反三加以迁移应用,从而促进能力的发展。

6. 容易使学生产生依赖和期待心理,从而抑制了学生学习的独立性、主动性和创造性

讲授法渊源于传统的教师中心论,教师是知识的象征,一切知识得由教师传授给学生,所以,这种方法在运用过程中也容易使教师产生重教轻学的思想。教师往往只考虑自己怎

么讲,怎样讲得全面、细致、深刻、透彻,似乎只有这样,学生才能掌握得越多、越好,长此以往,就会使师生产生心理定势,教师不讲就不放心,总觉得不讲学生就学不到东西,于是乎,注入式、满堂灌便应运而生,并越演越烈。而学生呢?也不知不觉地形成了依赖心理,一切问题等待教师来讲解,特别是教师讲得越好,这种期待和依赖心理就越强烈。正是这种期待和依赖心理严重地削弱了学生学习的主动性、独立性和创造性。这是目前讲授法运用过程中存在的一种相当普遍的病症,也是一种危害性很大的病症。

二、示范法

示范教学一　上下车

课目:上下车。
目的:使学员掌握安全上下车的方法。
内容:①上车前安全检视;②上车动作;③下车动作;④容易出现的错误和注意事项。
重点:安全检视和观察。
时间:10min。
方法:讲解、示范和练习。
要求:①认真听,仔细看,反复练;②积极主动地进行模拟练习;③注意训练安全。

1. 上车前的安全检视

安全检视的方法是按逆时针绕车一周检视。安全检视内容包括两部分。

第一,观察车辆周围有无行人和障碍物。

第二,检查车辆轮胎技术状况。车身表面有无异常,车身下的路面有无滴痕等。

2. 上车动作

上车包括车门前的观察和上车动作。

(1) 开门前的观察。上车打开车门前应向右转身或向右侧转头环视车后方交通情况。在确认安全的情况下打开车门上车。

(2) 上车动作。面对车门站好,左手打开车门,随即移至车门内侧,左脚向左前方迈一步,右手握住转向盘左侧,迈右腿侧身进入驾驶室,右脚轻放在加速踏板上。身体顺势坐下,收左腿,左脚放在离合器踏板左下方,关好车门。

3. 下车动作

下车包括开门前的观察和下车动作。

(1) 开门前的观察。下车时先通过左后视镜,再向左转头观察左后方交通情况,确认安全后打开车门下车。

(2) 下车动作。下车时左手打开车门,然后按上车相反动作下车。

4. 容易出现的错误和注意事项

(1) 上车前不绕车安全检视。

(2) 开、关门前不转头向后观察。

下面请学员轮流上车练习安全检视和上下车动作,其他学员在车下徒手模拟练习。

示范教学二 转向盘的识别和操作

课目:转向盘的识别和操作。
目的:使学员掌握转向盘的操作。
内容:①转向盘的功用;②转向盘的操作;③容易出现的错误和注意事项。
重点:用交叉法操作转向盘的要领。
时间:12min。
方法:讲解、示范和练习。
要求:①认真听,仔细看,反复练;②积极主动地进行模拟练习;③注意训练安全。

1. 转向盘的功用

这是转向盘,又称方向盘,它的功用是改变汽车行驶的方向,在一般情况下向左打转向盘,汽车向左行驶,向右打转向盘,汽车向右行驶。

2. 转向盘的操作

转向盘的操作包括转向盘握法、双手操作法和单手控制法。

(1)转向盘握法:两手分别握在转向盘的左右两侧,四指由外向内握,拇指沿盘缘自然伸直,把转向盘比喻成时钟,盘顶为12时位置。

①小型车辆:左手握时钟的9~10时位置,右手握在2~3时位置。

②长头大型汽车:左手握时钟的9~10时位置,右手握在3~4时位置。

③平头大型客、货车:左手握时钟的8~9时位置,右手握在3~4时位置。

(2)双手操作法:双手操作法又分为推拉法、推滑法和交叉法。

①推拉法。推拉法是指一手推一手拉,先拉后推的操作方法。

②推滑法。推滑法是由推拉法演变的,是指在推拉转向盘过程中,拉转向盘的手在不使拉动时虚握,让转向盘在手中滑移的操作方法。

a. 向右转操作方法。左手向上推,右手向下拉,拉到5时位时,放松拇指,变为虚握,使转向盘在手中滑动。

b. 向左转操作方法。右手向上推,左手向下拉,拉到7时位时,放松五指,变为虚握,使转向盘在手中滑动。

③交叉法。交叉法是指双手反复交替转动转向盘的操作方法,以右转为例,其操作方法是:左手向上推,右手向下拉,拉到5时位置,迅速从左手移握转向盘上方继续下拉,此时左手顺势移握9~10时位置继续推,以此反复,直至把转向盘打到底。

(3)单手控制法:单手控制法是指用左手向下推或向下拉转向盘的操作方法。

3. 容易出现的错误和注意事项

(1)原地打方向;

(2)窜轮打方向;

(3)掏轮打方向;

(4)两臂交叉打方向;

(5)双手离开转向盘;

(6)转向时要做到打多少回多少,快打快回,慢打慢回。

示范教学三　驻车制动器操纵杆的识别和操作

课目:驻车制动器操纵杆的识别和操作。
目的:使学员掌握驻车制动器操纵杆的操作。
内容:①驻车制动器操纵杆的功用;②驻车制动器操纵杆的操作;③容易出现的错误和注意事项。
重点:放松驻车制动器操纵杆的操作方法。
时间:8min。
方法:讲解、示范和练习。
要求:①认真听,仔细看,反复练;②积极主动地进行模拟练习;③注意训练安全。

1. 驻车制动器操纵杆的功用

我们看这里:这是驻车制动器操纵杆,又称手制动或手刹,它的作用一是防止车辆在停放时自动溜动,二是在危险情况下配合行车制动,实施紧急制动。行车制动失灵时配合使用,以加大制动力,同时上坡起步时用驻车制动器操纵杆的配合起步以防后溜。

2. 驻车制动器操纵杆的操作

驻车制动器操纵杆操作包括拉起和放松的操作。

(1)拉起操作:需要制动时,应拉起驻车制动器操纵杆,其操作方法是五指并拢,握住拉杆上部向上拉紧。

(2)放松操作:需要解除制动时,应放松驻车制动器操纵杆,其操作方法是四指并拢,握住拉杆,拇指虚拉按钮向上拉,然后拇指按下按钮驻车制动器操纵杆推到底,放松驻车制动器操纵杆的操作可归纳为三个字,即拉、按、推。

3. 容易出现的错误和注意事项

(1)起步前未放松驻车制动器操纵杆;
(2)正常不能用驻车制动器操纵杆代替行车制动使用;
(3)拉不到位,推不到底。

示范教学四　变速器操纵杆的识别和操作

课目:变速器操纵杆的识别和操作。
目的:使学员掌握变速器操纵杆的操作。
内容:①变速器操纵杆的功用;②变速器挡位;③变速器操纵杆的操作;④容易出现的错误和注意事项。
重点:变速器操纵杆与离合器踏板的配合。
时间:10min。
方法:讲解、示范和练习。
要求:①认真听,仔细看,反复练;②积极主动地进行模拟练习;③注意训练安全。

1. 变速器操纵杆的功用

这就是变速器操纵杆,又称变速杆,它的作用是通过变速变换挡位,改变发动机的转矩和转速,并使汽车前进和倒退。

2.变速器挡位

变速器挡位分为空挡,前进挡和倒挡,在前进挡中又分为低速挡、中速挡和高速挡。变速杆现在位置是空挡,它的上方是3挡,下方是4挡,把变速杆向左移到底,上方是1挡,下方是2挡,把变速杆向右移到底,上方是5挡,下方是倒挡,用"R"表示,变速器挡位排列顺序是1、3、5、2、4、R。

3.变速器操纵杆的操作

变速器操纵杆的操作方法包括握法和操作要领。

(1)握法:变速器操纵杆的握法是以掌心贴住球头,五指自然握住球头。

(2)操作方法:

①基本操作方法,变速器操纵杆的操作方法是以手腕和手臂关节力量为主,肩关节为辅挂挡和摘挡。

②摘—空—挂操作法,如1、2挡和3、4挡之间互换。

③摘—移—挂操作法,如2、3挡和4、5挡之间互换。

④摘—移—按—挂操作法,如挂倒挡。

(3)操作要求:变速器操纵杆必须与离合器踏板配合使用,未踏下离合踏板不准变换挡位。

4.容易出现的错误和注意事项

(1)操纵变速器操纵杆时低下头看;

(2)换挡时变速器操纵杆在空挡位置时来回晃动;

(3)变速器操纵杆移入倒挡时必须在停车时进行;

(4)挂挡时不要强拉硬推。

示范教学五 离合器踏板的识别和操作

课目:离合器踏板的识别和操作。

目的:使学员掌握离合器踏板的操作。

内容:①离合器踏板的功用;②半联动接力点的判断;③离合器踏板的操作;④容易出现的错误和注意事项。

重点:半联动接力点判断。

时间:10min。

方法:讲解、示范和练习。

要求:①认真听,仔细看,反复练;②积极主动地进行模拟练习;③注意训练安全。

1.离合器踏板的功用

驾驶室底板上有三个踏板,左边的踏板是离合器踏板,又称离合器,它的作用是控制发动机动力与传动装置分离和接合,踏下离合器踏板发动机动力切断,抬起离合器踏板发动机动力传递,以保证汽车平稳起步,停车和便于换挡。

2.半联动接力点的判断

离合器主动部分和被动部分开始接触的点称为半联动接力点,判断方法有三种:

(1)凭听觉判断,听到发动机声音变低;

(2)凭感觉判断,感到车辆抖动;

(3)凭触觉判断,感到离合器踏板顶脚。

3.离合器踏板的操作

离合器踏板的操作包括踏法、踏下和抬起的要领。

(1)踏法。用左脚掌踏在踏板上,用膝关节和踝关节伸屈动作踏下和抬起离合器踏板,禁止用脚尖、脚心、脚跟操纵离合器踏板。

(2)踏下踏板的要领。踏下离合器踏板要迅速、有力,一踏到底。

(3)抬起踏板的要领。平路起步时抬起离合器踏板要按"快—慢—快"的要领操作,即抬起踏板开始时快,抬至半联动点时变慢,当离合器主、被动部分安全接合又变快,抬起离合器踏板也可按"快—停—慢"的要领操作。

4.容易出现的错误和注意事项

(1)不用脚掌踏或踏不到底;

(2)车辆正常行驶中把脚放在踏板上;

(3)车辆在正常行驶中不能长时间使用半联动;

(4)踏下加速踏板不能踏下离合器踏板。

示范教学六　行车制动器踏板的识别和操作

课目:行车制动器踏板的识别和操作。

目的:使学员掌握行车制动器踏板操作。

内容:①行车制动器踏板的功用;②行车制动器踏板的操作;③容易出现的错误和注意事项。

重点:在各种情况下踏踏板的方法。

时间:8min。

方法:讲解、示范和练习。

要求:①认真听、仔细看、反复练;②积极主动地进行模拟练习;③注意训练安全。

1.行车制动器踏板的功用

请大家看,驾驶室底板上有三个踏板,中间的踏板是行车制动器踏板,又称制动踏板或刹车,它的作用是使汽车减速停车。踏下踏板,车辆减速,直至停车。

2.行车制动器踏板的操作

行车制动器踏板的操作包括踏法、踏下和放松要领。

(1)行车制动器踏板的踏法:用右脚前脚掌踏行车制动器踏板,利用膝关节的伸屈动作踏下或放松。

(2)踏下踏板要领:踏下踏板首先把右脚从加速踏板移至行车制动器踏板,然后根据需要操作。

①需要降低车速时应先轻后重缓慢踏下。

②需要停车时,除按减速要领操作外,在车辆即将停止时放松踏板再缓慢踏下。

③需要紧急制动时,应迅速有力将踏板踏到底。

(3)放松踏板要领:根据操作需要,可以一次放松,也可以分次逐渐放松。

(4)预见性制动和紧急制动:行驶中,根据道路交通情况的变化,驾驶人提前做好思想上和技术上的准备,有目的地采取减速或停车措施称为预见性制动。遇到紧急情况时,应迅速将行车制动器踏板一脚踏到底,使车在最短时间和距离将车停下。

3. 容易出现的错误和注意事项

(1)用脚尖、脚心踏行车制动器踏板;

(2)踏下行车制动器踏板时应紧握转向盘;

(3)不准在踏加速踏板时踏行车制动器踏板。

下面请学员轮流上车练习行车制动器踏板的操作方法,其他学员在车下进行徒手练习。

练习结束,现在讲评,在今天的训练中,我们共同学习了行车制动器踏板的识别和操作,大家比较认真,基本掌握了行车制动器踏板的操纵方法,但也有的学员不熟练,突出表现在移脚的动作不快,下踏力量控制不好,课后要继续练习,尽快掌握行车制动器踏板的操作方法,在考驾驶证中,错误使用行车制动器踏板也就是加速踏板当成行车制动器踏板是不合格的,请牢记。

示范教学七　加速踏板的识别和操作

课目:加速踏板的识别和操作。

目的:使学员掌握加速踏板操作。

内容:①加速踏板的功用;②加速踏板的操作;③容易出现的错误和注意事项。

重点:踏下踏板动感控制。

时间:8min。

方法:讲解、示范和练习。

要求:①认真听、仔细看、反复练;②积极主动地进行模拟练习;③注意训练安全。

1. 加速踏板的功用

驾驶室板上有三个踏板,右边的踏板是加速踏板,又称油门踏板,它的作用是控制发动机转速的机件,踏下去转速提高,抬起来转速降低。

2. 加速踏板的操作

加速踏板的操作包括踏法、踏下和抬起要领。

(1)踏法。右脚跟抵在底板上并为支点,前脚掌轻放在踏板上,用踝关节和膝关节的伸屈的力量,抬起或踏下。

(2)踏下要领。踏下加速踏板的操作要领是轻踏、平稳、缓慢,不能忽快忽慢,也不能忽踏忽抬,更不能一脚踏到底。

(3)抬起要领。抬起加速踏板的操作要领是缓抬,不能一下抬到顶。

3. 容易出现的错误和注意事项

(1)踏下加速踏板用力不均;

(2)踏下加速踏板时不能同时踏下制动踏板;

(3)变速器在空挡位置不能同时踏下加速踏板;

(4)在颠簸的路行驶时一定要稳住加速踏板。

下面请学员轮流上车练习加速踏板的操作方法,重点练习轻踏、平衡、缓慢三个环节。

练习结束。现在讲评,在今天的训练中,我们共同学习了加速踏板的识别和操作方法,大家比较认真,基本掌握了踏板的操纵方法,但也有的学员不熟练,突出表现在平稳、缓慢两个动作上不够柔和,课后要继续练习,尽快掌握加速踏板的操作方法。

示范教学八 平路起步

课目:平路起步。
目的:使学员掌握平路起步的操作。
内容:①操作要领;②技术要求;③常见错误分析;④评判标准。
重点:离合器踏板和加速踏板的配合。
时间:12min。
方法:讲解、示范和练习。
要求:①认真听、仔细看、反复练;②积极主动地进行模拟练习;③注意训练安全。

1. 操作要领

1)分解动作

(1)踏下离合器踏板;

(2)将变速杆挂入一挡;

(3)打开左转向灯;

(4)按喇叭;

(5)通过后视镜及侧头观察周边情况;

(6)放松驻车制动器操纵杆;

(7)快抬离合器踏板;

(8)到半联动接力点位置时放慢,同时轻踏加速踏板;

(9)起步后,左脚放在踏板左下方,观察后方情况,缓慢向左转向;

(10)如后方有车驶近沿原路缓行,确认安全后并入行车道,关闭转向灯。

2)关键动作

平路起步的关键动作是离合器、节气门的协调配合,也就是,油离配合,即离合器的踏板抬到半联动接力点位置后,在转入慢抬的同时,缓慢踏下加速踏板。

3)连贯动作

为便于记忆和观察,可用以下口诀帮助学员学习操作:一踏二挂三拨灯,四按五看六松闸,七快八慢同时加,九抬离合再观察,安全并道十关灯。

2. 技术要求

平路的要求是一平、二不、三无。一平是指平稳;二不是指不前冲、不熄火;三无是指无转速过高、无明显空油声、无漏项。

3. 常见错误分析

(1)起步前冲。原因:节气门大,离合踏板抬得快。

(2)起步熄火。原因:节气门没跟上或未放松驻车制动器操纵杆或挂错挡。

(3)空油声过大。原因:离合器未抬到位就加油,且加油过大。

(4)车体发抖。原因:离合器踏板忽抬忽踏。

第二章 教育学基础知识

教练员也可以做一下起步空油声过大的错误动作示范。

4. 评判标准

评判标准既是评定考试成绩的依据,又是培训中的重点和难点,大家不能忽视,必须掌握,平路起步的评判标准是:

(1)考试时出现下列情形之一的考试不合格:

①未系安全带起步;

②未关闭车门起步;

③未通过后视镜和向左方侧头,观察左、右方交通情况。

(2)未打转向灯起步,扣20分。

(3)考试时出现下列情况之一的扣10分:

①未松驻车制动器操纵杆起步;

②起步时车辆发生闯冲(前冲);

③开转向灯不到3s起步。

(4)起步时,加速踏板控制不当,致使发动机转速过高,扣5分。

示范教学九　坡道起步

课目: 坡道起步。

目的: 使学员掌握坡道起步的操作要领。

内容: ①操作要领;②技术要求;③常见错误分析;④评判标准。

重点: 放松驻车制动器操纵杆的时机。

时间: 12min。

方法: 讲解、示范和练习。

要求: ①认真听、仔细看、反复练;②积极主动地进行模拟练习;③注意训练安全。

1. 操作要领

1)分解动作

(1)踏下离合器踏板;

(2)将变速杆挂入一挡;

(3)打开左转向灯;

(4)按喇叭;

(5)通过视镜及侧头观察周边情况;

(6)根据坡度大小适当踏下加速踏板;

(7)抬起离合器踏板到联动接力点位置时稍停;

(8)放松驻车制动器操纵杆;

(9)在慢抬离合器踏板同时踏下加速踏板;

(10)起步后,左脚放在踏板左下方,观察后方情况,缓慢向左转向;

(11)如后方有车驶近,沿原路缓行,确认安全后并入行车道,关闭转向灯。

2)关键动作

坡道起步时的关键动作是油、离和放松驻车制动器操纵杆时机的配合,实质是放松驻车制动器操纵杆时机,即,离合器踏板在半联动接力点位置停顿时,放松驻车制动器操纵杆,如提前放松会使车辆后溜,如推迟放松会使车辆熄火。

3)连贯动作

为便于记忆和观察,可用以下口诀帮助学员操作:一踏二挂三拨灯,四按五看六给油,七抬停时入手闸,九抬加油十观察,十一并道再关灯。

2. 技术要求

坡道起步的技术要求是:一平三不三无。一平是平稳;三不是不前冲,不熄火,不后溜;三无是无转速过高,无明显空油声,无漏项。

3. 常见错误分析

(1)起步前冲。原因:节气门大,离合器踏板抬得快。

(2)起步熄火。原因:节气门没跟上或未松驻车制动器操纵杆或挂错挡。

(3)空油声过大。原因:离合器未抬到位就加油,且加油过大。

(4)车体发抖。原因:节气门大,离合器踏板忽抬忽踏。

(5)起步后溜。原因:放松驻车制动器操纵杆时机过早。

教练员也可以做一下起步后溜的错误动作示范。

4. 评判标准

评判标准既是评定考试成绩的依据,又是培训中的重点和难点,大家不能忽视,必须掌握,坡道起步的评判标准是:

(1)考试时出现下列情形之一的,考试不合格。

①未系安全带起步;

②未关闭车门起步;

③未通过后视镜和向左方侧头;

④起步时车辆后溜距离大于30cm。

(2)考试时出现下列情形之一的,扣20分:

①起步前不使用转向灯;

②起步时车辆后溜,但后溜距离小于30cm。

(3)考试时出现下列情形之一的,扣10分。

①未松驻车制动器操纵杆起步;

②起步时车辆发生闯动;

③开转向灯不到3s起步。

(4)起步时,加速踏板控制不当,致使发动机转速过高,扣5分。

三、非指导性教学

(一)非指导性教学的含义

罗杰斯的人本主义心理学是"非指导性教学"的理论基础。罗杰斯在《学习的自由》一书中强调"充分发挥作用的人"有四个显著特征:有洞察力、有创造性、有建设性、有选择性。这样,人就应按照他个人的兴趣、爱好、经验去塑造自己,充分挖掘自身的潜能,从而使人的个性得到充分、自由的发展,这些观点都反映在罗杰斯的教学观中。

基于对"充分发挥作用的人"的特征的理解,罗杰斯在进行心理咨询时指出,"非指导性"有四个基本特征:它极大地依赖于个体自身的成长,有助于通过自身的努力克服各种障碍;更多地强调感情因素,而不仅仅依靠理智因素去工作;更多地强调此时此刻的情景,而不是个体的过去;作为自然发展状态而相互接触。于是,罗杰斯也把心理咨询中的"非指导性"方法移植到课堂教学中。

罗杰斯指出,在非指导性教学中,教师扮演着一个促进者的角色,教师的作用是帮助学生探索生活、学业以及与他人的关系。这种教学理论旨在培养学生而不是控制学生,更多的是形成学生的学习风格和个性的发展。

罗杰斯对传统的教育方式持激进的批评态度。因为传统教育的主要特征是,传统教学将教师和鼠标置于教学活动的核心地位,学生反倒成为奴隶了。罗杰斯主张废除教师中心,提倡学生中心。学生中心的关键在于使学习具有个人意义。于是,罗杰斯富有激情地提出全盘否定传统教学的口号。他认为人人都固有学习动力,都能确定自己的学习需要,之所以不能这样是受到了学校(社会)的束缚。教学就是要把学生的自由解放出来,推动他个性的充分运转,以达到人人自我确定,而敞开其创造力的目的。这样,教师不是教学生怎样学,而是提供学习的手段,由学生自己决定怎样学。在学习中,教师只是顾问,应学生的要求参加讨论,而非指导、更非操作。这就是"以学生为中心"的理论,传播到欧洲被称为"非指导性教学"。

罗杰斯倡导并发展起来的"非指导性教学"有如下特点:第一,"非指导性教学"要在课堂中创造一种接受的气氛。第二,"非指导性教学"围绕着发展学生个人和小组的目标而进行。第三,"非指导性教学"并不完全放弃教师的作用,而是强调师生的平等地位。

(二) 基本观点

罗杰斯"以学生为中心"的教学理论和"非指导性"教学思想,充分体现了他的教学基本观点。

1. 教学必须以人为中心

罗杰斯提出了"以学生为中心"的教学观。罗杰斯把自己在心理治疗中的见识和思想迁移到教学之中,提出了一种"以学生为中心"的教学理论,应该说,这是"以病人为中心"理论的成功嫁接。怎样才能获得自由呢?罗杰斯认为需要有一种和睦的气氛,有一种真诚、信任和理解的人际关系,使人在心理上产生一种安全感。这样在教学中就必须"以人为中心"。罗杰斯主张创造一种良好的人际关系气氛,使学生信任自己的体验和价值,形成真实的自我概念。而只有在这个条件下,学生的创造潜能才能得到充分的发挥,生动活泼的、自主的、具有创造性和适应性的个性才得以形成和发展。

2. 教学目标

罗杰斯认为,教育的目标是培养具有独立人格和创造能力,能适应时代变化的新人。要培养这样的人,处理好教育者和受教育者的人际关系是进行教学的关键,教师应把对学生的感情问题放在教学过程的中心地位。

3. 教学原则

第一,我们不能直接教授他人,我们只能使他人的学习得以容易的展开。

第二,人们是抱着维持自己的构造或是强化自己的构造有所侧重的学习的。

第三,同化带来自己构造中的某些变化。

第四,学生对自身的学习与评价负有责任。

第五,也是最重要的原则,教师应把学生的感情和问题所在放在教学过程的中心地位,自己的发言要有所节制。

4. 论师生关系

在"非指导性教学"的目标中,教师的主要职责是:创造一种真诚、接受、理解的气氛,这种气氛是真诚的关心和理解的倾听;提供一些学生随意支配的资源。由此可见,教师是学生的向导,是解决问题的样板,是发动学生学习过程的催化剂,是学习过程中的助力,是学生能带着他们的问题来拜访的朋友。以学习者为中心的教学不是完全否定教师的作用,它否定的是传统教学中忽视学生的要求,代替学生思考的指导,否定的是教师所扮演的"教授"的角色。

5. 论学习过程

罗杰斯认为真切的学习是指与简单地积累知识相区别的那种学习。罗杰斯对这种真切的学习内容、条件和方法提出了自己的意见。

第一,他认为只有"当知识是和被视为问题的那些情境相连时",也就是被用来解决在学习者是一些重要的问题时,才能做到真切的学习。

第二,罗杰斯认为,人类具有学习的自然倾向。

第三,他认为要使这种真切的学习得到顺利实现,还需要教师在课堂上创造一种便于习得真切知识的气氛。

第四,他认为真切的学习是一个变化发展的过程,它没有终结也没有结论。

6. 论教学评价

罗杰斯并不反对教学评价,但他认为在"非指导性教学"中的评价应由学生本人作出,他反对外部评价。学生的自我评价是罗杰斯"非指导性教学"的一个重要特点。

7. 教学模式

(1)创设有利于学生接受的气氛。

(2)开放性探索,学生不受束缚,毫无顾忌地发表观点,教师只应学生要求参加讨论,发表自己看法,不对学生观点作任何评论。

(3)个人或小组鉴别。教师提供资源,对探索结果进行反思和讨论。可能没有结论,这并不重要,因为探索的过程已经存在了,学生已经创造性的学习和工作了。如果学生希望教师讲授,可针对讨论内容进行讲授,但不作结论和总结性发言。

(三)非指导性教学理论——理论的评价

优点:充分肯定学生的主体地位。对调动学生的学习积极性,充分发挥其创造力具有积极意义;知情合一的独到见解。罗杰斯对影响学生潜能发挥的条件的探索和他主张人际关系、情感态度是影响潜能发挥的主要条件的观点,正是行为主义和认知学派所忽视的一个重要方面。

不足:"非指导性"教学模式削弱了教师在教学中应起的作用,同时,它完全放弃课程内容对学生的教育作用,对教学也是有害的;以兴趣为转移的教学主张对学习的效率和对知识掌握的质量上是有影响的;另外良好的人际关系是学习的条件,但是一定心理紧张也是导致学习的一个必要条件。

"非指导性"教学模式还有一个致命的缺点,那就是:重过程、不重结论;重愉悦,不重技能;重潜能,不重形成;重学生,不重教师。

(四)教学反馈和强化技能

1. 教学反馈技能

1)教学反馈的含义及作用

教学反馈是指教师在课堂教学中,有意识地搜集和分析教与学的状况,并作出相应反应的教学行为。教学反馈是完成教学进程的重要环节,是强化和调控目标检测的重要手段。在课堂教学中,教师能及时获得教学反馈信息,对教师及时改进教学方法,调整教学进度,提高课堂教学质量具有十分重要的作用。

具体说来,教学反馈在课堂教学中的作用表现在四个方面,即:激励作用、调控作用、媒介作用、预测作用。

2)教学反馈的基本要求

(1)反馈要以促进学生的学习为目的;

(2)要多途径获得学生的反馈信息;

(3)反馈必须及时;

(4)反馈必须准确;

(5)指导学生学会自我反馈。

2. 教学强化技能

1)教学强化的含义

教学强化是指教师通过一定方法促进和增强学生某一行为向教师期望的方向发展的教学行为。实践证明,教师在课堂中的及时强化,可以端正学生的学习态度,培养学生的进取精神和主动精神;可以使学生正确的学习行为得到加强,使错误的行为消退;教师的肯定和赞许还可以使学生获得心理上的满足感,激发学生的学习动力。

2)教学强化的类型

(1)语言强化。语言强化是指教师通过语言对学生的行为及其结果给予肯定,从而使学生的行为向着教师所希望的方向发展的教学行为方式。语言强化可以分为口头语言强化和书面语言强化两种。

(2)标志强化。标志强化是教师运用一些醒目的文字、符号、色彩对比等,对学生的学习成绩和行为进行强化的一种方式。标志强化的目的主要是使材料结构一目了然,促进学生对知识的选择,加深对知识的记忆。

(3)动作强化。动作强化是指教师用非语言的身体动作对学生的表现予以强化的一种方式。

(4)活动强化。活动强化是指教师让学生参加活动或承担任务从而对学生的学习行为进行强化的方式。

3)教学强化的基本要求

(1)强化目标要明确;

(2)强化态度要诚恳;

(3)强化时机要恰当;

(4)强化方式要灵活;

(5)强化要与反馈有机结合。

(五)结课技能

1. 结课的含义及作用

结课是指在完成课堂教学活动时,为使学生所学的知识得以及时转化、升华、条理化和系统化,教师对学过的知识进行归纳总结的教学行为。结课技能可以应用于一节课的结束,一章知识学习的结束,也经常应用于相对独立的教学阶段的结尾。结课在课堂教学中的作用体现在以下几个方面:

(1)结课有助于对教学内容进行归纳和总结并使之系统化;

(2)结课有助于检查教与学的效果;

(3)结课有助于激发并维持学生的学习动机;

(4)结课有助于学生巩固所学知识;

(5)结课具有教学过渡的作用。

2. 结课的方法

(1)归纳结课。归纳结课是指教师用总结性的语言提纲挈领地再现一节课或一个章节的知识结构体系,从而结束课堂教学的一种方法。运用归纳结课应注意:不能对讲授内容简单重复,而应有所创新。

(2)比较结课。比较结课是指教师通过分析、比较使学生掌握新旧知识的联系、把握相似知识区别的一种结课方法。

(3)活动结课。活动结课是指教师通过采用讨论、试验、演示、竞赛等活动形式进行结课的一种方法。

(4)悬念结课。悬念结课是指教师通过设置疑问、留下悬念以启发学生思考的一种结课方法。运用悬念结束课堂应注意:设置的问题要有启发性;所设的悬念是学生自主探索能够解决的,并且与下节课的讲授内容密切相关。

(5)拓展延伸结课。拓展延伸结课是指教师通过把教学内容作进一步延伸和拓展进行结课的一种方法。运用拓展延伸结课时,教师要考虑到学生能获得的课程资源,提出的要求一定是学生通过努力能够做到的,否则就毫无意义。

3. 结课的基本要求

(1)结课要有针对性;

(2)结课要有全面性和深刻性;

(3)结课要简洁明快;

(4)结课要有趣味性。

第四节 机动车驾驶操作规范

一、总则

(1)依据《中华人民共和国道路交通安全法》(下称《道路交通安全法》)、《中华人民共和国道路交通安全法实施条例》(下称《道路交通安全法实施条例》)的规定,本着从道路交通安全的源头着手,规范机动车驾驶人的驾驶行为,实现"降事故、保安全、保畅通"的目标,特制定本《规范》。

(2)中华人民共和国境内的机动车驾驶人应当遵守《道路交通安全法》、《道路交通安全法实施条例》,并须熟悉、掌握和应用本《规范》。

二、机动车安全驾驶须知

(一)驾驶人的法律责任

1. 行政责任

驾驶人有道路交通安全违法行为,根据事实和《道路交通安全法》的有关规定应负行政责任。道路交通安全违法行为的行政处罚种类包括:警告、罚款、暂扣或者吊销机动车驾驶证、拘留。

2. 民事责任

驾驶人因违反《道路交通安全法》侵害国家的、集体的财产,侵害他人财产、人身安全的,应根据责任大小负民事责任。

3. 刑事责任

驾驶人因违反《道路交通安全法》,发生重大事故,构成交通肇事罪的,应负刑事责任。

(二)驾驶人的驾驶道德

1. 依法行驶

驾驶人在行车中,应当时时、处处无条件地遵守道路交通安全法律、法规。这是无数次事故和血的教训总结出来的规律,直接关系到人们的生命和财产安全。

2. 安全礼让

驾驶人在行车中,应当"礼让三先"(即:先让,先慢,先停),并表现出牢固的法纪观念和高尚的道德修养。为了交通安全,驾驶人要经常保持冷静的心态,要宽容、大度、忍让,"宁可有理让无理,不可无理对无理"。

3. 关心他人

驾驶人在行车中,发现需要援助的车辆时,应当减速停车,给予对方帮助;通过泥泞、积水路面时,应当减速慢行,以免泥水溅到两侧行人身上;遇老人或儿童时,应当减速慢行或者停车,避免老人和儿童受到惊吓;遇到盲人时,不能连续鸣喇叭,应当注意观察其动态,确认安全后通过。

（三）驾驶人的身体状况

良好的健康状况是驾驶人安全行车的重要保证。因此,驾驶人必须具有充沛的精力、清醒的头脑、灵敏的反应和健康的体质。

疲劳会使驾驶人的感觉机能减弱、视力下降、反应迟钝,致使判断失误、操作准确性下降、动作协调性遭到破坏,极易造成交通事故。对此,驾驶人应当提高警惕,杜绝疲劳驾驶现象的发生。

疾病会使驾驶人的注意力和反应能力大大降低,从而导致动作不协调、操作准确性下降,即使是慢性病也同样会增加发生交通事故的可能性。对此,驾驶人应当高度重视,如患有一般疾病时应当及时治疗;患有妨碍安全行车的疾病,如心脏病、高血压以及临时性高烧、腹泻等,应当停止开车。

服用感冒、镇定、催眠、麻醉等类药物,会影响驾驶人的中枢神经系统,致使驾驶人感到乏力、困倦甚至睡眠而危及行车安全。因此,驾驶人应慎用或少用此类药物,发现异状须立即停车。

饮酒会影响驾驶人的中枢神经系统,致使感觉机能降低、反应迟钝、意识混乱、判断能力下降、动作不协调,严重时失去控制能力而导致交通事故的发生。驾驶人须树立高度的责任感,做到开车前不喝酒,喝酒后不开车。

（四）遵守交通信号灯

(1)交通信号灯分为:机动车信号灯、非机动车信号灯、人行横道信号灯、车道信号灯、方向指示信号灯、闪光警告信号灯、道路与铁路平面交叉道口信号灯。

(2)机动车信号灯表示:绿灯亮时,准许车辆通行,但转弯的车辆不得妨碍被放行的直行车辆、行人通行;黄灯亮时,已越过停止线的车辆可以继续通行;红灯亮时,禁止车辆通行。红灯亮时,右转弯的车辆在不妨碍被放行的车辆、行人通行的情况下,可以通行。

(3)车道信号灯表示:绿色箭头灯亮时,准许本车道车辆按指示方向通行;红色叉形灯或者箭头灯亮时,禁止本车道车辆通行。

(4)方向指示信号灯的箭头方向向左、向上、向右分别表示左转、直行、右转。

(5)闪光警告信号灯为持续闪烁的黄灯,提示车辆、行人通行时注意瞭望,确认安全后通过。

(6)道路与铁路平面交叉道口有两个红灯交替闪烁或者一个红灯亮时,表示禁止车辆、行人通行;红灯熄灭时,表示允许车辆、行人通行。

（五）遵守交通标志

交通标志分为主标志和辅助标志两大类。主标志有:警告标志、禁令标志、指示标志、指路标志、旅游区标志、道路施工安全标志。辅助标志附设在主标志下,起辅助说明作用,颜色为白底、黑字、黑边框,形状为长方形。

(1)警告标志:警告车辆、行人注意危险地点的标志。警告标志的颜色为黄底、黑边、黑图案;形状多为等边三角形、顶角朝上。

(2)禁令标志:遵行、禁止或限制车辆、行人交通行为的标志。禁令标志的颜色,除个别标志外,为白底,红圈,红杠,黑图案,图案压杠;形状为圆形、八角形、顶角向下的等边三角形。

(3)指示标志:指示车辆、行人行进的标志。指示标志的颜色为蓝底、白图案;形状分为圆形、长方形和正方形。

(4)指路标志:传递道路方向、地点、距离信息的标志。指路标志的颜色,一般道路为蓝底白图案,高速公路为绿底白图案;形状除地点识别标志、里程碑、分合流标志外,为长方形和正方形。

(5)旅游区标志:提供旅游景点方向、距离的标志。旅游区标志的颜色为棕色底白色字符。

(6)道路施工安全标志:通告道路施工区通行的标志。道路施工安全标志分为:路栏,锥形交通路标,施工警告灯号,道口标柱,施工区标志和移动性施工标志。

(7)可变信息标志:是一种因交通、道路、气候等状况的变化而改变显示内容的标志,主要用于高速公路、城市快速路的信息显示。可变信息标志的显示方式有多种,如:高亮度发光二极管、灯泡矩阵、磁翻板、字幕式、光纤式等。

(六)遵守交通标线

道路交通标线是由标划于路面上的各种线条、箭头、文字、立面标记、凸起路标和轮廓标等所构成的交通安全设施。道路交通标线按功能可分为指示标线、禁止标线和警告标线三类。

(1)白色虚线:划于路段中时,用以分隔同向行驶的交通流或作为行车安全距离识别线;划于路口时,用以引导车辆行进。

(2)白色实线:划于路段中时,用以分隔同向行驶的机动车和非机动车,或指示车行道的边缘;设于路口时,可用作导向车道线或停止线。

(3)双白虚线:划于路口时,作为减速让行线;设于路段中时,作为行车方向随时间改变之可变车道线。

(4)双白实线:划于路口时,作为停车让行线。

(5)黄色虚线:划于路段中时,用以分隔对向行驶的交通流;划于路侧或缘石上时,用以禁止车辆长时在路边停放。

(6)黄色实线:划于路段中时,用以分隔对向行驶的交通流;划于路侧或缘石上时,用以禁止车辆长时或临时在路边停放。

(7)双黄实线:划于路段中时,用以分隔对向行驶的交通流。

(8)黄色虚实线:划于路段中时,用以分隔对向行驶的交通流。黄色实线一侧禁止车辆超车、跨越或回转,黄色虚线一侧在保证安全的情况下准许车辆超车、跨越或回转。

(七)遵守交通警察的指挥

驾驶人在行车中遇有交通警察现场指挥时,应当按照交通警察的指挥通行。交通警察的指挥分为:手势信号和使用器具的交通指挥信号。

手势信号分为:直行信号,直行辅助信号,左转弯信号,左转弯辅助信号,停止信号,停止辅助信号,右转弯信号,减速慢行信号,前车避让后车信号,示意违法车辆靠边停车信号。

1.直行信号

右臂(左臂)向右(向左)平伸,手掌向前,准许左右两方直行的车辆通行;各方右转弯的车辆在不妨碍被放行的车辆通行的情况下,可以通行。

2. 直行辅助信号(直行快速通行信号)

左臂向左平伸,手掌向前;右臂向右平伸,手掌向前,向左摆动,指挥右方直行的车辆快速通行;各方右转弯的车辆在不妨碍被放行的车辆通行的情况下,可以通行。

3. 左转弯信号

左转弯信号分为左大转弯信号和左小转弯信号。

(1)左大转弯信号:右臂向前平伸,手掌向前,准许左方的左转弯和直行的车辆通行;各方右转弯的车辆和T形路口右边无横道的直行车辆,在不妨碍被放行的车辆通行的情况下,可以通行。

(2)左小转弯信号:右臂向前平伸,手掌向前,准许左方的左转弯和直行的车辆通行;左臂同时向右前方摆动时,准许车辆左小转弯;各方右转弯的车辆和T形路口右边无横道的直行车辆,在不妨碍被放行的车辆通行的情况下,可以通行。

4. 左转弯辅助信号(左转弯待转信号)

左臂向左下方平伸,手掌向下,上下摆动,准许左方的左转弯的车辆进入路口,沿左转弯行驶方向靠近岗台或路口中心,等候左转弯信号,直行车辆准许通行;各方右转弯的车辆和T形路口右边无横道的直行车辆,在不妨碍被放行的车辆通行的情况下,可以通行。

5. 停止信号

左臂向上直伸,手掌向前,不准前方车辆通行。

6. 停止辅助信号(靠边停车信号)

左臂向上直伸,手掌向前,不准前方车辆通行;右臂同时向左前方摆动时,车辆须靠边停车。

7. 右转弯信号

左臂向前平伸,手掌向前,右臂同时向左前方摆动时,准许右方的车辆右转弯,其他方右转弯和左方直行、左转弯车辆可以通行。

8. 减速慢行信号

右臂向右前方平伸,手掌向下,上下摆动,右方车辆应当减速慢行。

9. 首车避让后车信号

左臂向前平伸,手掌向左,向左摆动;右臂向前屈臂,手掌向后,向后摆动,前方车辆应当向右避让后方车辆通行。

10. 示意违法车辆靠边停车信号

右臂向右平伸,手掌向左、向左前方摆动,违法车辆须靠边停车。

三、汽车的主要操纵装置

(1)转向盘:是操纵汽车行驶方向的装置,通过转动转向盘改变车辆前轮的方向,从而改变车辆的行进方向。

(2)点火开关:是起动和关闭发动机时使用的开关。

(3)离合器踏板:是离合器的操纵装置,用以控制发动机与传动系的相接与脱开。

(4)制动踏板:是行车制动器的操纵装置,踩下制动踏板,可以降低车辆的行驶速度或使车辆停止行驶。

(5)加速踏板:是驾驶人根据运行条件,以控制化油器节气门的开度,调节汽缸的混合气进入量,从而改变发动机的转速,使之适应运行条件的操纵件。

(6)变速杆:通过操纵变速杆以改变变速器中齿轮的啮合,使车辆行驶速度变化,驱动力也随之变化。

(7)驻车制动器操纵杆(或脚踏板):是驻车制动器操纵装置,供驻车时制动使用。

四、日常检查

日常行车中,车上应当备有千斤顶、随车工具包(扳手、钳子、螺丝刀、轮胎套筒等)、手电筒、急救箱(绷带、纱布、消毒药水及其他急救药物)、三角警示标志牌及小型灭火器等物品。

(1)转向盘。检查转向盘的转动是否灵活,操纵是否方便,有无阻滞现象。转向盘的最大自由转动量:最高设计车速不小于100km/h的机动车不得大于20°,三轮汽车不得大于45°,其他机动车不得大于30°。

(2)离合器踏板。用力踩踏离合器踏板,感受一下用力和以往是否有所不同,离合器接合是否平稳,有无异响、打滑、抖动、沉重、分离不彻底等现象。

(3)制动踏板。将制动踏板踩到底,感受一下用力和以往是否有所不同,检查踏板与车厢地板之间的间隙是否合适。

(4)驻车制动器操纵杆(或脚踏板)。将驻车制动器操纵杆(或脚踏板)拉到底(或踩到底),检查是否有异常情况。

(5)发动机。检查发动机是否能够正常起动,运转是否正常,起动和怠速时是否有杂音。

(6)刮水器。检查风窗玻璃清洗液是否充足,刮水器的擦拭是否正常。尽量避免在干燥状态下起动刮水器。

(7)照明及信号装置。在车辆前部,检查前位灯、前转向灯、危险报警闪光灯和示廓灯等是否完好,前照灯远、近光光束变换功能是否正常;在车辆后部,检查后位灯、后转向灯、危险报警闪光灯、示廓灯、制动灯、后雾灯、后牌照灯、倒车灯是否完好。

(8)轮胎。检查轮胎胎压是否正常,轮胎螺栓和半轴螺栓有无松动;检查轮胎的胎面和胎壁有无损伤,磨损是否超标。轮胎胎冠花纹深度:乘用车、摩托车和挂车不得小于1.6mm;其他机动车转向轮不得小于3.2mm,其余轮不得小于1.6mm。同一轴上的轮胎规格和花纹应当相同,轮胎规格应当符合整车制造厂的出厂规定,转向轮不得装用翻新轮胎。

五、一般道路汽车行驶安全操作

(一)出车前的准备

(1)检查行车证件、牌照是否齐全,随车工具及备件等是否带足。

(2)检视车身外观情况,查看是否有漏油、漏水等现象;检查轮胎气压是否正常;注意车底和车身周围是否有障碍物。

(3)上车后关好车门,查看车内物品摆放是否安全、牢靠、取放方便。不得在驾驶人操作区地板上放置任何物品。

(4)调整座椅的前后距离和高低位置,以方便对车外的观察,并使腿部呈自然弯曲,当将制动踏板、离合器踏板完全踩到底后,使膝关节仍能有一定的弯曲。

(5)调整座椅靠背至所需角度,身体靠紧座椅的靠背,将座椅坐满、坐实,并使上身与转向盘保持最合适的距离,即:双手平伸时,手腕正好放在转向盘的顶端。

(6)调整车内后视镜。车内后视镜的左、右位置调整到镜面的左侧边缘正好切至自己在镜中影像的右耳际,上、下位置调至反映整个后窗。

(7)调整车外左右后视镜。车外左右后视镜的位置和角度,应当保证能够看清车身左右外侧及车后50m以内的交通情况。

(8)调整车外前下视镜。车长大于6m的平头货车和平头客车上的前下视镜位置和角度,应当保证能够看清风窗玻璃前下方长1.5m、宽3m范围内的交通情况。

(9)佩戴安全带。移动肩带高度调节装置,使安全带的肩带正好位于肩部中心并跨过锁骨位置,腰带放在髋部。安全带应当贴身,不要缠绕扭曲。在迅速抽拉安全带时,安全带应当能自动锁紧,否则表明安全带失效,应当及时更换。

(10)调整好头枕高度。将头枕中部位置调整到眼部或耳朵上沿,后脑与头枕之间的距离越近越好,最好不要超过10cm。如果是具有锁止功能的可调整头枕,在调整后要保证将头枕位置锁止。

(11)起动发动机,检查发动机有无异响和异常气味;查看仪表板情况,仪表灯显示是否正常,燃油表、机油表、冷却液温度表等是否正常;检查转向盘、离合器、行车制动器和驻车制动器的情况是否正常。

(二)安全起步

(1)观察周围交通情况,起动发动机,并开启转向灯向其他车辆和行人示意。

(2)通过车内、车外后视镜确认后方、侧后方安全,左脚将离合器踏板一次踩到底,右手使变速杆置于一挡;放松驻车制动器操纵杆后,右脚迅速缓踩加速踏板,左脚缓放离合器踏板,使车辆平稳、安全地起步。

(3)起步后,应当缓慢行驶一段距离,其间应当检查转向、制动等各部分的工作是否正常,行驶过程中有无异响。

(4)坡道起步时,在离合器半联动状态下慢慢放松驻车制动器操纵杆,半联动状态要比正常起步时控制的时间长一些,加速踏板的踩踏量要比平时大一些。

(三)倒车方法

(1)倒车前,注意观察车辆四周的交通情况,并确定倒车路线。

(2)倒车时,利用离合器半联动使车辆保持较慢的车速,慢慢倒车。

(3)倒车过程中,左手稳握转向盘上缘,上身向右侧转,下身微斜,右臂依托在右侧靠背上端,头转向后窗中心,两眼注视后方目标;注意观察车尾与后车(或后方障碍物)的距离及角度,同时注意车头与前车(或前方、侧方障碍物)之间的距离及角度,方向要根据角度的需要进行或慢或快的调整。

(4)不得在铁路道口、交叉路口、单行路、桥梁、急弯、陡坡或隧道中倒车。

(四)停车注意

1. 路边停车

开启转向灯示意,通过车内、车外后视镜观察后方、侧后方交通情况,减慢车速向路边缓缓靠拢。路边停车时,要考虑到是否影响其他车辆的通行,如停车时间较长,需寻找并进入路边的停车泊位。

2. 露天停车场停车

注意区分入口和出口,进入停车场后选择空间较为宽敞并在直行车道两侧的车位,不要将车辆停放在弯道处。

3. 地下停车场停车

驶入停车场之前要看清其限高标识,进入地下停车场之后要减慢车速,必要时开启近光灯,沿着方向指示标志行进,并对车辆出入的路口进行仔细观察。

4. 居民区停车

停车位置不得影响其他车辆的出入,尽量将车辆停放在便道旁,尽量不要停放在晾台或楼檐下。

5. 坡道停车

车辆停在上坡路段时,如果驾驶人在车内,除了采取驻车制动外,脚也应当踩在制动踏板上,发动机停转后应当挂一挡;如果驾驶人不在车内,除了采取驻车制动、挂一挡外,陡坡停车还要在车轮后面垫上三角木确保车辆不会滑动。车辆停在下坡路段时,要采取驻车制动并挂倒挡;如果驾驶人离开车辆时,应在前轮下面垫上三角木,防止车辆滑动。

6. 准备下车

须观察车辆外侧和前后方是否有车辆和行人通过,并提醒车内乘员注意,然后缓缓推开车门下车。

(五)分道行驶

(1)行驶中,左手握在转向盘9、10点位置,右手握在3、4点位置;注意保持视线的转移,及时观察车外的交通安全状况,尤其要注意前车动态;充分利用车内、车外后视镜,随时观察、了解后面和侧面来车的情况;时常查看仪表板,如有红色警示灯亮起,必须立即停车检查。

(2)在未设置中心隔离设施或未施划中心线的道路上,车辆应当在道路中央偏右侧行驶,但不能过于靠近右侧路边。

(3)在有中心线单向一条机动车道的道路上,车辆在中心线的右侧行驶。在确保安全的条件下,超车、躲避障碍物时可以越过中心虚线行驶。不得骑、轧或越过中心实线行驶。

(4)在同方向划有两条以上机动车道的道路上,车辆应当按各车道规定的车速分道行驶。在确保安全的条件下,慢速车道内的车辆超越前车时,可以在分道线为虚线的路段借用快速车道行驶。不得骑、轧或越过分道实线行驶。

(5)在同方向划有两条以上机动车道的道路上变更车道时,应当提前开启转向灯,观察侧方车道上有无正常行驶的车辆,或本车辆后方有无已在超车的车辆,保持安全距离,在不得影响其他车辆正常行驶的情况下,果断驶入侧方车道并进入正常的行驶状态。不得在分道实线路段变更车道。

（6）混合交通道路上行驶时，驾驶人应当根据道路情况及自身车辆的宽度，选定符合自己的行车路线，并根据行车路线的宽窄以安全车速通过。

（7）行驶过程中需要采取制动前，在确保前方交通安全的条件下，通过车内后视镜观察一下后车是否跟车太近，是否需要轻踩制动踏板、亮起制动灯提醒后车注意。

（六）行驶速度

（1）车辆在道路上行驶时，应选用安全的车速行驶，确保在任何情况下能够有效地控制车辆运动状态，并不得超过限速标志、标线标明的速度。

（2）在没有限速标志、标线，并且没有划中心线的城市道路和公路上行驶，车辆最高行驶速度分别不得超过30km/h和40km/h。

（3）在没有限速标志、标线，同方向只有一条机动车道的城市道路和公路上行驶，车辆最高行驶速度分别不得超过50km/h和70km/h。

（4）进出非机动车道，通过铁路道口、急弯路、窄路、窄桥、掉头、转弯、下陡坡时，车辆最高行驶速度不得超过30km/h。

（5）车辆行驶时，要充分考虑道路、交通、天气和视野等情况，在规定限速范围内以安全的车速行驶。

（七）会车与跟车

（1）会车前，按"各行其道"的原则，在本方车道内行驶；在未设置隔离设施或未施划中心线的道路上，减速靠右行驶，并与其他车辆、行人保持必要的安全距离；适当降低行驶速度，注意观察前方交通情况，选择安全路段会车。

（2）在有障碍的路段会车时，无障碍的一方先行；但有障碍的一方已驶入障碍路段而无障碍的一方未驶入时，有障碍的一方先行。

（3）在狭窄的坡路会车时，上坡的一方先行；但下坡的一方已行至中途而上坡的一方未上坡时，下坡的一方先行。

（4）跟车时，应当根据前车的速度，保持一定的车速及距离；注意前车的灯光信号及其动态，以便及时发现情况，采取措施；当前车采取制动减速时，应当随之制动减速，在与前车保持安全距离后，再根据车速换至低挡减速行驶。

（八）超车与让行

（1）超车前，应当充分了解所驾车辆的加速性能，并选择在路面平直宽阔、视线良好、左右无障碍且前方路段长距离范围内对方无来车的路段超车。

（2）超车时，应当观察左后视镜，提前开启左转向灯，变换使用远、近光灯或鸣喇叭示意，前车有让路表示后，方可从前车的左方超越。

（3）超过前车后，不能过早地驶入原来的行驶路线，在与被超车辆拉开必要的安全距离后，开启右转向灯，驶回原车道。

（4）不可强行超车，不得与被超车长时间并排行驶。在下列地点或情况下不得超车：

①前车正在左转弯、掉头、超车时；②与对方来车有会车可能时；③前车为执行紧急任务的警车、消防车、救护车、工程救险车；④行经繁华路段、交叉路口、铁路道口、人行横道、急弯

路、宽度不足4m的窄路或窄桥、陡坡、隧道或容易发生危险的路段;⑤进、出非机动车道、牵引发生故障的车辆时。

(5)除非前方交通拥挤致使行车缓慢,同时左侧车道上的车辆比本车辆的车速更慢,否则必须从左方超车。

(6)在未施划道路中心线或同方向只有一条机动车道的道路上,前车遇后车发出超车信号时,在条件许可的情况下,应当保持正常的行驶状态并适当降低速度,必要时靠右让路。

(九)坡道行驶

(1)上陡坡时,根据坡道情况选择适当的挡位,使发动机保持足够的动力;在驶近坡顶时放松加速踏板,利用车辆的惯性冲过坡顶。

(2)上长坡时,应当尽量匀速行驶,让发动机平稳工作,切不可急躁地猛踩加速踏板。如果发生散热器"开锅"和气阻的现象时,应当选择适当地点停车休息,必要时补充冷却液和机油,等温度降低后再继续行驶。

(3)下陡而长的坡道时,一般选择与上该坡同级的挡位,利用发动机制动控制车速,辅助以间歇制动;不要长时间连续使用行车制动,以防制动蹄片过热、气压过低,而使制动效能降低;严禁熄火、空挡或踩下离合器踏板滑行。必要时应当选择安全的路段靠边停车,等制动器温度降低后再继续行驶。

(十)通过交叉路口

(1)通过有交通信号灯控制的交叉路口时,在划有导向车道的路口,按所需行进方向驶入导向车道,已进入导向车道的车辆,不得再变更车道。遇放行信号时,停车线前方为人行横道线的,须确认没有横穿的行人和非机动车后,依次通过。

(2)通过没有交通信号灯控制也没有交通警察指挥的交叉路口时,有交通标志、标线控制的,让优先通行的一方先行;没有交通标志、标线控制的,在进入路口前停车,按先左后右的方式进行瞭望,并让右方道路的来车先行;转弯车辆让直行车辆先行。

(3)通过交叉路口直行时,注意观察路口情况,以安全速度行驶,不能随意变更车道和大幅度改变车速。

(4)通过交叉路口右转时,提前开启右转向灯,并将车辆驶至右转车道,利用车内后视镜、车外右侧后视镜确认后方和右侧后方的交通安全情况,选择合理的车速和挡位沿右侧转弯并注意内轮差。同时,注意让直行车辆和相对方向行驶的左转弯车辆先行。

(5)通过交叉路口左转时,提前开启左转向灯,并将车辆驶至左转车道,路口有左转待驶区的则按规定驶入,利用车内后视镜、车外左侧后视镜确认后方和左侧后方的交通安全情况,靠近交叉路口中心点左侧慢速转弯。

(6)通过复杂的交叉路口时,必须降低车速,以随时能停车的速度行驶通过;如果拐角处设置有反光镜,应当充分利用;在有减速或停车让行标志的路口,必须先减速或停车观察,确认安全后通过。

(十一)通过环形路口

(1)驶入环形路口之前,根据路口的交通情况适时控制车速,减速慢行。按照环形路内车辆优先的原则,环形路内的车辆先行。

(2)驶入环形路口时,观察左侧已在环形路内行驶车辆的动态,适时汇入车流,必要时减速或停车让行。

(3)驶出环形路口时,提前开启右转向灯,注意保持与前车的距离,观察右侧车辆、自行车、行人的动态,安全驶出。

(4)在有两条或两条以上车道的环形路口中,由内侧车道驶离路口前,必须提前开启右转向灯并逐级变更至外侧车道,然后再驶出路口。严禁直接从内侧车道驶出。

(十二)通过铁路道口与隧道

(1)通过铁路道口之前,要降低车速,选用较低挡位,注意观察和倾听两边有否火车驶来,并听从铁路道口管理人员的指挥。

(2)通过无人看管的铁路道口时,要切实做到"一慢、二看、三通过",严禁与火车抢行。

(3)通过铁路道口过程中,车辆一旦发生故障,必须千方百计将车辆移离火车行驶区域,不得任其停留。

(4)进入隧道之前,注意观察交通标志和有关规定,特别要注意车辆的装载高度是否在标志允许的范围之内,如无把握应当停车观察核实。

(5)驶入隧道时,应当轻踩几次制动踏板,适当降低车速,必要时开启近光灯,让眼睛适应黑暗环境后,匀速行驶。

(6)通过隧道时,要注意对方来车交会,一般不宜鸣喇叭。不得在隧道中超车、频繁变更车道、随意停车、掉头、倒车等。

(7)驶出隧道时,应当轻踩几次制动踏板,适当降低车速,让眼睛适应明亮环境后,正常行驶。

六、高速公路汽车行驶安全操作

(一)出车前的准备

(1)出车前要注意休息,以保证长时间行驶时精力充沛,注意力集中。

(2)对车辆进行日常检查,加够燃油、机油和冷却液,轮胎气压保持充足。

(3)正确佩戴安全带,并提醒车内乘员佩戴安全带。

(二)驶入高速公路

(1)进入高速公路收费站后,根据指路标志迅速确定目的地行驶方向,正确进入入口匝道行驶。

(2)进入合流三角地带之前,开启左转向灯示意,并通过车内、车外后视镜或直接目视观察车道上的车流动态。

(3)在确认安全的条件下,沿加速车道提速行驶,使车速接近车道上车辆的行驶速度。

(4)再次观察车道上的车流动态,在不妨碍已在高速公路内的车辆正常行驶的情况下,平稳驶入车道,关闭左转向灯。

(5)在高速公路上行驶时,尽量将视线放远,以适合高速行驶的需要。不得骑、轧车道分界线行驶。

(三)高速公路行驶速度的控制

(1)高速公路的行驶速度最高不得超过 120km/h,最低不得低于 60km/h。

(2)同方向有两条车道的,左侧车道的最低车速为 100km/h;同方向有三条以上车道的,最左侧车道的最低车速为 110km/h,中间车道的最低车速为 90km/h。

(3)高速公路上限速标志标明的车速与上述车道行驶车速的规定不一致的,按照限速标志标明的车速行驶。

(4)在高速公路上行驶时,要通过车速表确认车速,应当控制保持一定的速度余量,以适应高速公路上车流速度的变化,保持高速状态下的匀速行驶。

(5)通过高速公路施工作业路段时,应当注意警示标志,减速行驶,或按临时限速标志规定的行驶速度行驶。

(四)高速公路行驶车距的控制

(1)在高速公路上行驶时,同车道的前后车辆必须根据行驶速度、天气和路况保持足够的安全距离。

(2)车速超过 100km/h 时,应当与同车道前车保持 100m 以上的距离;车速低于 100km/h 时,与同车道前车距离可以适当缩短,但最小距离不得少于 50m。

(3)遇有雾、雨、雪、沙尘、冰雹等气象条件,能见度小于 200m 时,应当开启雾灯、近光灯、示廓灯和前后位灯,车速不得超过 60km/h,与同车道前车保持 100m 以上的距离。

(4)遇有雾、雨、雪、沙尘、冰雹等气象条件,能见度小于 100m 时,应当开启雾灯、近光灯、示廓灯、前后位灯和危险报警闪光灯,车速不得超过 40km/h,与同车道前车保持 50m 以上的距离。

(5)遇有雾、雨、雪、沙尘、冰雹等气象条件,能见度小于 50m 时,应当开启雾灯、近光灯、示廓灯、前后位灯和危险报警闪光灯,车速不得超过 20km/h,并从最近的出口尽快驶离高速公路。

(五)高速公路上超车

(1)高速公路上超车应当尽量选择在直线路段上进行,避免在前后能见度不良时超车。

(2)超车前,通过车内后视镜、车外左侧后视镜观察后方和左侧后方的车辆动态,确认后方和左侧后方安全。

(3)超车时,开启左转向灯示意,3s 后,缓慢转动转向盘,平稳加速驶入左侧车道,保持在左侧车道内的行驶并超过前车。超车时的最高车速不得超过规定车速的 10%。

(4)超过前车后,观察车内后视镜,当能看到被超过车辆的车头时,确认安全距离后开启右转向灯,小幅度缓慢转动转向盘,平稳地驶回原车道。

(5)除非前方交通拥挤致使行车缓慢,同时左侧车道上的车辆比本车辆的车速更慢,否则必须从左方超车。

(6)不得在路肩、匝道、加速车道或减速车道上超车;不得频繁变更车道。

(六)高速公路上应急停车

(1)高速行驶的车辆不宜采取紧急制动的方法使车辆迅速停下,正确的制动方法是先松抬加速踏板，利用发动机的牵阻作用使车速下降，然后轻踩制动踏板，使其降到一定低的速度后，再采取紧急制动的方法使车辆停下。

(2) 车辆在高速公路上发生"渐发性"故障，可能影响车辆安全行驶或只能继续行驶一段距离时，应当将车辆开到路肩上或应急车道内停车，同时开启危险报警闪光灯，并在车后 150m 以外设置警告标志牌，排除故障后再行车。

(3) 车辆在高速公路上发生失去动力的"突发性"故障时，尽量利用惯性将车辆移到路肩上或应急车道内；如果无法移动车辆，应当迅速报警，并立即采用告警措施，待救援车、清障车拖曳、牵引驶离高速公路。

(七) 驶离高速公路

(1) 驶离高速公路时，首先应当根据出口预告标志的指示，驶入与出口相接的最右侧车道，减速行驶。

(2) 行至离出口 500m 处，开启右转向灯，适当调整车速，做好进入减速车道的准备。

(3) 看到出口标志牌后，平稳地转动转向盘从减速车道始端驶入减速车道。

(4) 驶入减速车道后，关闭右转向灯，反复轻踩制动踏板，使车速降至限定车速以下。

(5) 平稳驶入出口匝道，并注意与其他车辆的纵向间距；稳握转向盘，按限定车速驶出匝道。

七、复杂环境中汽车安全操作

(一) 夜间行车

(1) 夜间出车前要认真检查照明设备，灯光的使用时间一般与城市路灯开熄时间相同。

(2) 夜间起步前应当先开启近光灯、示廓灯和后位灯，看清道路后再起步；驾驶过程中控制好行驶速度，跟车距离要适当长一些，注意观察车辆前方横过公路的行人。

(3) 夜间在没有路灯、照明不良等低能见度情况下，应当开启前照灯、示廓灯和后位灯；但同方向行驶的后车与前车近距离行驶时，不得使用远光灯。

(4) 夜间在城市有照明的道路上行驶时，应当使用前照灯的近光灯。

(5) 夜间通过有交通信号灯控制的交叉路口时，应当开启近光灯；通过急弯、坡路、拱桥、人行横道或没有交通信号灯控制的路口时，应当交替使用前照灯远光、近光示意，并随时做好制动或停车的准备。

(6) 夜间会车时，应当在距相对方向来车 150m 以外改用近光灯，并降低车速，使车辆靠道路右侧或在本车道内保持直线行进；车头交会后，即可开启远光灯。在窄路、窄桥上与非机动车会车时应当使用近光灯。会车时忌用眼睛看对方车辆的灯光，防止炫目。

(7) 夜间行车应当尽量避免超车，必须超车时，连续变换前照灯远光、近光向前车示意，在判定前车已让路允许超越的情况下方可超越。

(8) 夜间行车需要倒车或掉头时，必须看清进、倒车的地形，最好下车观察或有人指挥；进、倒车过程中，应当较白天多留余地。

(9) 夜间行车要注意道路施工的指示信号灯，在险要地段应当减速，必要时停车查看，弄清情况后再行驶。

(10)夜间在道路、街道临时停车或因故停车时,应当始终开启示廓灯、后位灯、牌照灯向他人示意,必要时开启危险报警闪光灯。

(二)雨天行车

(1)雨天出车前,检查刮水器是否工作正常,当刮水器发生故障时,切不可冒险行驶。

(2)雨天行车应当加强预见性措施,减速行驶,当能见度在50m以内时,行驶速度不得超过30km/h。

(3)雨天行车应当尽量避免超车,或与非机动车及行人抢行;必须超车时,要密切观察非机动车和行人的动态,保持比正常超车时较大的横向间距。超车地点不宜太靠路边,以防因路滑、路基塌陷等原因发生事故。

(4)雨天低能见度情况下,应当开启前照灯、示廓灯和后位灯,但同方向行驶的后车与前车近距离行驶时,不得使用远光灯。

(5)暴雨天,刮水器运动再快也难刮净雨水,致使驾驶人的视线受到障碍,为了确保安全,应当立即寻找安全位置临时停车,并开启前照灯、危险报警闪光灯、示廓灯和后位灯。

(三)雾天行车

(1)雾天行车应当开启雾灯、危险报警闪光灯、前照灯、示廓灯和后位灯,利用灯光来提高能见度;但同方向行驶的后车与前车近距离行驶时,不得使用远光灯。

(2)雾天行车应当尽量低速行驶,根据雾的大小和视距情况选择适当车速,能见度在50m以内时,行驶速度不得超过30km/h。

(3)雾天行车要与前车保持足够的安全距离,尽量在车道中间行驶,不得骑、轧或越过中心线行驶,也不要沿着路边行驶,不可超车。在超越路边停放的车辆时,要注意道路左侧的交通情况,勤鸣喇叭,做好随时停车的准备。

(4)雾较大时,可使用刮水器以改善观察条件;能见度极低时,应当及时选择适当地点临时停车,开启雾灯、危险报警闪光灯、前照灯、示廓灯和后位灯,待大雾消散或能见度有了改善后,再继续行驶。

(四)炎热天气行车

(1)炎热天气出车前,要注意休息,保证足够的睡眠,尽量利用早晚或天气凉爽时行车;要对车辆进行安全检查,确保车辆不缺冷却液、机油,风扇皮带松紧合适,轮胎气压正常,并按规定对蓄电池进行维护。

(2)炎热天气长时间行驶时,要随时观察仪表板,如果冷却液温度报警灯亮必须立即停车检查,确认冷却液温度是否过高,检查冷却液是否足够,超过正常温度应当及时采取降温措施,以防发动机温度过高。

(3)发动机温度过高时应当按如下方法检查、降温:

①选择阴凉处停车,打开发动机罩,以利通风散热。

②确认冷却系统不处于"开锅"状态后,再用毛巾捂住散热器盖将其慢慢打开,防止散热器中蒸汽、沸水溢出造成烫伤。

③加注冷却液。

④检查百叶窗的开度大小及风扇皮带的松紧程度。

(4)发现轮胎温度、轮胎压力过高时,应当选择阴凉处停息,让其自然恢复正常;不可采取放气或泼冷水的方法降温、降压;若要泼水,须在车胎降温后进行。

(5)炎热天气行驶过程中,如感到视线模糊、反应迟钝或产生睡意时,应当立即寻找安全位置停车休息,及时消除疲劳。

(五)冰雪路行车

(1)冰雪天出车前,要清理车窗玻璃上的积雪,擦拭后视镜和转向灯,检查刮水器是否工作正常。

(2)冰雪路上行驶时,控制方向要平稳,不可猛打猛回;尽量保持车辆直线行驶,最好选择其他车辆的行驶车辙缓慢行驶;行驶速度不得超过30km/h;严禁空挡滑行,切忌紧急制动。

(3)冰雪路上转弯时,要降低车速防止侧滑,在不妨碍对方车辆行驶的前提下,尽量增大转弯半径。

(4)冰雪路上会车时,应当选择宽阔平坦的地点,不得过于靠路边,注意保持适当的横向车间距,必要时停车让行,切不可硬挤抢行。

(5)冰雪路上遇上坡时,要提前减挡,尽可能匀速上坡,中途最好不换挡、不停车;不得已停车后,要特别认真对待起步的问题,充分准备,一次成功。

(6)冰雪路上遇下坡时,应当将变速器挂入较低挡位,充分利用发动机制动控制车速,还需减速时,应当反复轻踩制动踏板。

(7)通过结冰的河面时,必须是在当地认为可以安全通行车辆的季节里,并根据本车总质量的大小事先认真勘察冰层厚度和质量,必要时铺垫杂物,确保安全一次通过。

(8)当积雪厚度超过车轴高度时,不得继续行驶;遇到旋风卷成的雪堆,应当清除后再前进,不可贸然驶入。

(六)涉水行车

(1)涉水前,必须仔细查看水的深度、流速和水底性质,以及进、出水域的宽窄和道路情况。若水深超过车辆的最大涉水深度,即高于排气管,应当另找出路,不可冒险涉水。

(2)摸清涉水路线后,在保证发动机运转正常、转向和制动系统工作可靠的情况下,用低速挡平稳驶入水中并缓缓行进,防止发动机熄火。

(3)涉水行驶中,要看远顾近,尽量注视远处的固定目标,双手握住转向盘正直前进,不要注视水流,以防因视觉上判断错误而导致行驶方向的偏移;要稳住加速踏板,保持车辆有足够而稳定的动力,一气通过,尽量避免中途停车、换挡或急转弯。

(4)若遇水底有流沙、车轮打滑空转时,应当立即停车,不可勉强进退,更不可半联动地猛踩加速踏板;应当在保持发动机不熄火的情况下,组织人力或其他车辆将车推、拖出来。

(5)多车涉水时,绝不可同时下水,应当待前车到达彼岸后,后面的车才可下水,以防前车因故障停车,迫使后车也停在水中,导致进退两难。

(6)涉水后,应当选择宽阔安全的地点停车;重新起动发动机,确认车辆技术状况良好后,低速行驶一段距离,并有意识地轻踩几次制动踏板,以蒸发制动器中的水分,促使制动器尽快恢复最佳状态,正常行驶。

(七)山区道路行车

(1)进入山区前,应当了解山区的气象状况,做好充足的物品准备;认真检查车辆的转向、制动、车轮及传动部分等,确保车辆的技术状况良好。

(2)进入山区行驶时,对山区的特殊性要有预见和分析能力,对道路交通情况的判断要准确,应当保持较大的跟车距离;转向盘的转动与回转时机要适当,换挡动作要及时、迅速;注意各种交通标志,以适时采取相应的安全措施。

(3)通过山路弯道时,转弯前应当减速,避免转弯时换挡,以便于双手把稳转向盘;在适当鸣喇叭的同时,注意观察弯道前方情况,做好随时停车的准备。

(4)通过傍山险路时,要集中精力,在确认对方无来车时,可选择道路中间或靠山的一侧谨慎驾驶;行驶中应当多鸣喇叭,随时注意对方来车和路旁情况;窄路遇有对方来车,应当选择安全地点会车,不靠山体的一方先行。

(5)通过危险路段时,要认真观察,若前方路面有散乱的大小石块、泥块或土堆,则可能是塌方和滑坡,必须选择安全位置停车,待险情排除或确认可以安全通过时,尽快通过;若前方突然坍塌,应当立即停车并倒车至安全地点;若险情发生在车后,或突然感到车上或车旁有重物撞击,切勿停车查看,应当加速冲过险区,选择安全地点停车处理。

八、紧急情况下汽车安全操作

(一)车轮爆胎

(1)车辆后轮发生爆胎时,双手握紧转向盘,反复轻踩制动踏板,保持车辆在车道内行驶,慢慢地将车辆驶到路边安全的地方停下,并开启危险报警闪光灯。

(2)车辆前轮发生爆胎时,应当双手用力控制转向盘,松抬加速踏板,尽可能保持车辆在车道内行驶,并迅速从高速挡换至低速挡,充分利用发动机制动减速。同时,尽早开启危险报警闪光灯。前轮发生爆胎特别要注意的是:当发动机牵阻作用尚未控制住车速前,不要冒险使用行车制动器停车,以避免车辆横甩发生更大的险情。

(3)一般道路上发生爆胎后,按照以下步骤更换轮胎:

①将车辆停在坚实且没有油污、积水的水平地面上,既不要妨碍其他车辆行驶,还要保证更换轮胎时的人身安全。

②采取驻车制动。

③开启危险报警闪光灯,并在车后50~100m处设置警告标志。

④使用专用扳手稍微松动轮胎螺栓。

⑤将千斤顶放在举升点顶起车辆。

⑥拧下要更换轮胎的螺栓,换上轮胎后用专用扳手尽量拧紧螺栓。

⑦将车轮落地后,继续以最大力矩拧紧轮胎的固定螺栓。

⑧收好换下的轮胎、工具和千斤顶。

(二)转向失控

(1)发现转向失控时,切不可慌乱,在空间和时间允许的条件下,应当立即松抬加速踏板,将变速器操纵杆置于低速挡,均匀而有力地拉起驻车制动器操纵杆,当车速明显下降时,踏下制动踏板,使汽车逐渐停止。在采取上述措施的同时,须向其他车辆的驾驶人和行人信号示警,如:开启危险报警闪光灯、近照灯、鸣喇叭等。

(2)转向失控时,除非在不得已的情况下,尽量不要使用紧急制动,尤其在高速公路上。

(3)对于装有动力转向的车辆,若在行驶过程中突然发现转向很困难,要用力控制转向盘,谨慎驾驶,降速前进,到适当的地点修车,排除故障后再行车。

(三)制动失灵

(1)车辆行驶过程中,一旦发生制动失灵,不要惊慌失措,应当根据现场的情况采取积极有效的措施,要掌握"先避人,后避物"的原则,尽量迫使车辆安全停下;同时,迅速开启危险报警闪光灯,并鸣喇叭警示其他过往车辆。

(2)在平坦道路上行驶中发生制动失灵,应当迅速从高速挡换至低速挡,充分利用发动机制动减速,并使用驻车制动进一步减速,甚至可以熄火减速,最后采取驻车制动将车辆停住。

(3)在下坡行驶中发生制动失灵,可以用在平坦道路上的应急方法使车辆减速并停车;如果实在无法将车停住,而情况又非常危急,只有选择路旁的围栏或障碍物,把车开上无人的一边,利用撞蹭使车辆减速。

(4)在进入弯道或转弯之前制动失灵,应当迅速从高速挡换至低速挡,可以视情况决定是否使用驻车制动,一定要使车速在进弯之前降下来;为防止转弯过程中车轮抱死发生侧滑,进入弯道时可适当放松驻车制动,然后再转动转向盘。

(5)在高速公路上行驶中发生制动失灵,应当立即开启危险报警闪光灯,并松开加速踏板,及时向右侧路肩或应急车道变道;车辆进入右侧路肩或应急车道后,将变速器逐级减挡,利用发动机制动减速;在车速低于30km/h后,采取驻车制动将车辆停住。

(四)车辆火灾

(1)一旦发生车辆火灾,必须沉着镇定,立即报警,在确保自身安全的情况下迅速采取措施,及时扑救。

(2)发生车辆火灾时,应当视当时条件设法迅速扑救,如:用随车灭火器灭火;用沙土掩盖火焰;用大衣、棉被、篷布等物扑盖火焰。在用沙土灭火时,宜将沙土撒在火焰的周围,逐步包围火焰中心,使火焰熄灭。切忌用水灭火。

(3)发动机着火时,应当立即切断电源,迅速停车,打开车门下车,取出随车灭火器,对准着火部位的火焰及根部正面猛喷;同时,要尽力保护驾驶室、油箱和车厢等处,阻止火势向这些部位蔓延。

(4)车厢货物着火时,应当将车辆驶离重点要害场所后停车,取出随车灭火器进行扑救;如火势已蔓延到整个车辆,应当首先扑灭油箱所在部位的火焰,防止油箱爆炸,再扑灭其他部位的火焰。

(5)加油过程中着火时,应当立即停止加油,迅速将车辆驶离加油站(库),利用随车灭火器、衣物等将油箱上的火焰扑灭;如火势太大,加油站工作人员应当利用油库大型灭火器材灭火。

(6)撞车、翻车起火时,首先应当抢救伤员,再视情况对车辆进行灭火;如果火势危及周围民房、电线,应当迅速隔离火场,防止火焰蔓延。

(7)停车着火时,应当视着火车辆位置,采取扑救措施,疏散附近车辆。

(8)客车着火时,由于车上人多,要特别冷静果断,以最快速度疏散乘客,并视着火的具体部位确定逃生和扑救方法。如果是发动机着火,切忌立即打开发动机罩灭火,首先应当打开所有车门,让乘客从车门下车,然后再组织扑救;如果火焰封住了车门,可用衣物蒙住头部从车门处冲出去;如果车上线路被烧坏,车门打不开,乘客可从就近的窗户下车;如果车窗是不可开启式,用客车配备的专用手锤击碎玻璃或从安全门下车。

(9)高速公路上发生车辆火灾时,要尽一切可能将车辆停放在右侧路肩或应急车道上,并尽可能早地切断油路;要尽快设法使乘客和驾驶人离开车辆;灭火的同时要做好油箱的防爆工作。

(五)车辆侧滑

(1)车辆发生侧滑时,最重要的是要轻缓地驾驶车辆,切勿作出过分反应;在松抬加速踏板的同时,顺着车轮侧滑的方向转动转向盘,以减小侧滑力,使车轮恢复正常运动状态。

(2)因制动引起车辆侧滑时,应当立刻解除制动,但若此时的路况又须制动减速时,可反复轻踩制动踏板,以达到减速的目的。

(3)转弯时车辆出现侧滑,应当把稳转向盘,逐渐松抬加速踏板,不可制动或变挡,立刻向车轮侧滑的方向轻打方向,以减小侧滑力,制止车辆继续侧滑。

(六)车辆侧翻

(1)如果车辆不可避免地要倾翻时,应当握紧转向盘,两脚勾住踏板,借以固定身体,随着车体一起翻转。

(2)如果被甩出车外时,应当在被抛出的瞬间,猛蹬双腿,增加向外抛出的力量;落地时,用双手抱头顺势滚动一段距离,躲开车体。

(3)车辆倾翻或半倾翻后,应当迅速熄火,及时卸下蓄电池,以防短路、搭铁起火,并可根据需要放尽油箱内的燃油,防止引起火灾。

第五节　教学设施设备知识

一、多媒体教学软件使用

多媒体是综合计算机、图像处理、教育学等众多学科与技术的一门综合性技术,集文字、图形、图像、声音和动画等多种信息于一体,能充分调动学员的视觉和听觉感官。多媒体教学指在驾驶培训过程中,教练员根据教学目标和教学内容,通过教学设计,合理选择和运用现代化的教学设备,并与传统的教学手段有机结合,共同参与教学的全过程,以多种媒体信息作用于学员,形成合理的教学过程结构,达到最优化的教学效果。

(一)录像教学

1. 录像教学的特点

录像是指根据教学内容和教学目标的需要设置某些场景,利用摄像设备录制下来,并配以相应的解说,从而形成兼具视觉信息和听觉信息的教学素材,如图2-5-1所示。教学过程中,教练员通过录像机或大屏幕投影仪等,向学员展现符合本次教学项目的录像,帮助学员理解和掌握该部分的知识。例如,在讲授道路交通安全知识的同时,播放相关的教学录像,促进学员安全意识的培养。

图2-5-1　录像教学

录像教学能够直观、真实地向学员解读某个教学主题,通常具有如下特点:

(1)教学内容具有真实性。录像通常反映真实的场景,不包含夸张的成分,学员在观看教学片的过程中,会有一种身临其境的感觉,从而激发学员的学习兴趣,提高他们的理解力。

(2)教学的风格统一。录像的教学场景、解说语气和速度等在制作过程就已经确定,在教学过程中始终保持统一,从而完全可以克服因教练员教学风格、教学能力的差异所带来的不同教学效果的问题。

(3)教学具有重复性。录像能够被重复使用,因此,学员不易理解的地方,教练员可以有针对性地重复播放。

2. 录像教学在驾驶培训中的应用

录像教学主要用来警示学员树立遵章守法的意识,或者根据某个教学主题,讲授安全驾驶的理论知识。例如,《教学大纲》第一阶段理论知识的"道路交通安全法律、法规和规章"、"机动车基本知识"以及第三阶段理论知识的"安全、文明驾驶"、"恶劣气象和复杂道路条件下的安全驾驶"。教练员运用录像教学时,有以下几方面的注意事项:

(1)选择的录像素材要符合教学内容和教学目标。在每次训练前,教练员都会准备教学内容和教学目标。教练员需要对录像材料进行合理的选择,以在短时间内达到教学目标。

(2)选择播放录像的合适时机。教练员掌握合适的播放时机,会达到更好的效果。对某个问题带有探讨性的录像片段,适宜在刚开始上课就给学员播放,引出本次教学的上题;对某种现象带有解释性的录像片段,则适宜在教练员对该问题有一定的分析后再播放,让学员更容易理解;对教学内容带有总结性的录像片段,则适宜在本次课即将结束时播放,以加深学员的印象。

(3)录像片断的连续播放时间不宜过长。通常来说,人专注于某一事物的时间比较短,几分钟之后,人的眼睛会开始寻求新的目标。因此,录像片断的连续播放时间过长,学员容易注意力不集中。

(4)对录像作适当的讲评。虽然很多录像配有专业的解说,但是,需要突出的地方,教练员还是应当作适当的讲解,以突出教学的重点、难点。播放结束后,尤其是较长的录像片段播放结束后,教练员应当作简单的总结,以加深学员的印象。

(二)动画模拟教学

动画模拟教学是指在教学过程中,利用动画模拟软件来表现某个主题或者解释某种现象,如图2-5-2所示。它能够增强教学的生动性、趣味性,提高学员学习的兴趣,从而达到良好的教学效果。

图2-5-2　动画表现交通事故发生过程

1. 动画模拟教学的特点

计算机技术的快速发展,为制作二维动画软件来模拟真实场景提供了技术基础。根据模拟对象的不同,动画模拟也有不同的类型。例如,模拟真实的交通场景或者模拟汽车某总成的工作原理等。

动画模拟应用于教学具有以下几方面的特点:

(1)教学内容直观。三维动画不仅可以模仿简单的交通场景,而且还能够将比较复杂、通常难以捕捉的交通状况非常直观、形象地表现出来。

(2)教学过程生动、有趣。三维动画中的元素表现形式灵活多样,整体风格比较活泼,视觉效果好,容易吸引学员的注意力,从而可以调节严肃的课堂气氛,使教学变得更加生动有趣。

(3)教学更具互动性。动画模拟软件不仅能对交通场景进行简单模拟,还能够提供对交通参与者行为正确或错误的自动判断功能。教练员可以让学员参与到模拟过程中,检验学员对教学内容的理解和应用程度,并通过互动教学的方式,强化学员的印象,增强学员对教学内容的理解和掌握。

(4)教学更为灵活。三维动画软件可以通过编程,非常方便地提供大量的典型交通场景案例,如交叉路口交通冲突的解决、通过环岛的正确驾驶等,而且,在案例中可以从不同交通参与者的角度来观察目前的交通状况,培养学员观察、分析和解决问题的能力。

2. 动画模拟教学在驾驶培训中的应用

动画模拟教学主要用来将比较复杂、通常难以捕捉的交通场景,直观、形象地表现出来,如第一阶段理论部分的"车辆总体构造",第二阶段理论部分的"优先通行权与礼让"等教学项目。动画模拟教学可以使教学变得更加生动有趣,但是教练员需要注意以下几方面的问题:

(1)模拟演示的时间分配不宜过多,能说明主题即可。动画模拟交通场景时,往往忽略了很多次要的因素,从而与现实情况之间存在着差异。适当的演示可以提高教学的直观性、生动性,提高学员学习的效率。但是,过多的动画演示又会使教学偏离实际,难以达到教学目标,完成教学任务。

(2)针对演示的内容及时做出解释。动画的表现生动活泼,有时还略带夸张,因此,需要教练员对演示的内容及时做出解释。一方面,突出教学的重点、难点;另一方面,加强学员对知识的理解。

(3)增强学员的参与意识。动画模拟教学可以提高学员学习的兴趣,但更重要的是培养学员学习的主动性,提高教学互动性。因此,教练员要提醒学员不仅是观看,更多的是要参与到教学活动中来。

(三)多媒体课件教学

1. 多媒体课件教学的特点

多媒体课件是以计算机、多媒体等技术为基础,课件教学具有以下几方面的特点:

(1)课件中只需体现纲要性的内容。多媒体课件在制作过程中,要根据教学内容和教学目标,明确教学主线,把教学的重点、难点体现出来。在教学过程中,需要教练员熟悉教学内容,能根据提纲进行内容的扩展,教学主题和层次性非常清晰。

(2)不受听课人数的限制。利用投影仪把多媒体课件投放至投影幕上,即使是在学员众多的情况下,教练员的授课效果也不会受到影响。

(3)信息资源广泛。多媒体课件能够集成文字、图形、图像、动画和视频等多种媒体信息,具有强烈的视觉效果,使学员的抽象思维与形象思维有机地结合起来,增强学员学习的兴趣。丰富的信息资源在扩大教学知识信息量的同时,还能明显地提高教学效率,产生良好的教学效果。图 2-5-3 所示为多媒体教学现场。

图 2-5-3　多媒体课堂教学

2. 多媒体课件教学在驾驶培训中的应用

在理论授课中,课堂演示型多媒体课件教学应用非常广泛,教学大纲四个阶段的理论教学项目均可运用该种方法。教练员在制作课件、选择课件和运用课件教学时,有以下几方面的注意事项:

(1)教学课件应当围绕教学内容和教学目标。教学课件是教练员授课的提纲和导向,如果与教学内容和教学目标有偏差,往往易使教练员偏离方向。

(2)课件应当有明确的主线。课件内容由表及里,便于学员对知识体系进行归类,使学员自如地掌握纵横线索,增强学员的问题意识,提高解决问题的能力,培养学员善于思考、善于设计以及高度概括的能力。

(3)适当插入图形、图像和动画等媒体信息,使授课形式新颖、活泼和形象。例如,教练员在讲授道路交通安全法规时,可以在教学课件中插入利用数码照相机等工具采集的真实道路交通事故图片,或插入预先录制的一段录像。

二、教学磁板教学

教学磁板是一种集道路交通背景、交通参与者、交通标志标线、交通信号灯和警察等各种交通元素于一体,可根据教练员教学的需要,灵活组建各种具体交通场景的软件,如图2-5-4所示。教学磁板可以通过各种交通元素的灵活组合,搭建出教学需要的交通场景,从而使驾驶培训教学更加直观、灵活和互动。

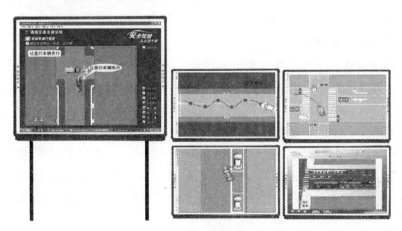

图2-5-4 教学磁板教学

(一)教学磁板的特点

教学磁板教学属情景模拟教学的范畴,通过情景融合、交通元素的灵活组合以及教练员与学员之间的互动,来帮助学员建立印象模式,主要有以下几方面的特点。

1. 交通元素全面、场景组建灵活

道路交通场景不外乎由人、车、路和环境四要素组成,而教学磁板内设了各种典型的交通参与者,符合国家标准的全部道路交通标志标线以及各种道路交通背景,因此,教练员可以利用磁板软件所包含的交通元素灵活地组建交通场景。

2.教练员与学员间的互动性强

教学过程中,教练员配置好交通场景后,可以针对该场景设置各种问题,和学员共同探讨正确的驾驶行为方式,并通过交通元素位置的灵活变化,模拟出各种交通行为的后果,增强学员对知识的理解能力和知识的应用能力,提高学员学习的主动性,克服"灌输式"教学导致的枯燥感。

3.教学内容直观、生动

交通场景,尤其是复杂的城市交通场景,教练员很难单纯地用语言解释清楚。因此,教练员可以借助画面演示等直观、逼真的方式,帮助学员加深理解。例如,教练员进行"弯道和曲线驾驶"教学时,可以借助教学磁板给学员分析车辆在弯道的受力情况、弯道行驶时的潜在危险和提前减速行驶的必要性等。

4.教学素材多样

教学磁板除了能利用已有的交通元素灵活地组建各种交通场景外,还有助于教练员对教学素材的拓展。教学磁板能够保存教练员自行搜集的教学背景图片,以增强教学磁板的地区适应性和教学的灵活性。

5.操作简便

教学磁板的界面整洁,教练员操作时,更多的是采用点击或拖曳图标的方式,针对相对难以理解的功能有详尽的操作指导。因此,能否很好地利用教学磁板来组织教学,关键在于教练员对驾驶培训专业知识的掌握程度高低,在于教练员组织的教学场景与教学内容是否更加专业和贴近实际,而在计算机技术方面对教练员没有特殊的要求。

(二)教学磁板的使用方法

1.组建交通场景

组建交通场景是教练员利用教学磁板实施教学的基础。教学磁板布置了许多典型的交通场景,教练员可以通过调用来直接组建。但是,教练员必须掌握如何自行组建交通场景,增加教学的灵活性。组建交通场景的步骤如下。

(1)根据教学主题选择交通背景。教练员每次上课均有一个教学主题和教学目标,教学内容应当围绕该主题和目标服务,因此,教练员选择交通背景时,要考虑是否能够满足教学主题和教学目标的需要。例如,在准备进行"优先通行权与礼让"授课时,教练员可以选择十字交叉路口或环形交叉路口的交通背景。

(2)正确添加交通信号灯和交通标志标线。交通信号灯和交通标志标线是道路交通规则的重要载体,给交通参与者科学地分配通行权,使他们有秩序地顺利通行。但是,不是所有区域都必须有交通信号灯和交通标志标线。因此,教练员有必要根据教学的需要,为所选择的交通背景正确地布置交通信号灯和交通标志标线。

(3)添加合适的交通参与者。交通参与者是道路交通的主体,包括各种行人、非机动车和机动车。教学磁板包括了各种典型的交通参与者。教练员添加交通参与者时,应当根据教学的需要来考虑选用交通参与者的类型、数量、位置和他们的交通行为等。

(4)标识交通参与者的交通行为。交通事故的发生往往源于交通冲突的存在,因此,教练员需要培训学员具有正确判断和处理交通冲突的能力。交通冲突通常是由于交通参与者之间交通行为的交错引起的,在对交通场景进行分析时,教练员可以利用教学磁板的绘画和书写功能标识出有关交通参与者的交通行为。

2. 更换交通场景

交通场景组建好后,教练员就可以开始对交通场景进行分析。但是在教学过程中,常常因模拟交通参与者的交通行为的结果或者根据学员的设问变换新的交通场景等,需要对交通场景进行调整。

1)交通场景的局部调整方法

教学过程中,教练员往往需要添加新的交通参与者或者去除某些交通标志等。对于添加新的交通元素,教练员可以按照组建交通场景的方法进行。而对于去除某些交通元素,教练员则可以利用教学磁板提供的"垃圾箱"功能。

2)交通场景的整体变更

教练员常常为某教学主题准备了多个交通场景,解释完一个交通场景后,需要及时地变换到下一个交通场景去,这就存在对交通场景更新的问题。对此,教练员可以利用教学磁板提供的"文件下载"功能。

3. 扩展教学素材

教学素材的可扩展性为教学磁板教学增添了"新的生机",使得教学磁板的应用不受地域的限制,应用更加广泛。当然,要实现这项功能,需要驾驶培训机构或教练员备有数码照相机或摄像机。

4. 与其他设备的组合

现代化教学手段更多地强调多种设备之间的组合运用,以达到更好的效果,对于教学磁板来说,也是一样。教学磁板在计算机中运行,并通过投影仪投放到互动白板上,教练员可以用手的操作替代鼠标的操作,使教学变得更加简单而有趣。

(三)教学磁板教学在驾驶培训中的应用

教学磁板起到"教学平台"的作用,可以方便教练员再现学员培训场景,便于讲评和学员的理解,主要用于讲解交通场景的教学项目。在教学过程中,教练员需要注意以下几方面的问题。

1. 精心准备教学场景

组建教学场景应当为教学内容和教学目标服务,恰当的教学场景可以帮助教练员取得非常好的教学效果,因此,在上课前,教练员应当围绕教学主题设计好场景,以期在较短的时间内完全教学任务,达到教学目标。

2. 提前设计教学场景的变换程序

为了详细地说明某个问题,教练员需要围绕教学主题设计各种问题,从而牵涉教学场景的变更。教练员需要根据各种问题,合理地安排教学场景中各元素的变换方法和变换的顺序,从而可以很好地控制教学的过程。

3. 让学员积极参与,增强教学的互动

让学员主动参与教学,而不是被动地接受,可以产生良好的教学效果。因此,教练员应当充分利用教学磁板,增强教练员与学员之间的互动性。

三、驾驶模拟器教学

驾驶模拟器教学能够弥补客观条件的不足,增强教学的安全性,节约能源和提高培训的效率。因此,教练员有必要掌握驾驶模拟器教学的方法。

(一)驾驶模拟器的基本常识

驾驶模拟器是一种具有汽车驾驶操作功能的教学仿真装置,一般由驾驶模拟座舱和视景系统组成。驾驶模拟座舱由汽车驾驶操纵机件、仪表、座椅、后视镜、安全带等实物或仿真件组成,具有与所模拟的汽车驾驶室驾驶操作工位相似的空间,供学员学习和训练,如图2-5-5所示。视景系统由视景软件、播放器及显示部件组成,具有模拟汽车驾驶场景的功能。

图 2-5-5　驾驶模拟器教学

驾驶模拟器按照视景系统呈现方式的不可分为互动和非互动两种类型,分别具有不同的特点,见表2-5-1。

驾驶模拟器的分类　　　　　　　　　　　表 2-5-1

分　类	视景系统的表现方式	基 本 特 点
非互动型	视景显示不随模拟驾驶操作变动	具有座舱和独立显示用于引导汽车驾驶操作的视景系统; 有受离合器踏板控制的挡位锁止机构; 操纵机件的相对位置与所模拟的汽车一致,操纵机件的操纵力度接近所模拟的汽车
互动型	视景显示跟随模拟驾驶操作变动	具有座舱和互动的视景系统; 具有错误驾驶操作记录和提示功能,能再现学员的操作过程,以利于分析学员的操作情况; 操纵机件的相对位置与所模拟的汽车一致,操纵机件的操纵力度接近所模拟的汽车或与所模拟的汽车一致

(二)驾驶模拟器教学的特点

驾驶模拟器教学通过模拟各种道路场景,在视觉、听觉和操作感觉上为学员提供一种实际操作训练的仿真环境,能够训练和提高学员基本的驾驶操作技能和心智技能,具有以下几方面的特点。

1. 克服了实际操作训练的局限性

由于地域、培训时间、培训场地等客观原因,对于教学大纲第四阶段的"恶劣条件下的驾驶"、"山区道路驾驶"等特殊交通环境下的教学项目,教练员很难在实际训练中进行组织,因而,可以采用驾驶模拟器来对学员进行模拟训练,克服实际训练存在的局限性,达到教学目标。

2. 节约能源,降低培训的成本

学员在进行规范操作训练时,如果采用实车反复练习,对车的磨损大,而且浪费燃料,驾驶模拟器训练则可克服这些问题。此外,教学大纲的四个阶段中,共有10个学时可实施驾驶模拟器教学,若按过去使用教练车训练,每小时行驶30km,平均百公里油耗20L计算(含大车和小车)。如果使用驾驶模拟器教学,平均每个学员完成学习可节约燃油60L,2005年全国培训510万名驾驶人,可节约3亿多升燃油。随着汽车保有量的迅速增长,参加培训的人数会持续上升,因而,驾驶模拟器教学带来的社会效益非常可观。

3. 提高培训的效率

培训初期利用实车进行静态下的规范操作训练,学员会有紧张感,错误操作多,心理适应能力差,从而降低训练的效率。而采用驾驶模拟器训练,学员心情比较放松,学习动作快,因此,采取驾驶模拟器训练与实际操作训练相结合的培训模式,能提高学员培训的效率。

4. 提高教学的安全性

驾驶培训过程中,因学员的驾驶操作技能还不熟练,而且缺乏安全驾驶经验,因此,教学存在很大的风险。在实际道路上进行驾驶训练时,路况较复杂,学员常常比较紧张易发生操作失误,可能会导致严重的后果,甚至造成重大交通事故。驾驶模拟器容许学员操作失误,一旦出现事故,可以中止,重新开始。

(三)驾驶模拟器教学在驾驶培训中的应用

驾驶模拟器主要用于学员培训初期的规范操作训练以及实际操作训练难以组织的特殊道路交通环境训练等,例如,《教学大纲》第二阶段实际操作部分、第三阶段实际操作等。教练员在利用驾驶模拟器教学时,需要注意以下几方面的问题。

1. 分阶段运用模拟器训练

驾驶培训是一个从掌握基本操作动作到驾驶技能的熟练和巩固的过程,驾驶模拟器上要用于学员的基本操作技能和特殊交通环境下的安全驾驶训练,因此,教练员需要根据驾驶人培训教学大纲,分阶段,有针对性地运用驾驶模拟器进行教学。

2. 引导学员端正训练态度

驾驶模拟器教学是一种模拟性训练,学员在训练过程中出现操作失误也不会发生危险,因而学员在思想上会比较放松,甚至有的学员完全把训练当成游戏,而忽视训练的目的。因此,教练员需要引导学员在训练过程中端正训练态度,认真对待。尤其是对于互动型驾驶模拟器,学员要能够根据反馈的结果,及时调整自己的驾驶行为。

3. 及时纠正学员的错误

学员能够及时了解和纠正出现的错误,驾驶技能训练的进步会很快。非互动型驾驶模拟器不能为学员提供操作的错误提示,因此,教练员需要了解学员的训练情况,并对学员所犯的错误进行及时的纠正。互动型驾驶模拟器虽然能够提供错误操作提示和操作记录,但是学员并不一定能马上认识和纠正,因此,还需要教练员及时指导,及时指出学员的错误。

4. 对训练结果讲评

每次训练结束后,教练员应当向学员做训练情况的讲评,让学员了解训练的难点和容易出现的错误等,激发学员纠正错误的内在动力。非互动型驾驶模拟器不能提供错误操作记录,因此,教练员需要在教学过程中对学员容易出现的错误驾驶行为进行统计,作为讲评的依据。

四、机动车驾驶教练场知识

根据机动车教练场技术要求(JT/T 434—2000)机动车教练场是为培训机动车驾驶人提供专用训练场地、配套设施设备和实施训练的场所。图 2-5-6 所示为机动车教练场设计图样。

图 2-5-6 机动车教练场设计图样

(一)场地规模条件

(1)教练场的训练场地建设规模应该根据预定的训练规模确定,最小训练规模应该达到训练车辆总数不少于 50 辆。

(2)训练平场。训练平场应该满足容纳训练车辆总数的 1/4 车辆同时进行基础训练和场地式样驾驶训练的要求,总面积根据单车平场训练面积和训练车辆数按下式计算:

$$S_1 = \sum 1/4 m_i n_i$$

式中:S_1——训练平场总面积,m^2;

m_i——单车平场训练面积,大型车取值 $750 m^2/车$,小型车取值 $400 m^2/车$;

n_i——大型、小型训练车辆总数。

(3)训练道路。训练道路应满足容纳训练车辆总数的 3/4 车辆同时进行道路训练的要求,单车道总长度根据训练车辆平均间距和训练车辆数按下式计算:

$$L = 3/4 dn$$

式中:L——训练道路单车道总长度,m^2;

d——训练车辆平均间距,取值100m/车;

n——训练车辆总数。

训练道路总面积根据训练道路单车道宽度和总长度按下式计算:

$$S_2 = bL = 3/4bdn$$

式中:S_2——训练道路总面积,m^2;

b——单车道宽度,m。

(4)停车场。停车场应该满足全部训练车辆同时停放的要求,总面积根据单车停占面积和训练车辆总数按下式计算:

$$S_3 = cn$$

式中 S_3——停车场总面积,m^2;

c——单车停占面积,取值不少于25m^2/年。

(5)训练场地。训练场地的建筑面积为训练平场总面积、训练道路总面积和停车场总面积之和。

$$S_j = S_1 + S_2 + S_3$$

式中:S_j——训练场地建筑面积,m^2。

(二)场地设施、设备条件

1. 训练平场

训练平场要求路面平实、平整,其中沥青或混凝土铺设面积不少于60%,根据训练和场地情况可以分块设置。

2. 训练道路

训练道路按 JTJ 001 的规定建设,训练科目循环路段的路基和路面按四级公路、单车道建设,行车道宽度不小于3.5m,循环路线网的路基和路面按三级公路、双车道建设,行车道宽度不小于6m。训练道路应该充分利用地形,形成多种复杂的路型、路况。

3. 训练场地

训练场地应该依照 GB 5768 的要求,根据实际情况设置道路交通标志、标线和信号。

4. 停车场

教练场应该为每一租用场地单位提供一块独立的停车场。停车场应该尽量靠近办公区和汽车维修车间,停车场要求压实、平整,铺设沥青、混凝土。根据训练和场地情况可以分块设置。

5. 场地设备

场地设备,见表2-5-2。

场 地 主 要 设 备　　　　　　　　　　表2-5-2

设备名称	说　明	设备名称	说　明
交通标准牌	按道路情况设置	桩杆、桩头	按需配备
交通信号灯	至少两套	路障栏、路障堆	按需配备
科目设置牌	按需设置	画线滚筒	按需配备

6. 办公、教学和生活设施

教练场应该按照开办驾校的有关规定配有相应的办公、教学和生活用房,为租用者提供相应的食堂、寄宿生宿舍、学员休息室等设施。

7. 维护服务设施

教练场应该配备与其训练规模相适应的汽车维修车间、加油站(或加油车)、车辆外部清洗等设备。

8. 安全条件

(1)教练场应该有围墙或利用天然屏障封闭,除有专人看守的通行口外,车辆、行人与外界不能通行。

(2)训练区与公务、生活区之间应该有分隔设施,除有专人看守的通行口外,车辆不能通行。

(3)教练场应该配备消防设施、设备。

(4)教练场应该配备紧急救护药品和设备。

9. 环境条件

在教学区、生活区、训练道路两侧及场区空地中应该进行植树绿化。

五、其他教学设施设备使用

除了前面介绍的几种教学手段外,驾驶培训过程中还有一些被广泛应用的教学手段,例如教练车、教学挂图和教学模具等。实车教学是培养学员全面掌握汽车驾驶技能的根本途径。教学模具和教学挂图能够直观地表现车辆的总成结构和工作原理等,使学员加深对驾驶知识的理解。虽然多媒体教学、教学磁板教学等现代化教学手段逐渐被广泛应用,但是并不能完全取代这些相对传统的教学手段。

(一)实车教学

1. 实车教学的特点

学员参加驾驶培训的目的是学习安全驾驶车辆的技能,通过相关的考试,并能够独立驾驶车辆。实车教学使学员利用真实的驾驶体验,学习和掌握汽车驾驶技能,因此,实车教学是驾驶培训过程中必不可少的一个环节。实车教学通常有以下几方面的特点:

(1)训练真实。实车教学是学员学习驾驶的一种真实的体验。学员在实车教学过程中,直接面对真实的交通场景,学员的驾驶行为与周边的交通状况紧密联系,相互影响。

(2)学员的操作结果反馈及时。学员根据周边的交通情况采取某种操作后,车辆的状态能够迅速地发生相应的变化,从而对学员刚才所采取的操作动作起到反馈的作用,作为学员采取下一步操作的信号。

(3)充分反映学员对汽车的操控能力。实车教学过程中,为了行车的安全,学员必须对各种交通情况及时采取正确的措施,因此,学员的态度认真,表现出来的驾驶行为能够充分反映学员对汽车的操控能力。

(4)教学过程存在一定的风险。实车教学使学员面对真实的交通场景,因学员的驾驶操作技能还不熟练,而且缺乏安全驾驶经验,常常比较紧张,容易发生操作失误而导致交通事故,因此,教学过程存在一定的风险。

2.实车教学在驾驶培训中的应用

实车训练可以应用于整个培训的实际操作训练项目,在实车教学过程中,教练员需要注意以下几方面的问题:

(1)教练车必须满足教学的要求,具备良好的安全性能。根据《机动车驾驶培训机构资格条件》(JT/T 433)标准的要求,教练车技术状况应符合 GB 7258 的要求和 JT/T 198 所规定的二级车以上技术条件,并装有副后视镜、副制动踏板、灭火器及其他安全防护装置。道路驾驶教练车还需装有副加速踏板和副离合器踏板。教练员应根据学员申请的准驾车型和学员的要求,选择合适的教练车进行教学。

(2)及时纠正学员的错误。训练过程中,学员出现错误操作时,教练员应当及时给予纠正,保证学员动作的准确性,让学员养成良好的驾驶习惯。

(3)确保教学的安全。实车教学过程存在一定的风险,因此,教练员不仅要督促学员仔细观察、集中注意力,而且还应当要求自己抱着认真的教学态度,充分利用副后视镜、副制动踏板、副加速踏板和副离合器踏板,在紧急情况下采取必要的措施,防止交通事故的发生。

(4)训练结束后及时讲评。每次训练结束后,教练员应当对学员训练的情况进行讲评,指出学员所取得的进步和仍然存在的问题,帮助学员正确地评估自己。

(二)教学模具教学

1.教学模具教学的特点

教学模具包括按照比例模仿实物结构的模型以及按照比例模拟实物工作原理的示教板。模型侧重于真实反映实物的基本结构,而示教板侧重于真实反映系统的工作原理。教学模具教学具有如下特点。

(1)教学直观形象。汽车许多零部件的结构比较复杂,教练员难以通过简单的语言描述或利用车辆零部件实物阐述清楚,例如,变速器的组成、制动系统的工作原理等。教学模型能够以剖面和透明的方式展现出实物的基本结构,示教板则利用彩色有机玻璃模型、线路流向灯光演示等方法展现出系统的工作原理,使复杂的事物变得非常直观形象,使单一的教学模式变得多样化,便于学员理解和掌握。

(2)教学内容比较真实。教学模型和示教板都是对实物或系统的真实反映,尽可能模仿实物或系统的原貌,因而在学员学习时,能增加真实感。

2.教学模具教学在驾驶培训中的应用

教学模具主要用于直观地展示车辆总成的基本结构和工作原理,例如,《教学大纲》第一阶段理论部分的"车辆总体构造"等教学项目。教练员在教学过程中需要注意以下几方面的问题:

(1)让学员带着问题观看教学模具。教学模具所模仿的实物的结构相对比较复杂,因此,教练员需要根据教学内容和教学目标,向学员提出明确的观察要求,让学员带着问题观察,增强学习的针对性。

(2)进行适当的解说。结构的复杂性增加了学员理解的难度。教学过程中,学员很难通过自己的观察为存在的问题找到满意的答案。因此,教练员需要有针对性地进行讲解,以在短时间内完成教学任务,达到预期的教学目标。

(3)注意正确的解说顺序。教练员针对模型或示教板的解说应当有合适的先后顺序,或者根据结构,由表及里;或者按照工作流程,按组成部位进行讲解。总之,解说过程中需要突出主线,便于学员理解和接受。

(三)教学挂图教学

1.教学挂图教学的特点

教学挂图是指利用图画、卡通画、实物照片或者实景照片等方式表现某一主题,按照一定尺寸制作的图纸。教学挂图利用图片加注解的方式直观地反映车辆某总成的基本组成、车辆零部件的内部结构等,使教学内容直观形象。教学挂图还可以利用略带夸张的卡通画表现某一主题,使教学内容变得生动活泼,提高学员的学习兴趣,达到学习效果。

2.教学挂图教学在驾驶培训中的应用

教学挂图要用来说明某些物件的基本结构或者表现某个抽象的主题,因此,可用于教学大纲第一阶段理论部分的"道路交通信号及其含义"、"车辆主要安全装置"等教学项目。教练员在教学过程中需要注意以下几方面的问题:

(1)根据教学内容和目标,选择合适的挂图。某些教学主题的内容可能需要多个教学挂图来表达,教练员应选择比较典型的教学挂图给学员讲解。

(2)给予适当的解说。教学挂图往往表现比较复杂或者抽象的事物,学员比较难以理解和掌握,因此,教练员需要有针对性地进行讲解,以便在短时间内完成教学任务,达到预期的教学目的。

(四)IC 计时系统

在驾驶培训教学过程中,学员培训学时不足等问题日益成为社会关注的焦点。《教学大纲》中的教学日志要求教练员和学员在每个教学阶段和教学项目后填写具体的教学学时数,双方还须签字确认。

为了反映学员真实的培训时间和对教学项目的实际掌握程度,满足《教学大纲》的要求;为了真实反映学员对教练员的满意度,对教练员的教学起到监督作用,驾校开始广泛采用 IC 计时系统,使教学日志电子化,实现对驾驶人培训的科学化、规范化和信息化的管理。IC 计时系统类型多样,下面以车载式计时系统为例,作简单的介绍。

1.IC 计时系统的组成

IC 计时系统通常由教练员 IC 卡、学员 IC 卡、车载式驾驶人培训管理器和配套的管理软件组成。

教练员和学员 IC 卡中存储有持卡人的编号、姓名和训练数据等信息。其中编号信息、姓名信息在制卡时写入,训练数据则是在教练员或学员训练过程中由驾驶人培训管理器实时写入,不仅包括训练的累计时间和累计里程数据,还包括每次训练的日期、起始时间、终止时间、教学项目、训练时间和训练里程等信息。

驾驶人培训管理器是计时系统的核心部件,安装在教练车上,在车辆行驶过程中,可实时记录车辆行驶的时间数据和里程数据。驾驶人培训管理器具有(有的以指纹方式)验证教练员和学员身份的功能,同时,只允许一名教练员进行身份验证。在学员训练过程中实时记录训练时间和训练里程信息,自动区分场地训练、道路训练、白天训练和夜间训练,可以将训练数据保存到学员的 IC 卡中,并可查询学员 IC 卡中的训练信息。

驾驶人培训管理软件和上述的硬件设备配套使用,具有完成基本资料的管理、教练员和学员信息的采集、学员培训信息的统计、分析和查询等一系列功能。此外,驾驶人培训管理软件和制卡设备可以将学员 IC 卡中的信息采集到管理部门的信息中心,以便进行行业管理。

2. IC 计时系统的应用

IC 计时系统主要用于监督和管理学员实际操作训练的情况,在每次的训练过程中,通过以下几个步骤来完成:

(1)插入教练员 IC 卡,进行身份验证,通过后,开启驾驶人培训管理器的键盘,准备本次课程训练。

(2)插入学员 IC 卡,进行身份验证,通过后,学员根据自己的训练情况,按照《教学大纲》四个阶段的训练要求,选择具体的教学项目和学时,开始本次课程训练。

(3)训练过程中,驾驶人培训管理器自动记录学员训练的时间和训练的里程等信息。

(4)训练结束后,学员输入对教练员的满意度信息,并插入学员 IC 卡,结束本次训练。

第三章　道路交通安全知识

第一节　安全意识与安全行为

一、驾驶人的安全意识及其特征

所谓安全意识是指人们对于普遍存在的安全问题和安全现象的感受及其所采取的态度的总称,是一个泛义综合的概念。它反映了人们对安全问题的心理状态,是社会意识的一种特殊形式。

驾驶人的安全意识是通过感觉、知觉、记忆、思维、想象等对现实安全准确而清醒的认识,对外在客观事物的安全状态进行正确的判断,对自己的行为有意识地进行决策和控制,使自己或他人免受伤害。驾驶人的交通安全意识主要体现在驾驶人个人的社会责任感、驾驶道德、操作技能,对道路交通法规的遵守以及交通安全知识的掌握与运用。包括善待生命、珍惜生命的健康意识;事故严重、灾害频繁的风险意识;预防为主、防范在先的超前意识;行为规范、技术优先的科学意识;时刻注意安全的警觉意识。反之,则是交通安全意识淡薄及弱化的表现。

二、交通安全意识的形成

交通安全意识主要包括社会责任意识和遵章守法意识。交通安全意识应始终贯穿在驾驶实践活动中,它包含人的心理因素、伦理道德观念以及人的认知方式和行为习惯等。

(一)驾驶学员事故风险变化规律

从驾驶学员到驾驶人的角色变换,其事故风险性也在不断发生变化。开始时,驾驶学员能够在教练员的指导下安全地驾驶。考取驾驶证后,新驾驶人能够小心谨慎地驾驶,避免危险。但随着经验的不断增加,驾驶人往往过高地估计自己的驾驶能力,不能正确认识各种交通风险,不时地扮演冒险家或炫耀者的角色,很容易引发交通事故。

(二)交通安全意识的不同境界

安全意识与个人的社会责任感、驾驶道德、操作技能、对道路交通法规的遵守以及道路安全知识的掌握与运用程度有关。其中,社会责任感是决定驾驶人安全意识的重要因素。安全意识的三种不同境界见表3-1-1。

安全意识的三种境界　　　　　　　　　　　　　　表3-1-1

境　界	特　点	原　因
初级境界	在参与交通的过程中,以不发生交通事故作为行为准则,常会出现一些违规的行为	社会责任感不强; 不具备良好的驾驶道德; 对道路交通法规的理解不足; 对交通情况的把握能力不够
中级境界	不仅注意安全行车,尽量避免交通事故的发生,而且能控制自己的行为,不影响道路交通的安全性	有一定的社会责任感; 基本具有礼让他人的文明行车意识; 对道路交通法规有一定的理解; 对交通情况有一定的把握能力; 具有高度的社会责任感
高级境界	不仅能自觉地保证道路交通的安全性和畅通性,而且能时刻从交通的全局考虑问题	具有良好的驾驶习惯和礼让他人的文明行车意识; 对道路交通法规有非常深刻的理解和运用能力; 对交通情况有很好的把握能力

（三）驾驶人交通安全意识淡薄的违章行为及其社会危害性

1. 安全意识淡薄的违章行为表现

意识决定行为,交通安全意识影响和支配着驾驶行为,交通安全意识淡薄必然起交通违章行为的发生。在现实生活中,交通安全意识淡薄的违章行为表现繁杂多样,超载、疲劳驾驶、超速行驶、无证驾驶(含内部上岗证从业资格证)、遮挡车牌、闯红灯、遇红灯绕道、转向不打转向灯、违章超车、会车违章挤道、占道、抢道、逆向行驶、开车聊天、打手机等。这些交通违规行为严重威胁着交通安全,国家交通部门对交通肇事死亡的主要原因进行统计分析,超速行驶、麻痹大意、不让行、违章超车、酒后驾车、疲劳驾驶、违章会车、逆向行驶和跟车距离不够9种交通违章行为是主要原因,其中,超速行驶是最主要的,占23.13%,其次是麻痹大意,比例为21.86%,疲劳驾驶的比例为13.11%,违章驾车、判断错误和违章停车所造成的事故也占有一定比例。

2. 交通安全意识淡薄的违章行为对社会的危害性

交通安全意识淡薄的违章行为是引发交通事故的直接原因。它严重威胁着交通安全,也给社会政治带来严重后果,据广东省运输厅公布2011年以来(统计至4月中旬),全省交通行业共发生一次死亡3人以上道路运输事故8起,死亡36人,受伤6人事故宗数和死亡人数分别比同期上升100%和111.8%,受伤人数下降57.1%,频繁多发的交通事故不仅造成人民群众生命财产的巨大损失,而且严重影响了社会和企业的和谐与稳定,妨碍了社会和企业发展,并引发了一系列的社会问题。一是对家庭的伤害和破坏,甚至造成家破人亡;二是给企业、经营者造成很大负担;三是引发民间纠纷,治安案件,甚至产生过激行为,触犯法律。

三、培养学员交通安全意识的途径

安全意识教育是驾驶培训的重中之重,在教学过程中教练员要抓住安全意识教育的主线,将其贯穿在驾驶培训的各个环节。

(一)增强学员的社会责任感

人类在充分享受汽车文明成果的同时,也面临着交通事故的威胁。交通事故使多少幸福家庭在顷刻之间被击得粉碎;多少老人面临白发人送黑发人的悲惨境地;又有多少青壮年英年早逝,儿童失去快乐的童年。交通事故带给受害人及其亲人的身心伤痛无法估量和弥补,带给社会的危害也无可挽回,而这一切都是驾驶人瞬间操作失误的直接后果。

每一位驾驶人都是交通系统的一个"音符",对保障交通安全负有社会责任。人们需要安全的交通,社会呼唤安全的驾驶人,避免交通事故,建立和谐交通是我们的共同愿望。教练员要告诫学员:从起动发动机的那一刻开始,你就承担了维护自己和他人生命、保障交通安全的社会重任,任何具有侵略性、冒险性的驾驶行为,不当操作和失误,都有可能危害道路交通安全。作为即将跨入驾驶人队伍的驾驶学员,要本着对生命的充分关爱和尊重的原则,始终把安全放在第一位,谨慎驾驶,文明行车,共同构建一个安全、和谐的交通环境。

(二)进行安全知识教育

交通安全意识的形成与驾驶人对道路交通安全知识的认知程度有关。掌握必要的交通安全知识是养成良好的安全意识的前提。如让学员了解交通法规知识,培养遵纪守法意识;掌握交通风险知识,学会提前预测和防范风险.熟悉安全心理常识,有效进行自我心理调节;通晓车辆构造知识,正确维护车辆,自觉实施安全检视,进行驾驶技能训练,提高车辆驾驶能力,减少操作失误等。

对道路交通的正确认知,指导着道路交通行为的正确性。教练员只有进行必要的安全知识教育才能使学员知法、守法,做到提前预防、仔细观察和预见性驾驶,自觉维护交通安全。

(三)培养良好的驾驶习惯

对于学员来说,驾驶技能的掌握相对容易一些,而养成良好的驾驶习惯却不是一朝一夕就能实现的,要经过较长的潜移默化的培养。安全意识的形成除了和学员的个人修养、价值观等有关,更多地需要教练员在教学中向学员传授和强化。

学员在学习驾驶的过程中接受的安全意识教育,对其一生的驾驶行为都将产生深远的影响。良好的驾驶习惯的培养是将安全意识落到实处的重要手段。在驾驶教学的各个环节,教练员都要注重让学员养成正确的驾驶习惯,如培养学员系安全带的习惯,培养学员转弯时通过后视镜观察后方交通情况的习惯。

四、安全与谨慎的驾驶态度

(一)正确的驾驶态度

驾驶态度是驾驶过程中的一种行为倾向,有什么样的驾驶态度就有什么样的驾驶行为。安全谨慎的驾驶态度的核心是树立安全行车意识。

安全意识的养成受到多方面因素的影响。例如,驾驶人对道路交通的认识是否正确、对道路交通法律法规是否严格遵守,是否具有社会责任感等。具有正确驾驶态度的人能够清楚认识自己在道路交通安全中担负的责任,严格遵章守法,不以自我为中心,处处考虑他人的方便和安全;在驾驶过程中,从不过高估计自己的能力;善于控制自己的情绪,能够礼让照顾他人。

驾驶培训应该始终把对学员安全意识的教育放在首要位置,并贯穿于驾驶培训的各个环节。在理论课上,教练员要向学员传授交通法律法规知识、道路交通风险知识、交通安全、自理常识、驾驶人的社会责任、安全谨慎驾驶知识等相关内容;在实操训练中,教练员要以相关理论知识为指导,教授学员掌握各种驾驶操作技能、应急驾驶方法,及时纠正操作错误,培养学员养成良好的驾驶习惯。

(二)改善学员驾驶态度的基本方法

人对事物的态度,很大程度上与个人品质修养、对事物的认知程度、个人的兴趣爱好有关。在短暂的教学活动中,要改变学员的不良驾驶态度,并非轻而易举的事情。要达到这个目的,教练员必须掌握以下方法。

1. 帮助学员找到问题所在

教练员可以通过观察,帮助学员发现自身存在的问题,也可以结合具体的事故案例,使学员认识到正确的驾驶态度的重要性,找到不足之处。

2. 激发学习兴趣

仅仅让学员找到存在的问题,还不能达到改善驾驶态度的目的。教练员要通过耐心诱导和适时指导,激发学员的学习兴趣。

3. 给予激励和指导

在这个过程中教练员要善于发现学员的进步,不断地给予学员鼓励和指导,并为学员指引达到目的的途径与方法。

4. 帮助学员养成良好的习惯

教练员通过督促,使学员将正确的驾驶态度记在心中并成为习惯动作。如学员在接近人行道时习惯性地降低车速,并环视周围,观察交通情况等。

五、安全与谨慎的驾驶行为

驾驶态度最终是通过安全与谨慎的驾驶行为得到体现,安全与谨慎驾驶行为的内涵包括集中注意力、仔细观察、提前预防、尽量避免驾驶错误等方面。

(一)集中注意力

集中注意力是指在各种交通情况和外界干扰条件下,驾驶人始终能集中注意力观察车辆周边交通情况的能力。行车过程时刻伴随着各种危险,驾驶人瞬间的粗心大意都有可能酿成交通事故,因此,驾驶人的注意力是否集中对于安全行车非常重要。

在教学中,教练员不仅要向学员强调注意力对安全驾驶的影响,注意力不集中会导致怎样的后果,还应当帮助学员正确地评价自己和采取必要的预防措施。表3-1-2为一些常见紧急情况下的预防措施。

常见紧急情况的预防措施　　　　　　　　　　　　　　　　　表 3-1-2

状　　况	交通情况预测	预　防　措　施
有小孩在路侧玩耍	小孩突然从车的前侧跑到路上	始终保持对周边情况的观察，以便能够对突然出现的危险及时地做出反应
熟悉的路段	熟悉的路段上也有潜在的危险	即使在比较熟悉的交通路段，也需要高度集中注意力
学校、幼儿园附近	在学校和幼儿园附近，交通比较混乱，需要注意儿童	驾驶车辆要全神贯注，做好随时停车的准备
长时间开车	长时间开车，尤其是夜间驾驶，驾驶人疲劳感会增加	根据自己的承受能力，确定自己的驾驶时间，感觉疲劳时，应适当休息

（二）仔细观察

仔细观察是指驾驶人集中注意力对周边的交通情况进行观察，是安全驾驶的前提和基础。教练员应在驾驶训练中，教会学员如何从最佳的角度纵观全局，合理分配和转移注意力，及时洞察来自各方的危险。

在十字交叉路口右转弯时，教练员应提醒学员，不仅要观察交通信号灯、交通标志标线，而且还要观察左后方、左前方、右前方的交通情况，尤其是右前方人行横道的情况。在教学中，教练员要提醒学员善于利用后视镜观察交通情况，必要时通过侧头看，即所谓的"扭头看"来获取交通信息。对于处于盲区中的交通信息，必要时应下车观察。

（三）提前预防

提前预防是指驾驶人在驾驶过程中，及时预测潜在的危险，并提前采取合适的应对措施。提前预防首先要求驾驶人必须能够觉察和正确判断潜在的危险，其次是对可能出现的危险及时做出正确的反应，采取预见性驾驶。

1. 觉察危险

觉察危险是预见性驾驶的前提。例如，行人在行车道上行走，并越过中心线，驾驶人须判断出他准备横穿公路。驾驶人对危险的观察和判断受很多因素的影响，详见表 3-1-3。

预见性驾驶的影响因素　　　　　　　　　　　　　　　　　表 3-1-3

影 响 因 素	关　　系
驾驶经验	驾驶经验越丰富，越容易判断在哪些情况下会发生危险
感官	眼睛和耳朵发挥的作用越好，就能越早和越容易觉察危险
安全知识的掌握程度	掌握的安全知识越多，越容易发现潜在的危险
注意力	要求驾驶人有注意力分配和转移的能力，驾驶时精力越充沛、注意力越集中，越容易觉察危险
觉察危险征兆	潜在危险的征兆发现得越早，越容易避开危险
观察能力和判断力	对周围交通情况观察得越全面，发现危险的时间越早

第三章 道路交通安全知识

2. 避开危险

发现危险,并且采取恰当措施,是预见性驾驶的最终目的。

在教学中,教练员应向学员强调觉察危险并做出正确反应的重要性,指出不同交通情况下学员应注意的问题,以及如何正确地实施操作等。

3. 顾及他人、文明行车

驾驶过程中的不顾及他人和不文明行车是诱发交通事故的重要原因之一,提倡礼让和文明行车是安全与谨慎驾驶的重要内容。

顾及他人、文明行车是尊重生命、具有较强的安全意识、高度的社会责任感和高尚人格的表现。在教学中,教练员应向学员说明什么是不顾及他人和不文明的驾驶行为;这种行为对驾驶安全会产生什么样的影响;驾驶人应当怎样避免这些行为。文明与不文明驾驶行为直观的对比见表3-1-4。

两种驾驶行为对比　　　　表3-1-4

不顾及他人、不文明的驾驶行为	顾及他人、文明的驾驶行为
酒后驾驶,疲劳驾驶	遵守交通法规,珍爱自身和他人的生命
漠视交通安全,追求刺激,开快车、冒险车,无视他人的优先行驶权,抢道行驶	严格遵守道路通行规定,控制车速
通过泥水路面,不主动减速,造成泥水飞溅,影响行人和其他车辆	关注周边的交通参与者,尤其是行人等弱势群体
对车辆性能疏于了解,漠视车辆维护	重视车辆维护,确保车辆具有良好的技术性能
不按规定变换车道,闯红灯,交叉路口暂停时过停止线,妨碍道路畅通	遵守道路交通法规,知法、守法,确保道路交通有序、畅通
直行车占用左右转弯道,转弯车占用直行道,转弯时不打转向灯	严格按照交通标志标线行车
行车中遇到其他车辆发生故障需要帮助,不加理会	行车中遇到其他交通参与者需要帮助,给予热心帮助
跟车行驶时用喇叭催促前车,逼迫前车让路,制造噪声	耐心地跟车行驶,保持安全间距
运营车辆任意停车揽客、上下乘客,阻挡后车,造成交通拥挤、堵塞	按照规定停靠,确保道路交通有序、畅通
行车中随意向车外吐痰、抛撒烟蒂和杂物等	车内设置废弃物存放处,具有良好的环保驾驶意识
货车不按规定装载,超载、超长或超重	遵守道路交通法规,不超载,不混装

(四)尽量减少驾驶错误

产生驾驶错误的原因有很多,最常见的是驾驶人缺少驾驶经验。在教学中,教练员应及时指出和纠正学员出现的错误,以免养成错误习惯,并加强正确操作的训练。

在驾驶中常犯的错误类型及事例见表3-1-5。

错误驾驶行为分析 表 3-1-5

错误类型	原因	具体事例
计划不周密,行车前准备不当	忽视车辆的检查与维护	制动系统工作不正常
	行程的时间安排得太紧	由于时间紧迫,开车时精力不集中,而且车速过快
	未做好上路的准备	由于对路线不熟悉,驾驶过程中常常出现错误的行为
注意力不集中	注意力分散	只顾看路边的热闹,"摆弄"收音机或边开车边打手持电话
没有良好的安全意识	对影响安全驾驶的因素可能产生的后果认识不足	疲劳驾驶、酒后驾驶和超载行驶
观察能力差	视力不佳	不能正确观察周边的交通情况
	对周边的交通情况观察不全面	转弯时只顾往前看,未注意车侧的其他交通参与者,例如,忽略了骑自行车人
驾驶技能差	驾驶操作不熟练	换挡、转向和制动时,不能注意路上的交通情况,在复杂交通状况下极易犯此类错误;操作不当使发动机熄火,因而妨碍交通的畅通
	没有驾驶经验	缺乏复杂交通状况下的驾驶经验
	操作错误	换挡时不使用离合器配合
判断能力差	对交通状况判断有误	错误估计了其他交通参与者的动态情况
	安全驾驶知识欠缺	过高强调优先行驶权,文明礼让意识不够
	错误运用类推法	机动车可优先行驶
决策错误	做出错误的决定	过高地估计了穿插时的安全间距,因而造成剐蹭事故
	为追求刺激而采取冒险的驾驶行为	尽管对面有车开来,仍强行超车
	犹豫不决	转弯时尽管空间够大,仍然长时间等待,因而妨碍了交通
	不假思索就作决定	尽管没有必要,仍然变换车道,因而影响了后面车辆的行驶
过于紧张	操作位置错误	突然发现险情,把加速踏板错误地当作制动踏板

第二节 汽车驾驶安全常识

一、交通参与者风险因素

交通参与者是指以任何一种行为方式参与交通,并对交通状况产生影响的个体,如行人、机动车驾驶人、非机动车驾驶人等。参与道路交通的方式不相同,对道路交通安全肩负的责任和构成的危险也不相同,可能受到的伤害也有差异。学员只有了解道路交通中存在的各种风险因素,才能在实际驾驶中采取预见性的驾驶行为,规避交通风险。

(一)行人的交通特性与风险因素

与机动车相比,行人这一群体数量众多,但道路安全知识参差不齐。一些人或是出于对交通法规的漠视,或是贪图方便,常常会选择非人行横道横穿道路,一旦发生交通事故,就会因为缺乏保护而受到重创或致死。行人是道路交通中的弱势群体。

1. 儿童

儿童具有爱玩耍、好动的天性,容易产生突然、自发的行为。由于生理和心理发育的特点,儿童在参与交通的过程中,既没有自我保护的意识,也没有自我保护的能力,表现出如下的行为特性:

(1)行为无常,注意力通常集中于自己感兴趣的事物。儿童常常会因为玩耍而不顾周边的交通情况,遇到突发事件时,会惊慌失措,错误地选择应对措施。

(2)身材矮小,容易落入驾驶盲区。和成人相比,儿童身材矮小,特别是当他们处于车辆的某个角落时,不容易被发现。在起步和倒车之前,要下车观察盲区内的情况,确保安全。

(3)行车中,必须提前预测来自儿童的危险。在一些情况特殊的交通地段,比如幼儿园附近,即使没有看到儿童,也应提前减速,随时准备停车。

2. 青少年

在道路交通中,青少年既是一个朝气蓬勃的群体,也是交通风险较大的群体,主要表现在:

(1)注意力不集中:青少年对外界事物充满好奇,喜欢东张西望,与同伴同行时,他们喜欢并排行走、谈笑风生,而不注意周边的交通情况。

(2)喜欢冒险:青少年常常表现出喜欢冒险而不顾后果的特点,如:喜欢走捷径或者为了向同伴显示"勇敢"而违反交通规则、横穿公路等。

教练员应提示学员行车中遇到青少年,注意提前减速;发现青少年违章、铤而走险时,要注意避让,必要时停车让行。

3. 老年人

老年人容易通过外表来辨认,他们的行为特性主要表现在:

(1)反应迟钝、行动缓慢:老年人视力与听力不好,反应迟钝,行动迟缓,思维容易只集中到某个事物上,不能迅速地判断交通情况。

(2)应变能力差:老年人面对大城市复杂的道路交通情况,往往感到力不从心。例如在横穿公路时,有时候他们会滞留在道路上,有时又会不顾周边的交通危险而突然转身返回。

行车中遇到老年人时,要有耐心,提前降低车速,观察其动态。当发现老年人因为行动缓慢而滞留或突然转身返回时,教练员应提醒学员立即停车,让他们安心通过。

4. 残疾人

不同的残疾人伤残情况不同,其对事物的感知、判断能力会有所不同。

(1)盲人听觉比较灵敏,但因为看不见周边的物体,所以察觉交通危险的能力较差,横穿街道时比较困难,需要借助盲人通道或者其他人的帮助。

(2)聋哑人对声音反应迟钝,听觉较差,常常对声音刺激感觉迟钝或没有反应。

残疾人不能像正常人那样及时避让车辆,需要驾驶人格外关照。如果驾驶人多次鸣喇叭,而前方行人仍没有反应,教练员应提醒学员及时减速避让。当发现前方有盲人时,教练员应提醒学员要及时降低车速,也不要鸣喇叭,防止惊吓和干扰到盲人,必要时要停车让行。

(二)机动车的交通特性与风险因素

在交通活动中,不同的机动车,由于设计结构、使用功能不同,表现出的交通特点和潜在风险也不同。

1. 大型客、货车

大型客、货车的主要交通特性有:

(1)车身大、盲区大:大型车外型庞大、盲区也较大,驾驶人视野容易受到遮挡,难于全面观察其他交通参与者的动态。在大型车后行驶的小型车辆尤其不易被发现。

(2)惯性大、制动较慢、转向困难:由于惯性大,大型货车和客车加速特性没有小型汽车好,因而行驶速度较低,同时,制动需要的时间也较长。大型车,尤其带有拖车的大型车行驶和转向时,需要较大的空间,容易出现占道的现象。

遇到大型车时,教练员要提醒学员注意提前减速,保持足够的安全间距,特别要留意观察盲区内的交通信息,发现情况立即避让或停车。在不能摸清盲区内交通的情况下,不要强行超车。

2. 城市公交车

城市公交车的主要交通特性有:

(1)有固定的行驶路线、专用车道和停靠站。

(2)起步、停靠和人员上下频繁,常有等车的乘客或下车的乘客猛然跑出。

(3)停靠时,常有机动车和自行车从左侧超越。

(4)盲区大,驾驶人难以观察周边的交通情况。

公交车是城市交通的一大特点,行经公交车站时,教练员应提醒学员减速慢行,密切观察站内车辆和人员的动态,做好随时停车的准备,防备车前方有人突然冲入道路;特别是从左侧超越停靠的公交车时,要注意观察正在超车的自行车和其他车辆,并与他们保持足够的安全间距。

3. 小型汽车

小型汽车的主要交通特性有:

(1)车体小、加速性能好、速度快及操纵灵活,因此在交通活动中容易被其他交通参与者忽视,留给其他驾驶人的反应时间也比较短。

(2)行车中遇到小型汽车,教练员应提醒学员注意观察其动态,控制车速,并与小型汽车保持足够的安全距离。当行至有盲区的交通区域时,要注意观察盲区内的车辆情况,发现情况立即避让或停车。

4. 摩托车

摩托车的主要交通特性有:

(1)体积较小、速度较快、转弯灵活:由于体积小,灵活性大,摩托车驾驶人常常在拥挤的车道中穿插,这是摩托车容易发生交通事故的重要原因。

(2)缺少安全保障设施:摩托车驾驶人基本上处于完全暴露的状态,基本上没有安全保障设施,发生事故时,受到的伤害往往比较严重。行车中遇到摩托车,教练员应提醒学员注意降低车速,观察摩托车的行驶动态,保持和摩托车的安全间距,随时准备避让或停车,防止和摩托车发生碰撞和剐擦。

5.特种车辆

特种车辆的主要交通特性有:

(1)车速快:特种车通常执行紧急任务,时效性很强,因而车速不受限制。如消防车为了尽快地赶到事故地点,常常会在道路上鸣着警报高速行驶,其他车辆均必须为它让出道路。

(2)不受通行规定约束,享有优先权:特种车在执行任务时不受行驶速度、行驶路线、行驶方向和指挥等信号的限制,享有优先通行权。行车中听到特种车辆发出的报警音后,教练员应提醒学员及时判断车辆可能的方位,立刻靠边避让或停车让行,以保证特种车辆的顺利通过。

(三)非机动车的交通特性与风险因素

1.自行车

自行车的交通特性主要包括:

(1)自行车的交通特性很大程度上与骑自行车人的行为特性有关,如:青少年骑自行车时,喜欢逞能、冒险,速度比较快,老年人骑自行车时,速度比较慢,对突发事件的反应不够快。

(2)安全保障措施较差,稳定性比较差,容易发生侧倒,尤其当骑自行车人松开车把与路边的熟人打招呼时。

(3)自行车容易逆行和占道行驶。遇到雨(雪)天,骑自行车人常常会只顾低头避雨(雪),匆忙赶路而不太注意遵守交通法规。当非机动车道路况不好时,自行车常常占用机动车道行驶。负重的自行车遇到前方障碍也会不顾后面的来车,而突然改变行驶路线,占道行驶。

行车中遇到自行车,教练员应提醒学员注意观察其动态,减速慢行,保持安全间距;特别是在雨雪天,要照顾路边的骑自行车人,随时准备停车或避让,防止自行车突然失控侧倒。当车辆右转弯时,要注意通过后视镜观察路上骑自行车人的动态,防止转弯时剐碰骑自行车人。

2.人力车

人力车的交通特性主要包括:

(1)制动困难、不能及时避让车辆:人力车主要依靠人力驱动行走,制动装置简单,在遇到突发事件时往往不能及时避让车辆,特别是负重车上坡或通过坑洼路段时,尤为突出。

(2)容易出现车辆横转和甩尾现象:装运大量货物的人力车,在停靠路边、避让车辆或单侧车轮阻塞时,会出现车体横转、车尾扫向路中的现象。

(3)有时出现曲线行驶现象:上坡时为了省力,人力车往往曲线行驶,下坡则会快速滑行。行车中遇到人力车时,教练员应提醒学员提前减速、观察其动态;超越和交会时,要和人力车保持足够的侧向安全间距,避免人力车负重或超越障碍时突然发生车体横甩。

3. 畜力车

畜力车的交通特性主要包括:

(1)不可控因素较多,遇到意外刺激易发生惊车。

(2)夜间赶车人困乏时,牲畜往往走到道路中间或左侧,不能避让机动车。

行车中遇到畜力车应该及时降低车速,在靠近畜力车时,教练员应提醒学员避免鸣喇叭或急加速,防止牲畜受惊而发生意外;转弯遇到畜力车时,观察畜力车的占位和去向,让出足够的路面,低速谨慎通过。

(四)典型交通环境的交通特性与风险因素

1. 平面交叉路口

交叉路口是交通流的交汇处,易于产生交通冲突,是交通事故的多发区域。在教学中,教练员应提醒学员注意平面交叉路口存在的交通风险。

(1)人流、车流量大:在平面交叉路口,各种交通参与者汇集,车辆、行人和骑自行车人会从不同的方向在这里集中,形成交通冲突,相互干扰,交通情况非常复杂。

(2)视线盲区多:车辆行至交叉路口时,驾驶人视线易被路口周边的车辆与物体遮挡,难以全面观察交通情况。

(3)转弯时,风险增大:车辆在平面交叉路口右转弯时,容易与迎面左转弯的车辆、横向车道直行车辆、横向车道掉头车辆以及右面人行横道行人或非机动车等其他交通参与者发生冲突。左转弯时,容易与迎面左转弯的车辆、迎面右转弯的车辆、横向车道直行车辆、横向车道掉头车辆以及左面人行横道行人或非机动车等其他交通参与者发生冲突,通行风险加大。

当临近平面交叉路口时,教练员应提醒学员提前降低车速,及时变更车道,注意观察交通信号,礼让具有优先通行权的其他交通参与者。同时,注意观察路口内车辆和行人的动态,特别是盲区内的交通信息,防备有人或车突然出现。当车辆转弯时,要打开转向灯,注意观察后视镜,必要时通过侧头观察周围其他车辆或行人动态,随时准备避让或停车。

2. 道路与铁路平面交叉路口

由于火车惯性大,制动困难,有固定的轨道,很难像汽车一样采取灵活的措施避开可能出现的危险,因此,道路与铁路平面交叉路口的交通风险较大,主要表现为:

(1)车辆通行条件较差:道路与铁路路口平面交叉区域往往极不平坦,车辆通过时容易颠簸或被卡住。

(2)路口交通混乱:铁道路口放行路段的宽度一般都比较窄,放行时,各种交通参与者相互混杂,秩序混乱。

铁道交叉路口往往是重特大交通事故的多发区域,行至铁道路口时,教练员应提醒学员注意停车观望,防止火车突然出现;在通过铁道交叉路口时,要注意保持和其他同行者之间的安全间距,同时要选择正确的挡位,慢速通过铁轨,避免在铁轨加速、减速和制动,防止在铁轨上出现发动机熄火的现象。

3. 人行横道

人行横道是行人参与交通受保护的区域,由于行人繁杂,不可预测现象时常出现,增加了行经人行横道时的交通风险,主要表现为:

(1)行人时常滞留:一些行动不方便的老人、儿童和残疾人在通过人行横道时,会滞留在横道上或突然转身返回。

(2)行人突然横穿道路:在人行横道的通行信号由绿灯变为红灯时,常会出现行人违反交通法规,突然横穿人行横道的现象。

通过人行横道时,要以行人安全为最高准则。当车辆行至人行横道时,教练员应提醒学员注意降低车速,观察行人的动向,随时做好停车准备,防备有人滞留或突然横穿公路。

4. 学校附近

学校附近是学龄儿童、中小学生或者接送孩子的老人与家长经常来往的地方,行经学校附近的交通风险主要表现为:

(1)人员和车辆密集,交通拥堵:在上学和放学高峰时间,学校周围交通混乱,容易发生交通事故。

(2)学生时常冲入道路:在放学时段,学生难得有了放松的机会,他们经常嬉戏、打闹,年龄较小的儿童甚至会冲上公路,相互追赶、奔跑。当驾车行经学校附近时,教练员应提醒学员注意保持低速,密切观察周围行人和车辆的动态和处于盲区内的交通信息;当途经小学和幼儿园附近时,尤其要密切注意儿童的动向,防备儿童突然冲入道路,做好随时停车的准备。

5. 隧道

隧道的交通风险主要表现为:

(1)隧道内外光线变化较大:山区道路中的隧道通常没有照明设施,隧道内外光线变化较大,尤其是较长的隧道,驾驶人驾车进入隧道时,眼睛通常会有一个从亮到暗的适应过程,这个时间一般比较长,驾驶人会出现视觉的暂时丧失;驶出隧道时,眼睛又有一个从暗到亮的适应过程,使隧道的驾驶风险增加。

(2)雨天进出隧道时,容易出现"帘布效应":下雨时,在隧道的出入口处,由于雨幕和光的折射作用,驾驶人对交通情况的观察会出现失真现象。

(3)隧道出口可能有强烈的横风:在隧道内完全没有风,因此驾驶车辆驶出隧道出口处时,需要提前做好准备,当车辆发生两侧移动的情况时,要握稳转向盘,防止车辆发生侧滑或偏离行车道。

进入隧道前,教练员应提醒学员注意交通标志,提前减速慢行;根据需要打开示宽灯和近光灯等车灯,缩短"暗适应"时间。

二、特殊环境安全驾驶知识

在行车过程中,往往会遇到一些特殊的交通环境,如夜间、雨天、雾天、冰雪道路、山区道路、漫水桥和窄桥等。这些特殊的环境,在视线、地面附着力、道路复杂性等方面与普通道路有很大区别,对驾驶人的驾驶技能要求更高,交通事故的发生概率也会增加。因此,在驾驶教学中,教练员应向学员讲解特殊环境的交通特点,教授特殊环境下的安全行车方法,确保行车安全。

（一）夜间安全行车

驾驶人在行车中，80%～90%的信息来源于视觉，夜间能见度下降（仅为白天的1/8），行车中潜藏着诸多危险，因此，教练员要让学员学会根据夜间道路的特点，采取正确的安全行车方法。

1. 夜间行车的交通特点

1) 驾驶人的视觉特性

(1) 视距变短、视野变窄：夜间行车，尤其是在照明条件不好的乡村道路行车，由于受车辆灯光照射距离和照射范围的限制，教练员应提醒学员，此时会出现视距变短和视野变窄的现象，进而影响对周边交通情况的辨认。

(2) 感知能力下降，遗漏信息：白天在车速为80km/h时，驾驶人可以辨识前方240m处的交通情况，而夜晚驾驶人只能发现42.8m处的行人，完全看清行人的移动情况需要行人走近至9.6m处。此外，一些白天非常醒目、很容易辨识的颜色，在夜晚不容易被驾驶人发现。

(3) 暗适应时间较长：城市道路的夜间照明条件较好，但是会出现明暗交替的情况，驾驶人由明亮区域到黑暗区域时，眼睛存在5～15min的暗适应期，适应时间受光线强度变化大小的影响较大。驾驶人受强光照射后，会在数秒内失去视觉，此时车速越快，风险越大。

2) 驾驶人的观察和判断特性

(1) 对车速的判断力下降：由于光线较暗，甚至处在黑暗环境之中，周围背景参照物无法看清，驾驶人对自车车速以及安全间距的判断会出现不同程度的偏差。

(2) 容易疲劳：一方面，长期在黑暗中驾驶，视野会越来越窄，形成"隧道视野"，导致出现"道路催眠效应"，驾驶人容易困倦、打盹；另方面，夜间人体生理节律处于低谷，也会加剧行车的疲劳和困倦感。

(3) 来车灯光炫目，影响路况观察：对面来车不及时变换灯光，会引起驾驶人炫目，影响驾驶人对路况的观察。

(4) 道路情况难于辨认：夜晚能见度低，驾驶人很难辨认前方的道路情况，更多地需要凭经验进行驾驶。例如，车辆灯光由路中移向路侧，说明前方出现弯道等。

2. 夜间安全行车方法

(1) 控制车速，保持安全间距。夜间行车，驾驶人的视线和视野等比较差，对周边交通环境的判断能力下降，教练员要指导学员低速慢行，增大行车安全间距，预防突发事件。尤其是受强光刺激，又转入黑暗环境驾驶时，教练员应提醒学员，暗适应时间较长，应当提前减速。

(2) 不要开启车内照明灯和注视来车灯光。夜间若打开车内灯行车，容易使已经适应黑暗环境的视力下降，增加行车风险。当对向车辆靠近时，驾驶人减速慢行，将视线右移，避免直视其前照灯，否则会因强光的影响，无法看清前方的障碍物。此外，行车前，要调整内后视镜，防止后面车辆灯光引起的炫目。

(3) 合理使用灯光。夜间开车很重要的一点是要正确使用灯光，近光灯适用于防止迎面来车驾驶人产生炫目，远光灯用于更好地看清前方的路况。学员要学会正确使用灯光，在相应的情况下能够转换灯光，见表3-2-1。远近灯光的转换练习最好在车流少的市郊进行。

第三章 道路交通安全知识

车辆灯光的正确使用　　　　　　　　　　　　　　　　　　　　　　　表 3-2-1

灯 光 类 型	适 用 情 况
近光灯	黎明、黄昏等光线不好的情况下行车;夜间、雨天和其他恶劣气象条件(如雾天、雪天和隧道等)下行车
远光灯	在黑暗条件下,不会使其他交通参与者产生炫目
远光灯换近光灯	夜间,在照明条件较好的街道上行车;与对面车会车,距离150m;跟随前车行驶,间距较小;发现近前方有行人或者自行车;在窄路、窄桥与非机动车会车时
危险报警闪光灯	发生故障或者发生交通事故时,前方发生堵车,排在车队尾部
前雾灯(前灯)	在雨天、雾天和雪天等情况下,代替近光灯,使视线更好
后雾灯(后灯)	雾天,视线范围50m以下

(4)正确判断路况。除了控制车速与合理使用灯光外,教练员还应该向学员介绍根据灯光照射变化,判断道路情况的经验和方法。表3-2-2列举了一些夜间道路常见情况判断方法。

夜间道路常见情况判断方法　　　　　　　　　　　　　　　　　　　　表 3-2-2

灯光照射情况	道 路 情 况
照射由远及近	驶近转弯一侧有山体或屏障的弯道;到达坡道的低谷;驶入上坡道
照射由近及远	即将由弯道进入直线道;即将由缓坡进入陡坡;即将进入下坡道
灯光离开路面	面临急转弯或大坑;行驶到坡顶
前方出现黑影	路面有坑
灯光由路中移到路侧	前方有弯道或连续弯道

(5)避免疲劳,驱除睡意。夜间行车前(尤其是长途夜间行车),驾驶人应当进行充分的休息,保持充沛的精力。如果行车途中感觉疲劳,应当选择安全的地点停车并适当休息,待体力恢复后,再继续驾驶。

(6)加强车辆日常维护。夜间行车前,应提前对车辆进行技术检查,确保车辆技术状况良好,特别要保证车上照明设施的正常工作。

(二)雨天安全行车

雨天驾驶人的视线和路面状况会发生变化,从而影响驾驶安全。在南方地区,雨季相对较长,下雨比较频繁,雨天行车概率较大。教练员要指导学员了解雨天的交通特点,掌握雨天安全行车的方法。

1. 雨天行车的交通特点

(1)视线模糊。雨天光线比较暗,能见度低;下雨使风窗玻璃挂满水珠,导致驾驶人视线模糊,尤其是遇到暴雨天气,即使刮水器运动很快,也难以刮尽雨水,从而影响驾驶人对交通情况的观察。

下雨时,教练员应提醒学员关闭车窗,车厢内外温差加大,在风窗玻璃上常常形成一层水雾,也会遮挡视线。

(2)路面湿滑。刚刚开始下雨时,路面刚湿,水与路面上的灰尘混合。此时,轮胎与路面的附着系数变小,制动距离显著增加,同时容易产生跑偏和侧滑。路面湿滑系数见表3-2-3。

路面湿滑系数表　　　　　　　表3-2-3

路面状况	附着系数	打滑程度
干燥混凝土路面	0.7~1.0	不滑
潮湿混凝土路面	0.4~0.6	比较滑
下雨开始时,路面刚湿	0.3~0.4	最滑

大雨之中或者大雨之后,路面上会有积水,路面变得湿滑,胎面和路面间形成一层水膜,易发生"水滑",此时,教练员应提醒学员不要急踩制动踏板或猛打转向盘。

以下情况容易导致轮胎的"水滑"现象:车辆高速行驶;轮胎存在一定程度上的磨损;路面有凹坑,尤其是路面下陷。

"水滑"的预防措施:保持低速行驶;确保轮胎有良好的排水性能。

2.雨天安全行车方法

(1)加强日常维护。雨天行车,除了做好常规检视外,要特别注意车灯、刮水器的检查,防止雨天行车时出现故障,确保行车安全。

(2)改善驾驶视线。雨天驾驶,要充分利用刮水器和车灯等车辆设施,改善驾驶人的视线。雨天行车,更需要集中注意力观察,劳动强度和精力消耗增大,而且心理有压抑感,因此,教练员应提醒学员注意避免疲劳驾驶。

(3)仔细观察路况。雨天行人与非机动车为躲避被雨淋而盲目奔跑,他们往往只顾打伞或者寻找避雨的地方,忽视对周边交通情况的观察,甚至为了避开积水,走到机动车道上来。教练员应提醒学员集中注意力观察交通情况,尤其是周边行人和非机动车的动态,遇到情况及时处理。

(4)适当加大行车间距。由于路面湿滑,教练员要提醒学员注意降低车速,扩大安全行车间距,避免出现车轮打滑。

(5)避免太靠近路侧行驶。雨天,尤其是连续下雨之后,路侧会因雨水冲刷和浸透变得松软,车辆在上面行驶会出现路面下沉的危险。

(三)雾天安全行车

在湖边、河边和沼泽地等区域,可能会随时出现大雾天气。雾大时能见度很低,视野变窄,驾驶人很难及时发现前方的障碍物,行车的安全隐患随之增加,容易发生交通事故(尤其在高速公路上行车),因此,教练员应让学员了解雾天的特点和安全行车的方法。

1.雾天行车的交通特点

大雾天气,能见度非常低,驾驶人的视线受到限制,加上驾驶室与外界的温差,前风窗玻璃常常产生水汽,使驾驶人原本不好的视线变得更加模糊。行车过程中,教练员应提醒学员,雾天难以及时发现前方的障碍物,速度过快时,容易发生追尾事故。

2.雾天安全行车方法

(1)低速慢行,保持安全距离。由于雾天能见度低,行车中应适当降低车速,扩大与前方车辆的安全距离。在交叉路口,很难看清前面的交通情况时,应将车速控制在5km/h以下,尤其要注意不能以前方车辆的后位灯作为判断安全间距的依据。同时,雾天在高速公路上行驶,极易引发追尾事件,要格外小心。当能见度低于50m时,要立即驶离高速公路。

(2)正确使用车灯和喇叭。雾天行车,打开前雾灯和后雾灯(可视距离小于50m时),在浓雾状态下,还需要打开前、后位灯、示宽灯和近光灯,利用灯光来提高能见度,并且便于其他交通参与者辨识。此外,还可借助鸣喇叭,提醒周边交通参与者注意本车的存在。行车中,教练员应提醒学员适当打开车窗,借助听觉辨别周边的情况。

(3)各行其道。雾天不要压着中心线行驶,否则容易与对向行驶车辆发生碰撞。

(四)冰雪道路安全行车

在冰雪路面上,轮胎的附着力降低,制动距离延长,车辆容易侧滑和失控,驾驶风险增加,教练员要告诉学员冰雪路面的特点和安全行车的方法。

1. 冰雪道路行车的交通特点

(1)轮胎附着力低,制动距离延长。冰雪天路面常常结冰,轮胎与路面的附着能力很低,制动距离延长,尤其在紧急制动时容易出现车辆侧滑。

(2)积雪反光,影响视力。雪后天晴,虽然驾驶人视野很开阔,但是积雪对光线的反射作用,容易造成驾驶人炫目。

(3)行人等占道,风险增加。下雪时人行道及自行车道被冰雪覆盖,而机动车道因车辆行驶的缘故,不易形成积雪,行人或非机动车人常常借用机动车道,加上路面很滑,行人和非机动车人身体易失去平衡而摔倒,增加冰雪天行车风险。

2. 冰雪道路安全行车方法

(1)保持低速,避免太靠近路边行驶:冰雪天行车应保持低速行驶,并且要注意观察行人、机动车和非机动车的动态,并与他们保持适当的安全间距。路面被雪覆盖,道路情况不清楚,尤其在乡村道路,靠近路边行驶易发生危险。

(2)避免紧急制动和猛打转向盘:冰雪天驾驶,遇有情况要提前降速,并使用间歇制动和发动机制动,避免猛打转向盘和紧急制动,以防侧滑,诱发事故。

(3)结冰路面,谨慎驾驶:在桥上和背阴的道路上行车时,要特别小心,这些地段的路面容易结冰,存在打滑的危险。

(4)采取防滑措施:冰雪天行车时,为了增加轮胎与路面的附着能力,可以在车轮上安装防滑链。

(五)山区道路安全行车

山区道路险路较多,气候异常,重特大恶性事故频繁发生。教练员应向学员介绍山区道路的交通特点,传授山区道路驾驶的正确方法,提高学员在特殊路况安全驾驶的能力。

1. 山区道路行车的交通特点

(1)坡长且陡,路窄弯急,重峦叠嶂,视线受阻:坡路弯道多且险峻,是山区道路的显著特点。山区道路大都依山傍水而建,路况复杂,或盘山绕行,或临崖靠涧,弯道曲折,连绵不绝,视线受阻,交通风险随之增加。

(2)转弯时车辆容易占道或冲下山崖:山区道路弯道较多,行车中如果转弯过度,容易占道行驶,若转弯不足又会导致车辆冲下山崖,需要格外注意。

(3)气候多变,险情频繁:山区道路的气候与道路所处的纬度、海拔以及地形有关,往往从山底到山顶,会经历截然不同的季节变换,出现刚才还是骄阳似火,现在已是冰雪覆盖的异常气候景观。有些山区气压很低,空气稀薄,导致水的沸点下降,冷却液容易沸腾,发动机燃烧不正常。此外,频繁出现的道路冲毁、桥涵冲断、山道塌方等险情,都给安全行车增加了困难。

(4)制动器热衰退:连续下坡,频繁使用制动,制动器与摩擦片之间会因温度升高而降低制动效能。

2.山区道路安全行车方法

1)行车前的准备

(1)做好物质准备:驾驶人进入山区道路前,应根据需要准备一些必要的物质器材和生活用品,如三角木、防滑链、冷却液、储备燃料等,以防止途中发生意外。

(2)加强技术检查:要加强出车前和行车中的安全检查,尤其要重点检查转向系统、制动系统、传动系统和车轮等对安全驾驶影响较大的关键部位。

(3)合理装载货物:对于营运货车驾驶人,在出车前要对车辆的装载情况进行检查和加固,防止货物洒落,禁止超载和避免在车辆上下坡时因货物滚动或重心不稳而影响车辆的行驶稳定性。

2)行车中的安全驾驶

(1)正确使用制动:在下长坡时,要注意充分利用发动机制动控制车速,避免频繁使用制动器,严禁空挡滑行。对使用液压制动的车辆,要利用休息时间冷却制动器和制动液,防止制动液发热形成气阻,导致制动失效。对气压制动的车辆,在停车时,保持发动机正常运转,以提高储气筒内的压力。

(2)降低车速,保持间距:在山道情况复杂或弯道较多的路段,应保持低速通行,并加大与前车的安全间距,原则上不要超车。

(3)及时换挡,减速慢行。防止中途因驱动力不足而熄火。

(4)适当转向,提前减速,及时提示对向来车:在急转弯处应提前降低车速,同时要把稳方向,避免转向过度或转向不足。进入急转弯前要鸣喇叭,提示对向来车按规定行驶。

(5)注意交通标志,观察交通动态:在山区道路驾驶时,驾驶人要充分利用路旁的交通标志来判断山区道路的情况。同时要集中注意力,观察和准确判断行人、非机动车和畜力车等的动向,防止意外事故的发生。

(六)高速公路安全行车

高速公路具有相对封闭、立体交叉、集中管理、出入口固定、车速高、车流量大的特性,其交通特点决定了安全驾驶方法和一般道路有所不同。在进行高速公路模拟训练时,教练员应向学员讲授高速公路行车的交通特性和安全行车方法。

1.高速公路行车的交通特点

(1)单向行驶,车流量大。高速公路是专供机动车通行的全封闭道路,车辆单向行驶,车流量大。

(2) 分道行驶，出入口单一。高速公路同向通常有 2~4 个车道，不同车道有规定的行驶速度，要求通行车辆严格遵守。车辆只能从单一的进出口上下高速公路，因此，需要严格按照出入口的规定速度行驶。

(3) 道路条件好，驾驶人容易麻痹。高速公路路况较好，行车舒适感强，驾驶人常常会不自觉地过度提高行车速度，埋下事故隐患。

(4) 车速高，交通事故后果严重。高速公路的事故危险主要来自于过高的行驶车速、变换车道的时机错误、不合适的车辆间距以及车辆的技术故障等。与其他道路相比，高速公路上一旦发生事故往往后果严重，损失较大。

2. 高速公路安全行车方法

1) 驶入高速公路

(1) 在通往高速公路的道路上会有一些指向高速公路入口的指示牌。注意观察路标选择。

(2) 提前打左转向灯。在进入合流三角带之前打开左转向灯，提示车辆准备驶入高速公路。

(3) 迅速提高车速。驶入高速公路前，应迅速将车速提高到 60km/h 以上，并与行车道上车流速度相适应。

(4) 驶入行车道。注意利用后视镜观察行车道上的交通状况，注意选择驶入高速公路的时机，在驶入高速公路时，不能阻碍或者危及高速公路上其他车辆的安全。当车辆的行驶速度满足要求，并且确认能安全地向左变更车道时，从加速车道驶入行车道。

2) 在高速公路上行驶

(1) 遵照规定车速：在进行高速公路模拟训练时，应严格按照高速公路规定的车道速度行驶，最低车速不能低于 60km/h，最高车速不超过 120km/h，并视交通情况合理控制车速。

(2) 保持安全间距：在进行高速公路模拟训练时，教练员要提醒学员借助路边的标志牌来确认当前的安全距离。在特殊的天气条件下或者交通流量比较大时，应适当扩大安全间距。

3) 超车和变更车道

(1) 提前打开左转向灯：在高速公路上超车和变更车道时，要提前 3s 开启转向灯，夜间还需变换远近光灯，提醒前车注意。高速公路的匝道、加速车道和减速车道，严禁超车、停车。

(2) 注意观察所进车道后方车辆的情况：在超车和变更车道前，注意通过后视镜，观察左侧车道后方车辆的动态，确认安全间距，选择合适的车速，驶入左侧车道。

(3) 安全驶回行车道。超车后，在确认不影响被超车辆安全正常行驶的前提下，打开右转向灯，逐渐返回原行车道。

4) 驶离高速公路

(1) 驶离高速公路前，注意路边的出口标志。如果错过出口，必须继续行驶至下一个出口再驶出高速公路，禁止掉头和倒车。

(2) 提前变更车道。当准备驶离高速公路时，应提早从高速公路的内侧车道变更到外侧车道上，做好驶出准备。

(3)打开右转向灯示意。在距离减速车道约500m时打右转向灯,提示其他驾驶人有车辆准备驶离高速公路。

(4)通过减速驶入匝道。进入减速车道后,要适当降低车速,进入匝道时,应严格按限速标志控制车速。

(七)漫水桥安全行车

漫水桥指桥面不同程度地被水淹没。通过漫水桥的驾驶和一般道路的驾驶有很大的区别,其驾驶风险也随之加大。教练员要向学员强调通过漫水桥时,一定要保持谨慎,如果水已完全淹没桥面,应放弃涉水过桥,绕道行驶。

1. 漫水桥行车的交通特点

(1)轮胎附着力小。由于流水的冲击力,加上浮力的作用,车辆在水中会有发飘的感觉。车轮与路面的附着力较小,驱动力的作用也因此受到限制,表现为轮胎容易打滑。同时由于水的阻力较大,导致动力性下降。

(2)桥体淹没,路况难料。水淹没了桥体,无法判断行驶路线的情况,如路面的毁坏程度、障碍物情况和水的深度等。

(3)电气设备容易受潮和短路。在水位接近或超过车辆底盘的高度时,涉水驾驶容易导致排气管进水、车辆电气设备受潮和短路。

2. 漫水桥安全行车方法

(1)查清水情,谨慎涉水。在涉水前必须查清水深、流速和水底的路面情况,确定行车路线。如果积水较深,应当放弃涉水,改道行驶。

(2)选择正确的行车路线。如特殊要求必须涉水时,应精密筹划行车路线。一般需要根据水流情况,沿着逆流方向与水流呈斜线行驶,借助水流的冲击力,方可保持车辆最终沿直线行驶。

(3)看远顾近,平稳低速。车辆涉水时,应用低速挡平稳地驶入水中,并缓慢地前行,要保持目视前方固定的口标,按照制定的行驶路线安全前行,切不可注视水流,以免视觉上判断错误导致行驶方向的偏移。

(4)保持动力,一气呵成。涉水通过漫水桥时,要保持平稳和足够的动力,尽量不要中途换挡、停车和急转弯,"一气"通过涉水路段。

(5)处理制动器水衰退。车辆涉水驾驶后,制动器与摩擦片之间的制动能力下降,驾驶人应当反复踩制动踏板进行制动,恢复制动效能,确保车辆保持良好的技术性能。必要时在安全的地点停车,对车辆进行检视和处理。

(八)窄桥安全行车

和普通道路相比,窄桥道路狭窄,往往不能容纳多辆车并行,而且窄桥上发生车辆碰撞,往往会引发溺水事故,后果比较严重。

1. 窄桥行车的交通特点

(1)限制速度,控制总质量。在窄桥的两端一般都有车辆通行的速度和总质量控制的标志,通过前需要注意观察。

(2)道路狭窄,路况复杂。窄桥的路面宽度较窄,而且有一定的坡度,视线不够好,尤其对石拱桥,在车辆接近桥顶时,双向车辆都处在驾驶盲区中。

2.窄桥安全行车方法

(1)提前减速,靠中间慢行。通过窄桥前,要注意观察交通标志,并按照提示,提前减速,靠中间慢行。

(2)集中注意力,仔细观察。通过窄桥前注意观察窄桥及其对面的车辆、行人和自行车等的动态情况,适时鸣喇叭引起交通参与者的注意。

(3)谦和礼让,文明行车。过窄桥需要让行时,要选择合适的让行位置,避免在桥上会车、超车,不能强行抢道。

(4)增大安全间距,低速慢行。通过窄桥时,要适当增大与前车的纵向安全间距,尽量避免在窄桥上制动、变速和停车。

第四章　机动车基本知识

第一节　车辆构造知识

汽车是借助于自身的动力装置驱动,且具有4个或4个以上的车轮的非轨道无架线车辆,由上万个零件组成的机动交通工具。汽车通常由发动机、底盘、车身、电气设备四部分组成。一般乘用车构造剖视图如图4-1-1所示。

一、发动机

发动机是汽车的心脏,为汽车的行走提供动力,关系着汽车的动力性、经济性、环保性。简单来说,发动机就是一个能量转换机构,即将汽油(柴油)或天然气的热能,通过在密封汽缸内燃烧气体膨胀,推动活塞做功,转变为机械能。

图4-1-2所示为目前常见发动机外形。发动机的所有结构都是为能量转换服务的,发动机伴随着汽车走过了100多年的历史,无论是在设计、制造、工艺还是在性能、控制方面都有很大的提高,但其基本原理仍然没有改变。这是一个富于创造的时代,那些发动机的设计者们,不断地将最新科技与发动机融为一体,把发动机变成一个复杂的机电一体化产品,使发动机性能达到近乎完善的程度,各世界著名汽车厂商也将发动机的性能作为竞争亮点,现在的汽车发动机不仅注重汽车动力的体现,更加注重能源消耗、尾气排放等与环境保护相关的方面,从而使人们在悠闲的享受汽车文化的同时,也能保护环境、节约资源。

图4-1-1　汽车构造剖视图

图4-1-2　发动机外形

发动机是一种由许多机构和系统组成的复杂机器。无论是汽油机还是柴油机,无论是四冲程发动机还是二冲程发动机,无论是单缸发动机还是多缸发动机,要完成能量转换,实现工作循环,保证长时间连续正常工作,都必须具备以下一些机构和系统。

第四章　机动车基本知识

曲柄连杆机构——实现热能转换的核心,也是发动机的装配基础。

配气机构——保证汽缸适时换气。

燃料系统——控制每循环投入汽缸燃油的数量,以调节发动机的输出功率和转速。

冷却系统——控制发动机的正常工作温度。

润滑系统——减少摩擦力,延长发动机的使用寿命。

点火系统——适时地向汽油发动机提供电火花(柴油发动机无点火系)。

起动系统——使曲轴旋转完成发动机起动过程。

(一)曲柄连杆机构

曲柄两杆机构在做功行程时,将燃料燃烧以后产生的气体压力,经过活塞、连杆转变为曲轴旋转的转矩;然后,利用飞轮的惯性完成进气、压缩、排气3个辅助行程。曲柄连杆机构由汽缸曲轴箱组、活塞连杆组和曲轴飞轮组3部分组成。

汽缸体和曲轴箱通常铸成一体,统称为汽缸体,它是发动机的外壳及装配基础,一般采用优质合金铸铁或铝合金制成,其结构形式有直列型、V型、对置型3种。汽缸体内呈圆柱形的空间称为汽缸,汽缸表面称为汽缸壁。汽缸是气体交换、燃烧的场所,也是活塞运动的轨道。为保证活塞与汽缸的密封及减少磨损,汽缸壁应具有较高的加工精度和较小的表面粗糙度值。为了使汽缸在工作时的热量得到散发,在汽缸体、汽缸套机体之间制有能够容纳冷却液的夹层空腔,称为水套。

在汽缸体的下部有7道主轴承座,用于安装曲轴飞轮组。汽缸体的侧面设有挺杆室,用于安装气门传动机件。汽缸体的上平面安装汽缸盖,下平面安装油底壳,前端面安装正时齿轮盖,均加有衬垫并用螺栓紧固密封。汽缸体的后端面安装飞轮壳。

为了增强缸体的耐磨性,延长汽缸体的使用寿命,汽缸体内大都镶有汽缸套。汽缸套分为干式和湿式两种。干式汽缸套不与冷却液接触,为防止缸套向下窜动,可在上(下)止口限位。湿式缸套外表面直接与冷却液接触,为防止漏冷却液,缸套下止口处装有1~3个橡胶密封圈。

(二)配气机构

配气机构的作用是根据发动机的工作顺序和各缸工作循环的要求,及时地开启和关闭进、排气门,使可燃混合气(汽油发动机)或新鲜空气(柴油发动机)进入汽缸,并将废气排入大气。配气机构大多采用顶置气门式配气机构,一般由气门组、气门传动组和气门驱动组组成。

四冲程发动机广泛采用气门凸轮式配气机构,它由气门组和气门传动组两部分组成。按其传动方式不同,可分为正时齿轮传动式和链条传动式两种;按凸轮轴的位置不同,可分为下置凸轮轴式、中置凸轮轴式和上置凸轮轴式。下置凸轮轴式配气机构,它的工作过程是:发动机工作时,曲轴通过一对互相啮合的正时齿轮带动凸轮轴旋转,当凸轮的凸尖上升到最高位置时气门开度最大。当凸轮的凸尖向下运动时,由于气门弹簧的弹力作用,气门及其传动机件恢复原位,将气道关闭。与下置凸轮轴式配气机构相比,中置和上置凸轮轴式配气机构因曲轴与凸轮轴距离较大,故多为正时链条或正时带传动。中置凸轮轴式省去了推杆;上置凸轮轴式省去了挺杆及推杆。

（三）燃料供给系统

汽油发动机燃料系统的作用是根据发动机不同工作情况的需要，将纯净的空气和汽油配制成适当比例的可燃混合气，送入各个汽缸进行燃烧，并将燃烧后所产生的废气排入大气中。柴油机燃料供给系统的功用是把柴油和空气分别供入汽缸，在燃烧室内形成混合气并燃烧，最后将燃烧后的废气排出。

汽油机燃料系统，按照可燃混合气形成方式的不同，可分为化油器式燃料系统和汽油喷射式燃料系统两种。两种形式的燃料系统，在汽车上都有应用，汽油喷射式燃料系统在汽车上得到了更快的推广。化油器式燃料系统曾经在汽车上有着广泛的应用。这种结构的汽油机燃料系统，具有工作可靠、结构简单、使用方便和成本较低的特点。但是，化油器不能满足现代汽车进一步降低排污和提高动力性、经济性的迫切要求，而逐渐丧失昔日的主流地位。

为了克服化油器式燃料系统的上述缺点，人们在发展化油器式燃料系统的同时，一直在寻求其他更好的混合气形成方法。在 20 世纪 50 年代，对汽油喷射技术的研究还只是一个序幕。当时的研究重点是如何提高发动机的输出功率和瞬间反应性能，而对燃油经济性考虑少，对排放污染则尚未触及，对于电子控制系统的优点也认识不足。

1967 年，博世公司推出了 D - Jetronic 电子控制汽油喷射系统，迎来了发动机电控技术百花竞放的春天。排放法规出台和汽油危机这两个方面的压力，加上电子技术的飞速发展，使此后的电喷技术发展驶上了快车道。

1981 年，热线式空气质量流量计的推出，提高了对空燃比的控制误差。尤其是微机的加入以及微机速度、容量的提高，使控制功能越来越完善。进气道汽油喷射由简单的多点喷射技术发展到顺序喷射，进一步改善了排放和瞬态性能。多种传感器的应用，控制器能了解整个发动机的运行条件和环境条件，进而针对不同工作模式进行智能化控制。随车故障诊断系统能对喷射系统以致控制器本身进行检测，提高了使用的可靠性和维修的便利。由于这些原因，电控汽油喷射系统得到了迅速的产业化发展。

相比而言，汽油喷射式燃料系具有以下优点：

(1)进气管道中没有狭窄的喉管，空气流动阻力小，充气性能好，有利于提高发动机的输出功率。

(2)混合气的各缸分配均匀性能好。

(3)可以随着汽车运行工况的变化而相应地配置最佳的可燃混合气浓度，确保发动机的动力性、经济性，特别是降低排气污染的要求。

(4)具有良好的加速等过度性能。汽油喷射式燃料系统在发展过程中尚需解决的主要的问题是系统的布置复杂和制造成本较高。

（四）冷却系统

冷却系统的功用是将受热零件吸收的部分热量及时散发出去，保证发动机在最适宜的温度状态下工作。水冷发动机的冷却系统通常由冷却水套、水泵、风扇、散热器、节温器等组成。

（五）润滑系统

润滑系统的功用是向作相对运动的零件表面输送定量的清洁润滑油，以实现液体摩擦，减小摩擦阻力,减轻机件的磨损。并对零件表面进行清洗和冷却。润滑系统通常由润滑油道、机油泵、机油滤清器和一些阀门等组成。

（六）起动系统

功能:要使发动机由静止状态过渡到工作状态,必须先用外力转动发动机的曲轴,使活塞作往复运动,汽缸内的可燃混合气燃烧膨胀做功,推动活塞向下运动使曲轴旋转,发动机才能自行运转,工作循环才能自动进行。因此,曲轴在外力作用下开始转动到发动机开始自动地怠速运转的全过程,称为发动机的起动。完成起动过程所需的装置,称为发动机的起动系统。起动系统由起动机及其附属装置组成。

（七）点火系统

在汽油机中,汽缸内的可燃混合气是靠电火花点燃的,为此在汽油机的汽缸盖上装有火花塞,火花塞头部伸入燃烧室内。能够按时在火花塞电极间产生电火花的全部设备称为点火系统。传统式由蓄电池、发电机、点火线圈、断电器、火花塞等组成。普通式和传统式点火系统类似,只是用电子元件取代了断电器。电子点火式全部是全电子点火系统,完全取消了机械装置,由电子系统控制点火时刻,包括蓄电池、发电机、点火线圈、火花塞和电子控制系统等。

目前汽车用的发动机都是内燃机,内燃机是热效率最高的热力机械,但仍存在着巨大的节能及降低尾气污染的潜力。对于量调节式的汽油机而言,在部分负荷时,会因节气门开度小而造成发动机的泵气损失大,从而降低发动机的机械效率,影响到经济性。取消节气门就是提高汽油机经济性的最根本措施。但由于目前的汽油机是用节气门来调节混合气量的,取消节气门,发动机的动力输出无法控制,因此必须探索新的途径。汽油直接喷射技术就是基于这一思路。将汽油机的节气门调节动力输出,改为用喷油量控制动力输出。这样一来,采用汽油直接喷射的汽油机与目前的电控喷射发动机相比,燃油消耗量可以减少15%左右。但汽油机采用直接喷射技术后,现有的三效催化系统难以发挥作用,使发动机的废气排放品质下降,因此还需要重新探索新的途径。

目前的混合气均质压燃理论为解决这一问题提供了很好的思路。该理论是在汽油机上取消节气门,用喷油量调节动力输出,采用大量的高温废气混合到适当比例的燃料和空气混合气中,用发动机的压缩行程（用活塞压缩）使混合气自己着火,从而解决汽油机无节气门下的动力输出与同时采用三效催化转化器的矛盾。同样这一理论也可以应用到柴油机上,使柴油机在均质混合气时压燃着火,而不是现在的边喷油、边着火的扩散燃烧模式,从而使柴油机的废气排放达到最低,特别是烟度排放和 NO_x 排放。目前均质混合气压燃着火的理论正在付诸实施之中。一旦这一新理论在实践得到应用,可以预见,今后的发动机会更加高效、更加清洁,汽车的使用将更加安全且有利于环保。

二、汽车电气设备

电器与电子设备是汽车的重要组成部分,其性能的好坏直接影响到汽车的动力性、经济性、可靠性、安全性、排气净化及舒适性。例如:为使汽车发动机获得最高的经济性,需靠点火系统能在最适当的时间点火;为使发动机可靠起动,需采用电动起动机;为保证汽车工作可靠、行驶安全,则有赖于各种指示仪表、信号和照明装置等电器的正常工作。

(一)汽车电气系统的组成

现代汽车上所装用的电器与电子设备的数量很多,但按其用途可大致归纳并划分为下列五部分。

1. 电源部分

电源包括蓄电池、发电机及其调节器。两者并联工作,发电机是主要电源,蓄电池是辅助电源。发电机配有调节器,其主要作用是在发电机转速增高时,自动调节发电机的输出电压使之保持稳定。

2. 用电设备

汽车上的用电设备数量很多,大致可分为以下几种:

(1)起动装置:它由蓄电池供电,将电能转变为机械能带动发动机转动。完成起动任务后,立即停止工作。

(2)点火系统:点火系统是汽油机不可缺少的部分,其功能是按发动机工作顺序产生高压电并通过火花塞跳火,保证适时、准确地点燃汽缸内的可燃混合气。有传统点火系统及电子点火系统之分。目前国产汽车广泛使用的是电子点火系统。

(3)照明设备:包括车内外各种照明灯以提供夜间安全行车所必要的灯光,其中以前照灯最为重要。

(4)信号装置:包括电喇叭、闪光器、蜂鸣器及各种信号灯,主要用来提供安全行车所必要的信号。

(5)辅助电器:包括电动刮水器、风窗洗涤器、空调器、低温起动预热装置、收录机、点烟器、防盗装置、玻璃升降器、座椅调节器等。辅助电器有日益增多的趋势,主要向舒适、娱乐、保障安全方面发展。

3. 电子控制装置

电子控制装置主要指由微机控制的装置,如电子控制点火装置、电子控制汽油喷射装置、电子控制防抱死制动装置、电子控制自动变速器等,用来提高汽车的动力性、经济性、安全性,实现排气净化和操纵自动化。

4. 检测装置

检测装置包括各种监测仪表,如电流表、电压表、机油压力表、温度表、燃油表、车速里程表、发动机转速表和各种报警灯。用来监视发动机和其他装置的工作情况。

5. 配电装置

配电装置包括中央接线盒、电路开关、熔断丝装置、插接件和导线。

(二)汽车电器与电子设备的分类

现代汽车上所装用的电器与电子设备,按其用途大致可分为五大类。

(1)供配电设备。主要包括电源(蓄电池、发电机和燃料电池等)、熔断器与继电器盒、导线和连接插件,它构成了汽车上各用电设备的供电电路,给用电设备提供工作所需的电能。

(2)用电设备。是将电能转换成其他形式能的设备。例如,汽车上的起动机、电动机、电动刮水器、电磁驱动器和各种电泵等是把电能转换成机械能;各种照明灯、指示与警报灯、闪光器是把电能转换成光能;汽车喇叭、蜂鸣器、音响等是将电能变成声能;电磁离合器、继电器是把电能变成磁能;点火器与加热器是把电能转换成热能。

(3)信号采集设备(传感器)。指用来完成信号提取和转换成电量(电阻、电压、电流)的设备,又称传感器。例如,汽车上的温度传感器、压力传感器、转速传感器、振动传感器,等等。

(4)信号处理设备(ECU)。也称电控单元,是指完成信号接收、处理(逻辑运算、比较、放大)并将处理结果(处理后的信号)输出的设备,例如,汽车各控制单元的电脑(单片机)。

(5)检测显示设备:是指完成人、机对话的各种仪表和显示屏。

三、汽车车身

汽车车身的作用主要是保护驾驶人以及构成良好的空气力学环境。好的车身不仅能带来更佳的性能,也能体现出车主的个性。汽车车身结构从形式上说,主要分为非承载式和承载式两种。

非承载式车身的汽车有刚性车架,又称底盘大梁架。车身本体悬置于车架上,用弹性元件连接。车架的振动通过弹性元件传到车身上,大部分振动被减弱或消除,发生碰撞时车架能吸收大部分冲击力,在坏路行驶时对车身起到保护作用,因此车厢变形小,平稳性和安全性好,而且厢内噪声低。但这种非承载式车身比较笨重,质量大,汽车质心高,高速行驶稳定性较差。

承载式车身的汽车没有刚性车架,只是加强了车头、侧围、车尾、底板等部位,车身和底架共同组成了车身本体的刚性空间结构。这种承载式车身除了其固有的乘载功能外,还要直接承受各种负荷。这种形式的车身具有较大的抗弯曲和抗扭转的刚度,质量小,高度低,汽车质心低,装配简单,高速行驶稳定性较好。但由于道路负载会通过悬架装置直接传给车身本体,因此噪声和振动较大。

还有一种介于非承载式车身和承载式车身之间的车身结构,被称为半承载式车身。它的车身本体与底架用焊接或螺栓刚性连接,加强了部分车身底架而起到一部分车架的作用,例如发动机和悬架都安装在加固的车身底架上,车身与底架成为一体共同承受载荷。这种形式实质上是一种无车架的承载式车身结构。因此,通常人们只将汽车车身结构划分为非承载式车身和承载式车身。

汽车车身结构主要包括:车身壳体、车门、车窗、车前钣金制件、车身内外装饰件和车身附件、座椅以及通风、暖气、冷气、空气调节装置等。在货车和专用汽车上还包括车厢和其他装备。

(一)车身壳体

车身壳体是一切车身部件的安装基础,通常是指纵、横梁和支柱等主要承力元件以及与它们相连接的钣金件共同组成的刚性空间结构。客车车身多数具有明显的骨架,而轿车车身和货车驾驶室则没有明显的骨架。车身壳体通常还包括在其上敷设的隔声、隔热、防振、防腐、密封等材料及涂层。

(二)车门

车门通过铰链安装在车身壳体上,其结构较复杂,是保证车身的使用性能的重要部件。这些钣金制件形成了容纳发动机、车轮等部件的空间。

(三)车身外部装饰件

车身外部装饰件主要是指装饰条、车轮装饰罩、标志、浮雕式文字等。散热器面罩、保险杠、灯具以及后视镜等附件也有明显的装饰性。

(四)车内部装饰件

车内部装饰件包括仪表板、顶篷、侧壁、座椅等表面覆饰物,以及窗帘和地毯。在轿车上广泛采用天然纤维或合成纤维的纺织品、人造革或多层复合材料、连皮泡沫塑料等表面覆饰材料;在客车上则大量采用纤维板、纸板、工程塑料板、铝板、花纹橡胶板以及复合装饰板等覆饰材料。

(五)车身附件

车身附件有:门锁、门铰链、玻璃升降器、各种密封件、风窗刮水器、风窗洗涤器、遮阳板、后视镜、拉手、点烟器、烟灰盒等。在现代汽车上常常装有无线电收放机和杆式天线,在有的汽车车身上还装有无线电话机、电视机或加热食品的微小炉和小型电冰箱等附属设备。

(六)车身内部的通风、暖气、冷气以及空气调节装置

这些装置是维持车内正常环境、保证驾驶人和乘客安全舒适的重要装置。

(七)座椅

座椅也是车身内部重要装置之一。坐椅由骨架、坐垫、靠背和调节机构等组成。坐垫和靠背应具有一定的弹性。调节机构可使坐位前后或上下移动以及调节坐垫和靠背的倾斜角度。某些座椅还有弹性悬架和减振器,可对其弹性悬架加以调节以便在驾驶人们不同的体重作用下仍能保证坐垫离地板的高度适当。在某些货车驾驶室和客车车厢中,还设置适应夜间长途行车需要的卧铺。

(八)其他附件

为保证行车安全,在现代汽车上广泛采用对乘员施加约束的安全带、头枕、气囊以及汽车碰撞时防止乘员受伤的各种缓冲和包垫装置。

按照运载货物的不同种类,货车车厢可以是普通栏板式结构、平台式结构、倾卸式结构、闭式车厢、气液罐以及运输散粒货物(谷物、粉状物等)所采用的气力吹卸专用容罐或者是适于公路、铁路、水路、航空联运和国际联运的各种标准规格的集装箱。

四、汽车底盘

汽车底盘由传动系统、行驶系统、转向系统和制动系统四部分组成。底盘作用是支撑、安装汽车发动机及其各部件、总成,形成汽车的整体造型,并接受发动机的动力,使汽车产生运动,保证正常行驶。图4-1-3所示为一般小型汽车底盘构造剖视图。

(一)传动系统

汽车发动机所发出的动力靠传动系统传递到驱动车轮。传动系统具有减速、变速、倒

车、中断动力、轮间差速和轴间差速等功能,与发动机配合工作,能保证汽车在各种工况条件下的正常行驶,并具有良好的动力性和经济性。传动系统一般由离合器、变速器、万向传动装置、主减速器、汽车底盘、差速器和半轴等组成。

图 4-1-3 汽车底盘构造剖视图

1. 离合器

离合器位于发动机和变速器之间的飞轮壳内,用螺钉将离合器总成固定在飞轮的后平面上,离合器的输出轴就是变速器的输入轴。在汽车行驶过程中,驾驶人可根据需要踩下或松开离合器踏板,使发动机与变速器暂时分离和逐渐接合,以切断或传递发动机向变速器输入的动力。

离合器的主要功用如下。

1)保证汽车平稳起步

起步前汽车处于静止状态,如果发动机与变速器是刚性连接的,一旦挂上挡,汽车将由于突然接上动力突然前冲,不但会造成机件的损伤,而且驱动力也不足以克服汽车前冲产生的巨大惯性力,使发动机转速急剧下降而熄火。如果在起步时利用离合器暂时将发动机和变速器分离,然后离合器逐渐接合,由于离合器的主动部分与从动部分之间存在着滑摩的现象,可以使离合器传出的转矩由零逐渐增大,而汽车的驱动力也逐渐增大,从而让汽车平稳地起步。

2)便于换挡

汽车行驶过程中,经常换用不同的变速器挡位,以适应不断变化的行驶条件。如果没有离合器将发动机与变速器暂时分离,那么变速器中啮合的传力齿轮会因载荷没有卸除,其啮合齿面间的压力很大而难于分开。另一对待啮合齿轮会因两者圆周速度不等而难于啮合。即使强行进入啮合也会产生很大的齿端冲击,容易损坏机件。利用离合器使发动机和变速器暂时分离后进行换挡,则原来啮合的一对齿轮因载荷卸除,啮合面间的压力大大减小,就容易分开。而待啮合的另一对齿轮,由于主动齿轮与发动机分开后转动惯量很小,采用合适的换挡动作就能使待啮合的齿轮圆周速度相等或接近相等,从而避免或减轻齿轮间的冲击。

3)防止传动系统过载

汽车紧急制动时,车轮突然急剧降速,而与发动机相连的传动系统由于旋转的惯性,仍保持原有转速,这往往会在传动系统中产生远大于发动机转矩的惯性矩,使传动系统的零件容易损坏。由于离合器是靠摩擦力来传递转矩的,所以当传动系统内载荷超过摩擦力所能传递的转矩时,离合器的主、从动部分就会自动打滑,因而起到了防止传动系统过载的作用。

2. 变速器

汽车变速器:通过改变传动比,改变发动机曲轴的转矩,适应在起步、加速、行驶以及克服各种道路阻碍等不同行驶条件下对驱动车轮牵引力及车速不同要求的需要。通常分为手动变速器(MT)、自动变速器(AT)、手动/自动变速器、无级式变速器。

3. 传动轴

传动轴总成由外万向节(RF 节)、内万向节(VL 节)和花键轴组成,RF 节和 VL 节均为球笼式等速万向节。VL 节用螺栓与差速器传动轴凸缘相连接,RF 节通过外星轮端部的花键轴与前轮相连接,左、右前轮分别由 1 根等速万向节传动轴驱动。

4. 主减速器

主减速器是汽车传动系统中减小转速、增大转矩的主要部件。对发动机纵置的汽车来说,主减速器还利用锥齿轮传动以改变动力方向。

汽车正常行驶时,发动机的转速通常为 2000 ~ 3000r/min,如果将这么高的转速只靠变速器来降低下来,那么变速器内齿轮副的传动比则需很大,而齿轮副的传动比越大,两齿轮的半径比也越大,换句话说,也就是变速器的尺寸会越大。另外,转速下降,而转矩必然增加,也就加大了变速器与变速器后一级传动机构的传动负荷。所以,在动力向左右驱动轮分流的差速器之前设置一个主减速器,可使主减速器前面的传动部件如变速器、分动器、万向传动装置等传递的转矩减小,也可变速器的尺寸质量减小,操纵省力。现代汽车的主减速器,广泛采用螺旋锥齿轮和双曲面齿轮。双曲面齿轮工作时,齿面间的压力和滑动较大,齿面油膜易被破坏,必须采用双曲面齿轮油润滑,绝不允许用普通齿轮油代替,否则将使齿面迅速擦伤和磨损,大大降低使用寿命。

5. 差速器

驱动桥两侧的驱动轮若用一根整轴刚性连接,则两轮只能以相同的角速度旋转。这样,当汽车转向行驶时,由于外侧车轮要比内侧车轮移过的距离大,将使外侧车轮在滚动的同时产生滑拖,而内侧车轮在滚动的同时产生滑转。即使是汽车直线行驶,也会因路面不平或虽然路面平直但轮胎滚动半径不等(轮胎制造误差、磨损不同、受载不均或气压不等)而引起车轮的滑动。

车轮滑动时不仅加剧轮胎磨损、增加功率和燃料消耗,还会使汽车转向困难、制动性能变差。为使车轮尽可能不发生滑动,在结构上必须保证各车辆能以不同的角速度转动。通常从动车轮用轴承支承在心轴上,使之能以任何角速度旋转,而驱动车轮分别与两根半轴刚性连接,在两根半轴之间装有差速器。这种差速器又称为轮间差速器。

多轴驱动的越野汽车,为使各驱动桥能以不同角速度旋转,以消除各桥上驱动轮的滑动,有的在两驱动桥之间装有轴间差速器。

现代汽车上的差速器通常按其工作特性分为齿轮式差速器和防滑差速器两大类。齿轮式差速器当左右驱动轮存在转速差时,差速器分配给慢转驱动轮的转矩大于快转驱动轮的转矩。这种差速器转矩均分特性能满足汽车在良好路面上正常行驶。但当汽车在坏路上行驶时,却严重影响通过能力。例如:当汽车的一个驱动轮陷入泥泞路面时,虽然另一驱动轮在良好路面上,汽车却往往不能前进(俗称打滑)。此时在泥泞路面上的驱动轮原地滑转,在良好路面上的车轮却静止不动。这是因为在泥泞路面上的车轮与路面之间的附着力较小,路面只能通过此轮对半轴作用较小的反作用力矩,因此差速器分配给此轮的转矩也较小,尽管另一驱动轮与良好路面间的附着力较大,但因平均分配转矩的特点,使这一驱动轮也只能分到与滑转驱动轮等量的转矩,以致驱动力不足以克服行驶阻力,汽车不能前进,而动力则消耗在滑转驱动轮上。此时加大踩下加速踏板的行程不仅不能使汽车前进,反而浪费燃油,加速机件磨损,尤其使轮胎磨损加剧。有效的解决办法是:挖掉滑转驱动轮下的稀泥或在此轮下垫干土、碎石、树枝、干草等。

为提高汽车在坏路上的通过能力,某些越野汽车及高级轿车上装置防滑差速器。防滑差速器的特点是,当一侧驱动轮在坏路上滑转时,能使大部分甚至全部转矩传给在良好路面上的驱动轮,以充分利用这一驱动轮的附着力来产生足够的驱动力,使汽车顺利起步或继续行驶。

6. 半轴

半轴是差速器与驱动轮之间传递转矩的实心轴,其内端一般通过花键与半轴齿轮连接,外端与轮毂连接。现代汽车常用的半轴,根据其支承型式不同,有全浮式和半浮式两种。全浮式半轴只传递转矩,不承受任何反力和弯矩,因而广泛应用于各类汽车上。全浮式半轴易于拆装,只需拧下半轴凸缘上的螺栓即可抽出半轴,而车轮与桥壳照样能支持汽车,从而给汽车维护带来方便。半浮式半轴既传递转矩又承受全部反力和弯矩。它的支承结构简单、成本低,因而被广泛用于反力弯矩较小的各类轿车上。但这种半轴支承拆取麻烦,且汽车行驶中若半轴折断则易造成车轮飞脱的危险。

传动系统可按能量传递方式的不同,分为机械传动、液力传动、液压传动、电传动等。

(二)行驶系统

行驶系统的功用是:

(1)接受传动系统的动力,通过驱动轮与路面的作用产生牵引力,使汽车正常行驶。

(2)承受汽车的总质量和地面的反力。

(3)缓和不平路面对车身造成的冲击,衰减汽车行驶中的振动,保持行驶的平顺性。

(4)与转向系统配合,保证汽车操纵稳定性。行驶系统由车架、车桥、车轮和悬架等组成。

(三)制动系统

汽车上用以使外界(主要是路面)在汽车某些部分(主要是车轮)施加一定的力,从而对其进行一定程度的强制制动的一系列专门装置统称为制动系统。其作用是:使行驶中的汽车按照驾驶人的要求进行强制减速甚至停车;使已停驶的汽车在各种道路条件下(包括在坡道上)稳定驻车;使下坡行驶的汽车速度保持稳定。

对汽车起制动作用的只能是作用在汽车上且方向与汽车行驶方向相反的外力,而这些外力的大小都是随机的、不可控制的,因此汽车上必须装设一系列专门装置以实现上述功能。

制动系统一般由制动操纵机构和制动器两个主要部分组成。

（1）制动操纵机构：产生制动动作、控制制动效果并将制动能量传输到制动器的各个部件。

（2）制动器：产生阻碍车辆的运动或运动趋势的力（制动力）的部件。汽车上常用的制动器都是利用固定元件与旋转元件工作表面的摩擦而产生制动力矩，称为摩擦制动器。它有鼓式制动器和盘式制动器两种结构形式。

第二节　车辆主要安全装置

车辆的安全配置按照作用原理可以分为：主动安全配置和被动安全配置两大类。了解和掌握车辆的主要安全装置，尤其是主动、被动安全系统的功用以及车辆的性能，是提高学员安全驾驶操作技能的基础。正确地使用主动、被动安全系统，才能达到减少交通事故发生和降低交通事故损失的目的。

一、主动安全配置

主动安全配置就是预防车辆发生事故的安全配置。换句话说，它的主要作用是在事故之前，尽量避免事故发生的。例如常见的 ABS、EBD、ESP 等。所以，主动安全配置更加重要一些。

（一）防抱死制动系统（ABS）

ABS 中文译为"防锁死刹车系统"。它是一种具有防滑、防锁死等优点的汽车安全控制系统。

在紧急制动的时候，如果四个轮子全部被制动系统锁死，那么车轮就会由滚动变成滑动，这时候车辆很容易发生侧滑或跑偏。而 ABS 则不会对轮子完全锁死，而会以每秒几千次的频率对车辆进行"点刹"，这样就能够有效的防治车轮锁死，使汽车在制动状态下仍能转向，保证汽车的制动方向稳定性，防止产生侧滑和跑偏。

目前，ABS 已经成为汽车的标准配置，很少有车辆不配备 ABS。

（二）制动力分配系统（EBD）

EBD 的英文全称是 Electric Brakeforce Dis‐tribution，中文直译就是"电子制动力分配"。

EBD 的原理：车辆在制动时，车载电脑会根据车辆每个车轮与地面的摩擦力的情况，对每个车轮施加不同的制动力，从而保证车辆的稳定性。

例如：如果左侧车轮是接触的是湿滑路面，而右侧接触的是干燥路面，很明显左右车轮与地面的摩擦力是不同的。如果在制动时对四个车轮施加相同的制动力，就容易产生打滑、倾斜和侧翻等现象。而配有 EBD 的车辆则不会发生这种情况，它会对左右车轮施加不同的制动力而保证车辆的稳定。

现在的 EBD 一般都是与 ABS 整合成一套系统存在的，所以我们经常看到厂家宣传说：车辆配有 ABS + EBD。

（三）制动辅助系统（BA/EBA/BAS）

制动辅助系统各种厂家的叫法不同，最主要的叫法有三种：BA、EBA、BAS。

制动辅助系统会监控驾驶人踩制动踏板的频率和力，在紧急的时刻辅助驾驶人对车辆施加更大的制动力，从而缩短制动距离，确保车辆安全。

（四）牵引力控制系统（ASR/TCS/……）

牵引力控制系统的作用是当车辆行驶在光滑路面时，如果动力输出过大，驱动轮转动过快，就会突破路面的抓地极限，从而打滑。这时候牵引力控制系统就会监控到驱动轮已经打滑，从而降低动力输出，而使轮胎回到正常转动的状态下，保证车辆稳定行驶。

各个厂家的牵引力控制系统功能都一样，只不过叫法不同而已。例如：奔驰叫ASR，丰田叫TRC，宝马叫DTC，凯迪拉克叫TCS等。

（五）电子稳定控制系统（ESP/DSC/……）

电子稳定控制系统其实就是牵引力控制系统的升级版本，牵引力控制系统只对驱动轮的动力输出进行控制，而电子稳定控制系统则会对四个车轮都进行控制。电子稳定控制系统是通过对四个车轮进行必要的制动来达到稳定车身的目的的。

如图4-2-1a)所示，当车辆发生转向不足时，会对内侧后轮进行制动，从而使车辆返回正确的路线上来（相当于以内侧后轮为圆心，辅助车辆转弯，抵消转向不足的作用）。

如图4-2-1b)所示，当车辆发生转向过度时，会对外侧前轮进行制动，从而使车辆返回正确的路线上来（相当于以外侧前轮为圆心，阻止车辆转弯，抵消转向过度的作用）。

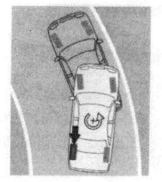
a) 转向不足时ESP主要对曲线内侧的后轮进行制动，产生一种反偏航转矩，使汽车重返正确的曲线上来

b) 转向过度时，ESP主要是对曲线外侧的前轮进行制动，以平衡即将产生的甩尾倾向

图4-2-1 电子稳定控制系统

电子稳定控制系统是一套非常有效且有必要的安全系统，能够大大地降低事故的发生率。不过现在国内只有中高档以上的车型才会装配电子稳定控制系统，大部分家用车型都没有装配。而在美国，电子稳定控制系统已经通过立法的方式，成为汽车的标准配备了。

首先发明电子稳定系统的公司是德国的博世（BOSCH）公司，命名为ESP，所以之后大家就习惯性地称电子稳定系统为ESP了，其实ESP是博世公司的注册商标，只有使用博世公司产品的汽车的电子稳定系统才能称为ESP。使用博世公司的ESP产品的汽车公司有大众、奥迪、奔驰等。

其他汽车公司也有功能类似的电子稳定系统,只不过叫法不同。例如,丰田的VSC,日产的VDC,宝马的DSC,本田的VSA等。

(六)陡坡缓降系统(HDC)

陡坡缓降系统最早是由路虎公司发明的,之后被多家汽车公司完善并装配在自己的车型上,其主要是装配在越野车上。越野车在通过很多路况复杂的下坡道路时,驾驶人必须谨慎地同时控制加速踏板、制动踏板以及转向盘,这对于没有丰富越野经验的驾驶人来说是很难做到的。而陡坡缓降系统在开启后,不用驾驶人控制加速踏板和制动踏板,车辆会自动以6~8km/h的速度前进,驾驶人只需控制好转向盘即可。

陡坡缓降系统现在一般只配置在高档越野车上,比如路虎的揽胜、奔驰的GL、奥迪的Q7、丰田的兰德酷路泽等。

(七)自动驻车和上坡辅助系统

自动驻车和上坡辅助系统的作用其实是一样的,只不过叫法不同而已,目的都是为了防止车辆在上坡路段溜车。

例如在坡道起步的时候,当您松开制动踏板的时候,自动驻车系统就会起作用对车辆进行制动,车辆就不会溜车。而当您踩下加速踏板的时候,车辆就会自动解除制动向前行驶。

又如在城市中走走停停的时候,您停车的时候也不必为了防止溜车而一直踩着制动踏板或者拉起驻车制动器操纵杆,自动驻车系统会对车辆进行制动,同样当您踩下加速踏板的时候,会自动解除。

(八)高位制动灯

高位制动灯(图4-2-2),顾名思义一般是安装在车尾上部,以便后面行驶的车辆易于发现前方车辆制动,起到防止追尾事故发生的目的。由于一般汽车已有两个制动灯安装在车尾两端,一左一右,所以高位制动灯也叫第三制动灯。

图4-2-2 高位制动灯

二、被动安全配置

被动安全配置就是在事故发生后,避免车内人员少受伤害的安全配置。换句话说,它的作用是一种补救措施,在事故发生后,尽量避免人员的伤害。例如常见的气囊等。

(一)安全气囊

安全气囊应该是最典型的被动安全配置,英文名称为SRS。安全气囊作用是减小汽车发生碰撞时由于巨大的惯性力所造成的对车内人员的伤害。用带橡胶衬里的特种织物尼龙制成,工作时用无害的氮气填充,一旦车辆发生碰撞,气囊就会迅速爆开并充满,以缓冲车内人员的撞击,减少伤害。

1. 正面气囊（驾驶人和前排乘客各1个）

正面气囊（图4-2-3）的作用的缓冲由于车辆受正面撞击所带来的伤害，驾驶人气囊一般位于转向盘里，防止驾驶人与转向盘、仪表板及前风窗玻璃发生碰撞；前排乘客气囊一般安装在中控台杂物箱内，防止副驾驶乘客与仪表板及前风窗玻璃发生碰撞。

现在绝大部分的车型最少都要有2个正面气囊，这已经成为行业内的默认标准了。不过有些不负责任的厂家为了追求利润，在一些低价车型上并没有配备安全气囊，或者只装配驾驶人一侧的气囊！

2. 侧气囊（前后排左右各1个，共4个）

侧气囊是安装在座椅外侧的，目的是减缓侧面撞击造成的伤害，如图4-2-4所示。现在很多厂家的车型都会装配前排两个座椅的侧气囊，装配后排侧气囊的一般都是中高级以上的车型。

图4-2-3　正面气囊

图4-2-4　侧气囊

3. 头部侧安全气囊（左右各1个）

头部侧安全气囊安装在车辆侧面A柱与C柱之间，用于保护乘客头部的安全，减轻侧面撞击对头部的伤害，如图4-2-5所示。装配头部侧安全气囊的通常也是中高级以上的车型。

4. 膝部气囊（前排左右各1个）

膝部气囊（图4-2-6）并不常见，它的主要作用是在碰撞时保护膝部和腿部免受踏板、内饰部件和车辆金属部件的伤害。诸如丰田皇冠、奔驰新E级等车型均有配备。

现在气囊最多的车型会装配10个气囊，好一点的装配8个气囊，一般都是4个或6个。

图4-2-5　头部侧安全气囊

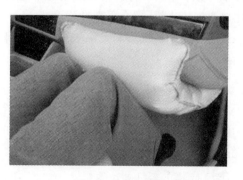

图4-2-6　膝部气囊

(二)后排安全带

后排安全带顾名思义就是后排乘客使用的安全带,现在大部分朋友已经很清楚安全带的重要作用了,但是这仅限于前排乘客。其实后排乘客也一样需要系好安全带,保护自己生命安全。

(三)头颈部保护系统

当车辆发生碰撞时,身体和头部由于有座椅和头枕的支撑,会得到保护。但是这时候颈部是没有支撑的,从而就会承受很大的压力,对颈部造成伤害。

头颈部保护系统会在发生碰撞时,头枕会适当向后溃缩,同时座椅适当后倾,这样来减少碰撞对颈部带来的冲击。如图 4-2-7 所示。头颈部保护系统最早是由沃尔沃汽车公司发明的,后来被其他汽车公司广泛使用。

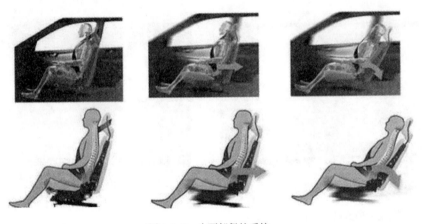

图 4-2-7 头颈部保护系统

(四)激光焊接车身

普通的焊接原理其实就是将金属熔化,然后冷却凝为一起。汽车的车身是由上下左右四块钢板焊接而成的,普通的焊接都是点焊,通过一个一个的焊点把钢板连接到一起。

激光焊接则是利用激光的高温,将两块钢板内的分子结构打乱,分子重新排列使得两块钢板中的分子溶为一体。所以从物理学上讲,激光焊接是把两块钢板变成了一块钢板,因此相比普通焊接来说,拥有更高的强度。

现在很多高档车型均采用激光焊接车身,而在中低档车上用得不多。

(五)发动机起动防盗锁止系统

发动机起动防盗锁止系统是针对发动机安装了一套防盗系统,汽车点火钥匙中内装有电子芯片,每个芯片内都装有固定的 ID(相当于身份识别号码),只有钥匙芯片的 ID 与发动机一侧的 ID 一致时,汽车才能起动,相反,如果不一致,汽车就会马上自动切断电路,使发动机无法起动。

(六)行驶中车门自动落锁

行驶中车门自动落锁指的是汽车在行驶中车速超过一定值时(一般为 20~40km/h),四个车门会自动锁止,从而提高行车的安全性。

（七）后门儿童锁

后门儿童锁是在后门上有一个控制按钮(图4-2-10),当按钮关闭时,从车内无法打开车门,只能从外开启。从而避免车内儿童在车辆行驶的时候打开车门,产生危险。

（八）中控锁

中控锁就是车门锁,现在的汽车中控锁主要有三种形式:钥匙开启、遥控中控和无钥匙进入。

(1)钥匙开启:最简单的功能,用钥匙直接插入钥匙孔开关车门。

(2)遥控中控:在钥匙上装有遥控装饰,只需在一定的距离内按动钥匙按钮就可以相对的开启车门、车窗、行李舱的功能。

(3)无钥匙进入:也叫智能钥匙系统,同样也有一个遥控器,但是不需要您按动按钮了。遥控器内置的电脑芯片会发送无线射频信号,当您携带钥匙靠近车辆时,会与车内的系统进行匹配,确认无误就会自动打开车门。同理,当您离开车辆一定范围后,车辆也会自动锁上车门。

现在很多高档车型都配备了无钥匙进入系统,个别中低档车型也有。

三、未来主要汽车安全技术

美国《福布斯》通过对整车制造企业和零部件企业进行调查统计,公布了一篇名为《可以挽救你生命的10套汽车安全配置》的文章。这10套先进配置目前仅在部分车型上使用,相信随着技术的发展和成本的降低,这些安全配置将会加速普及。

（一）睡意探测器

睡意探测器设有70个不同的参数来检测驾驶人的疲劳程度。当探测器检测到驾驶人有瞌睡的"意向"时,仪表板上会出现"一杯咖啡"图像和"您是否该稍作休息一下?"的文字,同时还会发出铃声对驾驶人进行"警告"。如图4-2-8所示。目前配有该系统的车型:2010款奔驰E级轿车。

（二）车道稳定系统

配有车道稳定系统的车辆在不小心偏移至旁边的车道时,该系统会发出警告。比如奔驰E级车的前风窗玻璃处安装了摄像头。该摄像头可以识别车道标识,当车辆"无意识"地偏向另一车道时,车辆的转向盘会发生三次抖动,以示警告。图4-2-9为车道稳定系统演示图。

（三）反向行驶检测系统

宝马汽车研发了一套导航系统,该系统可以防止车辆在高速公路上行驶时发生方向错误。这套导航系统可以根据地图来判断车辆是否在反向行驶。如果该系统发现车辆出现反方向行驶"动向"时,该导航系统会发出视觉和听觉警告。如果车主仍执意反向行驶,那么该系统会通过和其他车辆的导航系统进行"沟通",向其他车主发出安全警告。

图 4-2-8 睡意探测器

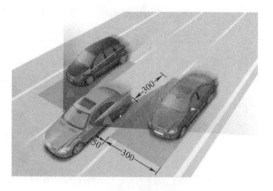
图 4-2-9 车道稳定系统演示图

(四)膨胀式安全带

新一代福特 Explorer 配制了膨胀式安全带。当车辆发生事故时,这项新的科技可以使藏在安全带内的迷你安全气囊在瞬间充气,膨胀成圆柱形来保护乘客。充气后的安全带可以冲抵撞击时产生的力,对身体的压力仅为传统三点式安全带的 1/5。如图 4-2-10 所示。

(五)交通堵塞辅助设备

伟世通研发出的这款移动辅助设备在美国售价仅为 2.99 美元。与"信息反馈迟缓"的交通状况广播相比,这款设备让驾驶人更及时获知高速公路和主要道路上的汽车拥堵状况。目前这款可随身携带的移动设备只单独销售,但是伟世通表示,后续这款设备将直接安装在车辆上。

(六)盲点监测系统

盲点监测系统可以监测到驾驶人视线外的车辆。当有车辆驶入监视区内时,车内两侧 A 柱上的警示灯会立即亮起,同时会发出声音,及时提醒驾驶人注意,采取规避措施。如图 4-2-11 所示。

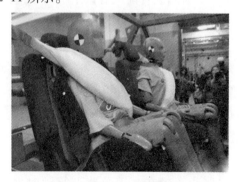
图 4-2-10 膨胀式安全带

图 4-2-11 盲点监测系统

(七)带自动制动功能的碰撞警示系统

该碰撞警示系统中的雷达感应器可以判断前方车辆的行驶速度,当前方车辆减速时,该系统会对驾驶人发出减速制动的警告。如果驾驶人未及时采取措施,该系统将使车辆自动制动,进而避免了与前方车辆发生碰撞。图4-2-12为碰撞警示系统演示图。

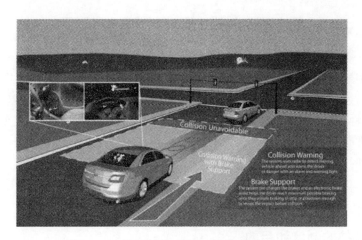

图4-2-12　带自动制动功能的碰撞警示系统演示图

(八)后方车辆监测系统

这套雷达系统可以监测到后方行驶的车辆。当车辆在十字路口掉头,或者在从停车点驶出的过程中,如果后方出现逐步靠近的车辆,车辆A柱上的警示灯会立即亮起,同时会发出声音。图4-2-13为后方车辆监测系统演示图。

(九)行人探测安全系统

行人监测安全系统会对车前的行人进行监测,当行人走到车前方的道路时,它会通过声光信号,在抬头显示屏(HUD)上警告驾驶人,并提前对制动器进行施压,如果驾驶人仍然没有制动,它将全力进行制动,从而保证安全。目前配有该系统的车型:捷豹XF、本田讴歌部分车型。

(十)高端抬头显示屏

目前,通用汽车和几所美国高校正在研发下一代抬头显示屏。下一代抬头显示屏将采用导航技术、夜视技术和激光技术来分辨前方能见度很低的道路状况。车辆安装的红外摄像头可以判断道路的边缘部分,同时使信息显示在风窗玻璃上。另外,该系统还可以分辨驾驶人肉眼看不见的动物和行人。除了以上功能外,该显示屏还可以监测到道路两旁的限速标志。如图4-2-14所示。

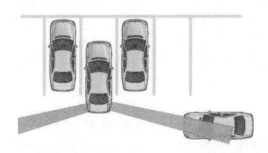

图4-2-13　后方车辆监测系统演示图

图4-2-14　高端抬头显示屏

第三节　车辆维护基本知识

汽车在使用过程中,受摩擦、振动、冲击等作用,各部机构、零件逐渐产生不同程度的变形磨损、疲劳、腐蚀、老化,其动力性、经济性、可靠性、安全性等性能随之变差,对大气的污染加剧,发生运行性故障的可能性增加。对此,适时地、合理地进行维护,使汽车经常处于完好技术状态是非常必要的。为保证汽车的技术良好,确保安全运行,充分发挥汽车的效能和降低运行消耗,同时为明确汽车驾驶人与维修企业的职责,《汽车维护、检测、诊断技术规范》(GB/T 18344—2001)等法律、法规和国家标准对车辆的维护、分类、周期、作业范围、技术要求等做出明确规定。

一、汽车维护的制度和目的

汽车维护是指对汽车运行达到国家有关规定的行驶里程或间隔时间,为保持车辆技术状况良好,确保运行安全,保护环境,降低运行消耗,提高运输质量,必须按期执行维护作业。汽车维护制度是指对汽车进行维护作业而规定的技术性组织措施。

汽车维护制度是贯彻安全第一、预防为主的方针,保障汽车运行安全的基本制度。汽车维护应以贯彻预防为主,执行强制维护的原则,保持车容整洁,及时发现和消除故障、隐患,防止汽车早期磨损。汽车维护作业包括清洁、检查、补给、润滑、紧固、调整等,除出现主要总成发生故障必须解体的情况下,不得对其解体。

二、汽车维护的分类和内容

(一)汽车维护的分类

汽车维护分为日常维护、一级维护、二级维护。

(二)汽车各类维护的中心内容

1. 日常维护

(1)对汽车外观、发动机外表进行清洁,保持车容整洁。

(2)对汽车各部润滑油脂、燃油、冷却液、制动液、各工作介质、轮胎气压进行检视补给。

(3)对汽车制动、转向、传动、悬架、灯光、信号等安全部位和位置以及发动机运转状态进行检视、校紧,确保行车安全;日常维护工作由驾驶人负责执行。

2. 一级维护

一级维护作业中心内容除日常维护作业外,以清洁、润滑、紧固为主,并检查有关制动、操纵等安全部件。一级维护作业由维护企业负责执行。

3. 二级维护

二级维护作业中心内容除一级维护作业外,以检查、调整转向节、转向节臂、制动蹄片、悬架等经过一定时间的使用容易磨损或变形的安全部件为主,并拆检轮胎,进行轮胎换位,检查调整发动机工作状况和排气污染控制装置等。二级维护由维修企业负责执行。

(三)汽车各类维护作业周期

汽车维护周期是指进行同级维护之间的间隔里程(或时间)。汽车维护必须遵照道路运政管理机构或汽车制造厂《汽车使用说明书》规定的里程或间隔时间,按期强制执行。

各级维护项目和周期的规定,必须根据汽车结构性能、使用条件、故障规律、配件质量及经济等情况综合考虑。

日常维护周期为:出车前、行车中、收车后。汽车一、二级维护周期以汽车行驶里程为基本依据。汽车维护的行驶里程按照车辆使用说明书的有关规定或省级交通行政主管部门根据汽车使用技术条件不同而制定的标准执行。对于不使用行驶里程统计、考核的汽车,可以用行驶时间间隔来确定维护周期。时间周期规定的依据是汽车使用强度和使用的条件。

三、汽车日常维护

汽车日常维护是指以清洁、补给和安全检视为作业中心内容,由驾驶人负责执行的车辆维护作业。汽车日常维护是各级维护的基础,包括:出车前、行车中、收车后3个环节。随着汽车技术日益发展,汽车驾驶人对汽车日常维护工作的要求也有所变化。汽车日常维护的主要内容是:

(1)坚持"三检"。即出车前、行车中、收车后,检视汽车的安全机构及各部机件连接的紧固情况。

(2)保持"四清"。即保持机油、空气、燃油滤清器和蓄电池的清洁。

(3)防止"四漏"。即防止漏水、漏油、漏气、漏电。

(4)保持车容整洁。

(一)出车前维护作业内容

(1)清洁汽车外表。

(2)检查门窗玻璃、玻璃升降摇手柄、刮水器、后视镜、内视镜和门锁等是否齐全有效。

(3)检查冷却液量、润滑油量、液压制动液量、燃油量、蓄电池电解液量是否充足,并检查上述各液体容器的盖是否齐全有效。

(4)检查牌照、喇叭、灯具是否齐全有效。

(5)检查转向机构各连接部位是否牢固可靠。

(6)检查轮胎气压是否合乎标准,轮胎螺栓是否松动,并清除胎纹间杂物。

(7)检查转向盘自由转动量、离合器踏板自由行程是否正常。

(8)检查钢板弹簧及U形螺栓是否完好紧固;独立悬架车辆还需检查是否漏油。

(9)检查电气线路有否松动和降落现象。

(10)检查发动机运转中有无异响及各仪表工作是否正常。

(11)检查有否漏水、漏油、漏气、漏电现象。

(12)检查车箱和货物装载情况是否符合装载规定和拖挂装置是否牢固可靠。

(13)检查随车装备和工具是否齐全,并随带必要的备件和配件,如千斤顶、应急反光牌、灭火器等。

(14)检查行车证照是否齐全。

(15)发现故障或车辆技术不符合要求的应及时保修,待保持良好方能出车。

(二)行车中维护作业内容

1. 途中行驶中

(1)汽车起步行驶后,试验离合器、制动器和转向系统的工作状况。

(2)汽车行驶中发现有下列情况之一者,应立即停车检查排除:

①发动机熄火、工作不稳、温度过高。

②车辆有异常声响和气味。

③仪表工作失常或失效。

④制动器效能降低或制动气压低于588kPa。

⑤转向机构工作失常。

⑥轮胎有明显的漏气或严重损坏声音。

⑦离合器工作失常。

2. 途中停车时

(1)检查有否漏水、漏油、漏气、漏电现象。

(2)检查制动鼓、轮毂、减速器、中间轴承、变速器的温度是否正常,过热时应查明原因予以排除。

(3)检查轮胎气压是否正常,轮胎有无损伤,并清除胎纹间杂物。

(4)检查转向机构各部连接是否牢靠。

(5)检查传动轴、万向节的连接是否牢靠。

(6)检查钢板弹簧是否完好及其U形螺栓有无松动,空气悬架系统是否磨损或泄漏。

(7)检查拖挂装置是否安全可靠。

(8)检查货物装载有否松动移位。

(9)发现的故障和不良事项,应及时排除或报修后方能继续行驶。

(三)收车后维护作业内容

(1)清洁全车外表和驾驶室(车厢)内部。

(2)检查有无漏水、漏油、漏气、漏电。

(3)补给燃油量、润滑油量、制动液量。按需加注润滑脂。

(4)检查冷却系统工作情况。夏季检查百叶窗开度和风扇皮带松紧度,定期换水清洁。冬季气温低于3℃时,未加防冻液的冷却液应放净。

(5)冬季气温低于-30℃时,露天停放的车辆则应拆下蓄电池,置于室内保温。

(6)检查各连接装置有无松动、脱落。

(7)检查悬架总成各部状况。

(8)检查轮胎气压,清除胎纹及并装轮胎间杂物。

(9)放净制动储气筒内的油、水,并关好开关。

(10)检查拖挂装置是否安全可靠。

(11)发现的故障和不良事项,应及时排除或报修。

四、汽车一级维护

汽车一级维护是指除日常维护作业外,以清洁、润滑、紧固为作业中心内容,并检查有关制动、操纵等安全部件,由维修企业负责执行的车辆维护作业。

可见汽车一级维护的中心内容是在日常维护的基础上增加润滑、紧固和安全部件检查的要求,并明确指出汽车一级维护的执行应由维修企业负责,即应进维修厂进行维护。

在汽车使用过程中,随着行驶里程的增加,有些零部件可能会出现松脱、润滑部位出现缺油和漏油等不良现象,影响汽车的操作安全性。因此,定期对汽车进行一级维护是很有必要的。

由于一级维护作业中零部件紧固、润滑油添加(或更换)和安全部件技术状况的检查等专业性作业,尤其各车型的不同,其要求相差甚远,必须由专业技术工人、专业维护厂家利用相关设施和专用设备,按技术标准和说明书要求进行。因此,在(GB/T 18344—2001)中要求汽车一级维护的执行由维修企业负责。汽车一级维护是一项运行性维护作业,即在汽车日常使用过程中的一次以确保车辆正常运行状况为目的的作业,以清洁、润滑、紧固为主要内容,并检查制动、操纵等安全部件。

(一)主要作业内容(表4-3-1)

一级维护主要作业内容　　　　　　　表4-3-1

序号	项　目	作业内容	技术要求
1	点火系统	检查、调整	工作正常
2	发动机空气滤清器、空气压缩机空气滤清器、曲轴箱通风系空气滤清器、机油滤清器和燃油滤清器	清洁或更换	各滤芯应清洁无破损,上下衬垫无残缺,密封良好;滤清器应清洁,安装牢固
3	曲轴箱油面、化油器油面、冷却液面、制度液液面高度	检查	符合规定
4	曲轴箱通风装置、三效催化转化装置	外观检查	齐全、无损坏
5	散热器、油底壳、发动机前后支垫、水泵、空气压缩机、进排气歧管、化油器、输油泵、喷油泵连接螺栓	检查校紧	各连接部位螺栓、螺母应紧固,锁销、垫圈及胶垫应完好有效
6	空气压缩机、发电机、空调机皮带	检查皮带磨损、老化程度,调整皮带松紧度	符合规定
7	转向器	检查转向器液面及密封状况,润滑万向节十字轴、横直拉杆、球头销、转向节等部位	符合规定
8	离合器	检查调整离合器	操纵机构应灵敏可靠;踏板自由行程应符合规定

续上表

序号	项 目	作业内容	技术要求
9	变速器、差速器	检查变速器、差速器液面及密封状况，润滑传动轴万向节十字轴、中间轴承，校紧各部连接螺栓，清洁各通气塞	符合规定
10	制动系统	检查紧固各制动管路、检查调整制动踏板自由行程	制动管路接头应不漏气，支架螺栓紧固可靠。制动联动机构应灵敏可靠，储气筒无积水、制动踏板自由行程符合规定
11	车架、车身及各附件	检查、紧固	各部螺栓及拖钩、挂钩应紧固可靠，无裂损，无窜动，齐全有效
12	轮胎	检查轮辋及压条挡圈；检查轮胎气压（包括备胎），并视情况补气；检查轮毂轴承间隙	轮辋及压条挡圈应无裂损、变形；轮胎气压应符合规定，气门嘴帽齐全；轮轴承间隙无明显松旷
13	悬架机构	检查	无损坏、连接可靠
14	蓄电池	检查	电解液液面高度应符合规定，通气孔畅通，电桩夹头清洁、牢固
15	灯光、仪表、信号装置	检查	齐全有效，安装牢固
16	全车润滑点	润滑	各润滑装置安装正确，齐全有效
17	全车	检查	全车不漏油、不漏水、不漏气、不漏电、不漏尘，各种防尘罩齐全有效

注：技术要求栏中的"符合规定"指符合实际使用中的有关规定。

(二)检查作业及要求

汽车一级维护检查项目主要包括：影响排放性能的发动机点火系统和排放净化装置的工作状况检查、全车各部分密封性能的检查、油液液面检查、发电机等传动带外观检查等。从上述检查项目的技术要求来看，仅为一般人工检视要求，维修技工即可完成，且对检查出的问题应作相应小修处理。

(三)检查、调整作业及要求

汽车一级维护技术规范中对发电机传动带、轮胎气压、轮毂轴承间隙及离合器、制动踏板自由行程等有检查、调整的要求，并要求所调整的数据应符合该车出厂规定。

(四)检查、紧固作业及要求

汽车一级维护技术规范中对发动机总成及各装置，底盘总成及传动连接状况和车架、车身及车身附件有检查、紧固的要求，其拧紧力矩应符合规定。

(五)清洁作业及要求

汽车一级维护的清洁作业,较日常维护以车身和发动机外表清洁为主的要求有了进一步提高,要求除一级维护的清洁之外,对发动机空气滤清器、空气压缩机空气滤清器、曲轴箱通风系统空气滤清器、机油滤清器和燃油滤清器等滤芯要检查、清洁或更换,要求各滤芯应清洁无破损,上下衬垫无残缺,密封良好,安装牢固;对变速器、差速器齿轮箱和蓄电池通气孔等要求清洁畅通。

(六)润滑作业及要求

汽车一级维护技术规范在润滑方面对底盘转向和传动部件及全车各润滑点有润滑的要求,主要作业对象是万向节十字轴、横直拉杆、球头销、转向节、传动轴万向轴十字节、中间轴承等部位。现代轿车为了保证其润滑效果,将有些运动副设计成封闭式的,无须润滑,如上海桑塔轿车的前轮驱动等速万向节传动轴,为了保证两端等速万向节的清洁和润滑,用橡胶护套将其密封起来,在进行维护作业(特别是一级维护)时一般无须拆下来润滑,主要检查橡胶的护套的完好状况和管箍的紧固情况。

五、汽车二级维护

汽车二级维护是指除完成一级维护作业外,以检查、调整转向节、转向摇臂、制动蹄片、悬架等经过一定时间的使用容易磨损或变形的安全部件为主。拆检轮胎,进行轮胎换位,检查调整发动机工作状况和排气污染控制装置等,由维修企业负责执行的车辆维护作业。当汽车行驶到一定里程后,汽车的磨损和变形会增加,为了延长汽车使用寿命和保证行车安全,必须按期进行更深入的汽车二级维护。

(一)二级维护作业过程

汽车二级维护首先要进行检测,汽车进厂后,根据汽车技术档案的记录资料(包括车辆运行记录,维修记录,检测记录,总成修理记录等)和驾驶人反映的车辆使用技术状况(包括汽车动力性,异响,转向,制动及燃料、润料消耗等)确定所需检测项目,依据检测结果及车辆实际技术状况进行故障诊断,从而确定附加作业。附加作业项目确定后与基本作业项目一并进行二级维护作业。二级维护过程中要进行过程检验,过程检验项目的技术要求应满足有关的技术标准或规范;二级维护作业完成后,应经维护企业进行竣工检验,竣工检验合格的车辆,由维护企业填写《汽车维护竣工出厂合格证》后方可出厂。

(二)汽车二级维护检测、诊断

对汽车二级维护检测项目进行检测时,应随用该检测项目的专用检测仪器,仪器精度须满足有关规定。汽车二级维护检测项目的技术要求应参照国家有关的技术标准或原厂要求。见表4-3-2。

汽车二级维护检测项目　　　　　表4-3-2

序　号	检 测 项 目
1	发动机功率,汽缸压力
2	汽车排气污染物,三效催化转化装置的作用

续上表

序 号	检 测 项 目
3	电控燃油喷射系统
4	柴油车检查供油提前角、供油间隔角和喷油泵供油压力
5	制动性能、检查制动力
6	转向轮定位,主要检查前轮定位角和转向盘自由转动量
7	车轮动平衡
8	前照灯
9	操纵稳定性,有无跑偏、发抖、摆头
10	变速器,有无泄漏、异响、松脱、裂纹等现象,换挡是否轻便灵活
11	离合器。有无打滑、发抖现象,分离是否彻底,接合是否平稳
12	传动轴。有无泄漏、异响、松脱、裂纹等现象
13	后桥,主减速器有无泄漏、异响、松动、过热等现象

(三)汽车二级维护附加作业项目的确定

根据检测结果进行汽车故障诊断,确定以消除汽车故障为目的的二级维护附加作业项目和作业内容,恢复汽车的正常技术状况。附加作业项目确定后与基本作业项目一并进行二级维护作业。

(四)二级维护过程检验

二级维护过程中,要始终贯穿过程检验,并作检验记录。过程检验中各维护项目的技术要求,需满足相应的有关技术标准或出厂说明书的有关规定。

(五)二级维护基本作业项目

二级维护作业内容包含一级维护作业内容,二级维护基本作业项目见表4-3-3。

二级维护基本作业项目　　　　　　　表4-3-3

序 号	维护项目	作业内容	技术要求
1	发动机润滑油、机油滤清器	(1)更换润滑油 (2)视情更换机油滤清器	(1)润滑油规格性能指标符合规定 (2)液面高度符合规定 (3)机油滤清器密封良好,无堵塞,完好有效
2	检查润滑油油面高度	检查转向器、变速器、主减速器等润滑油规格和液面高度,不足时按要求补给	符合出厂规定
3	空气滤清器	清洁空气滤清器	空气滤清器清洁有效,安装可靠。恒温进气装置真空软管安装可靠。进气转换阀工作灵敏、准确
4	(1)油箱及油管 (2)燃油滤清器 (3)燃油泵	(1)检查接头及密封情况 (2)清洁燃油滤清器,并视情更换 (3)检查燃油泵,必要时更换	(1)接头无破损、渗漏,紧固可靠 (2)燃油滤清器工作正常 (3)燃油泵工作正常,油压符合规定

续上表

序号	维护项目	作业内容	技术要求
5	燃油蒸发控制装置	检查清洁,必要时更换	工作正常
6	曲轴箱通风装置	检查、清洁	清洁畅通。连接可靠,不漏气,各阀门无堵塞、卡滞现象,灵敏有效,符合规定
7	散热器、膨胀箱、百叶窗、水泵、节温器、传动带	(1)检查密封情况、箱盖压力阀、液面高度、水泵 (2)检视传动带外观,调整传动带松紧度	(1)散热器及软管无变形、破损及渗漏;箱盖接合表面良好。胶垫不老化、箱盖压力阀开启压力符合要求;水泵不漏水。无异响;节温器工作性能符合规定 (2)传动带应无裂痕和过量磨损,表面无油污,传动带松紧度符合规定
8	(1)进、排气歧管、消声器、排气管 (2)汽缸盖	(1)检查、紧固,视情补焊或更换 (2)按规定次序和拧紧力矩校紧汽缸盖	(1)无裂痕、漏气、消声器性能良好 (2)拧紧力矩符合规定
9	增压器、中冷器	检查、清洁	符合规定
10	发动机支架	检查、紧固	连接牢固、无变形和裂缝
11	化油器及联动机构	清洁、检查、紧固	清洁,联动机构运动灵活,连接牢固。无漏油、气现象,工作系统和附加装置工作正常
12	油器、喷油器	检查喷油器和喷油泵的作用,必要时检测喷油压力和喷油状况,视情调整供油提前角	(1)喷油器雾化良好、无滴油、漏油现象,喷油压力符合规定 (2)供油提前角符合规定
13	分电器、高压线	清洁、检查	分电器无油污,调整触点间隙在规定范围内,无松旷、漏电现象、高压线性能符合规定
14	火花塞	清洁、检查或更换火花塞,调整电极间隙	电极表面清洁,间隙符合规定
15	气门间隙	检查调查	符合规定
16	电控燃油喷射系统供油管路	检查密封状况	密封良好,作用正常
17	三效催化装置	检查三效催化装置的作用,必要的更换	作用正常
18	离合器	检查调整离合器踏板自由行程	离合器踏板自由行程符合规定

续上表

序 号	维护项目	作业内容	技术要求
19	前轮制动	(1)检查前轮制动器调整臂的作用	作用正常
		(2)拆卸前轮毂总成、制动蹄、支承销;清洗转向节、轴承、支承销,清洁制动底板等零件	清洁、无油污
		(3)检查制动盘、制动凸轮轴,校紧装置螺栓	(1)制动底板不变形,按规定力矩拧紧装置螺栓 (2)凸轮轴转动灵活、无卡滞,转向间隙符合规定
		(4)检查转向节及螺母、保险片及油封、转向节臂,校紧装置螺栓	(1)转向节无裂纹,螺纹完好,与螺母配合应无径向松旷,保险片作用良好,油封完好不漏油 (2)转向节轴径与轴承的配合间隙符合要求,转向节臂装置螺栓拧紧力矩符合规定
		(5)检查内外轴承	液柱保持架无断裂,滚柱无脱落,无裂损和烧蚀,轴承内圈无裂损和烧蚀
		(6)检查制动蹄及支承销	(1)制动蹄无裂损及明显变形,摩擦片不破裂,铆接可靠,摩擦片厚度符合规定 (2)支承销无过量磨损,支承销与制动蹄承孔衬套配合间隙符合规定
		(7)检查制动蹄复位弹簧	复位弹簧应无明显变形,自由长度、拉力符合规定
		(8)检查前轮毂、制动鼓及轴承外座圈,校紧轮胎螺栓内螺母	(1)轮毂无裂损 (2)轴承外座圈无裂纹,无麻点,无烧蚀 (3)制动鼓无裂纹,外边缘不得高出工作表面,检视孔完整,内径尺寸、圆度误差、左右内径差符合规定 (4)轮胎螺栓齐全完好,规格一致,按规定力矩拧紧
		(9)装复前轮毂、调整前轮轴承松紧度及制动间隙	(1)装复支承销,制动蹄支承销孔均应涂润滑脂,开口销或卡簧齐全有效 (2)润滑轴承 (3)制动鼓、制动片表面清洁,无油污 (4)制动片与制动鼓的间隙应符合规定,转动无碰擦现象或声响,检视孔挡板齐全 (5)轮毂转动灵活,用拉力计测量时可转动且无轴向间隙 (6)保险可靠,防尘罩、衬垫完好,螺栓垫圈齐全紧固(螺栓规格一致)

第四章　机动车基本知识

续上表

序　号	维护项目	作业内容	技术要求
20	后轮制动	(1)拆半轴、轮毂总成、制动蹄、支承销,清洗各零件及制动底板、半轴套管	(1)轮毂通气孔畅通 (2)各零件及制动盘、后桥套管清洁无油污
		(2)检查制动底板、制动凸轮轴,校紧连接螺栓	(1)制动底板不变形,连接栓按规定力矩紧固 (2)凸轮轴转动灵活,无卡滞,轴向间隙和径向间隙符合规定
		(3)检查后桥半轴套管、螺母及油封	(1)套管无裂纹及明显松动,与螺母配合无径向松旷 (2)油封完好,无损坏,无漏油 (3)套管颈与轴承配合间隙符合规定
		(4)检查内外轴承	(1)轴承保持架无断裂,滚柱不脱落,无裂损和烧蚀 (2)轴承内座圈无裂纹、烧蚀
		(5)检查制动蹄及支承销	(1)制动蹄无裂纹及变形,摩擦片不破损,铆接可靠,摩擦片厚度符合规定 (2)支承销与制动蹄承孔衬套配合间隙符合规定 (3)支承销无过量磨损
		(6)检查制动蹄复位弹簧	复位弹簧无变形,自由长度符合规定,拉力良好
		(7)检查后轮毂、制动鼓及轴承外座圈,检查拧紧半轴螺栓,检查轮胎螺栓,校紧内螺母	(1)轴毂无裂损 (2)轴承外座圈不松动,无损坏 (3)制动鼓无裂纹,内径、圆度误差、左右内径差符合规定,外边缘不得高出工作表面,制动鼓检视孔完整 (4)半轴螺栓齐全有效
		(8)检查半轴	半轴无明显弯曲,不磨套管,无裂纹,花键无过量磨损或扭曲变形
		(9)装复后轮毂,调整制动间隙	(1)装复支承销、制动蹄片时,承孔均应涂润滑脂,开口销或卡簧齐全可靠 (2)润滑轴承 (3)套管轴颈表面应涂机油后再装上轴承 (4)制动蹄片、制动鼓面应清洁,无油污 (5)制动蹄片与制动鼓的间隙应符合规定,转动无碰擦现象和声响,检视孔挡板齐全紧固 (6)轮毂转动灵活,拉力符合规定 (7)锁紧螺母按规定力矩拧紧

153

续上表

序　号	维护项目	作业内容	技术要求
21	转向器、转向传动机构	(1)检查转向器传动机构的工作状况和密封性,校紧各部螺栓 (2)检查调整转向盘自由转动量	转向盘自由转动量符合规定,转向轻便、灵活,无卡滞和漏油现象。垂臂及转向节臂无弯曲及裂损,各部螺栓连接可靠
22	前束	调整	符合规定
23	变速器、差速器	检查密封状况和操纵机构,清洁通气孔	密封良好、通气孔畅通,操纵机构作用正常,无异响、跳动、乱挡现象
24	传动轴、传动轴承支架、中间轴承	(1)检查防尘罩 (2)检查传动轴万向节工作状况 (3)检查传动轴支架 (4)检查中间轴承间隙	(1)防尘罩不得有裂纹、损坏,卡箍可靠,支架无松动 (2)万向节不松旷,无卡滞,无异响 (3)传动轴承支架无松动 (4)中间轴承间隙符合规定
25	空气压缩机、储气筒	清洁,校紧	清洁、连接可靠,无漏气,安全阀工作正常
26	制动阀、制动管路、制动踏板	(1)检查制动踏板自由行程 (2)检查紧固制动阀和管路接头 (3)检查液压制动管路内是否有气	(1)制动踏板自由行程符合规定 (2)制动阀和管路接头连接可靠,无漏气 (3)液压制动管路内无气
27	驻车制动	检查驻车制动性能,检查驻车制动器自由行程	符合规定、作用正常
28	悬架	检查、紧固,视情补焊、校正	不松动,无裂纹,无断片,按规定拧紧力矩紧固螺栓
29	轮胎(包括备胎)	检查紧固,补气,进行轮胎换位、磨损严重时更换轮胎	气压符合规定,清洁,无裂损、老化、变形,气门嘴完好,轮胎螺栓紧固,轮胎的装用符合规定
30	发电机、发电机调节器、起动机	清洁、润滑	符合规定
	蓄电池	检查,清洁,补给	清洁、安装牢固,电解液液面符合规定
31	前照灯、仪表、喇叭、刮水器、全车电气线路	检查、调整,必要时修理或更换	(1)前照灯、喇叭、各仪表及信号装置功能齐全、有效,符合规定 (2)刮水器电动机运转无异常,连动杆连接可靠 (3)全车线路整齐,连接可靠,绝缘良好
32	车身、车架、安全带	检查、紧固	性能可靠,工作良好,无变形、断裂、脱焊,连接螺栓、铆钉紧固
33	内装饰	检查、紧固	设备完好,无松动

续上表

序 号	维护项目	作业内容	技术要求
34	空调装置	检查空调系统工作状况、密封状态	(1)制冷系统密封,制冷效果良好 (2)暖气装置工作正常
35	润滑	全车加注润滑脂的部位全部润滑	润滑脂嘴齐全有效,润滑良好

注:技术要求栏中的"符合规定"指符合实际应用中有关技术规定或技术要求。

(六)二级维护竣工检验

汽车在维修企业进行二级维护后,必须进行竣工检验;各项目参数符合国家标准或行业标准及地方标准;竣工检验合格的车辆填写维护竣工进厂合格证后方可出厂。检验不合格的车辆应进行进一步的检验、诊断和维护,直到达到维护竣工技术要求为止。

第四节 车辆常见故障判断与处置

一、判断故障的一般顺序

(一)故障的一般表现

汽车的故障多种多样,但是都有其代表性的特征。当汽车发生故障时,经常会发生如下现象:

1. 产生异响

异响的程度音质与故障发生的位置有着直接的联系。例如:发动机某缸不工作时,发动机会怠速抖动,排气管发出"突,突"的声音。

2. 部件过热

正常的部件可以通过手摸来感觉它的温度,车内部件配合过紧,异常的摩擦都会导致部件温度升高,结果会导致非常严重的后果。

3. 发动机排烟颜色异常

当发动机发生故障时,燃烧状态变坏,排气管会排出异常的颜色烟雾。通过分析排气颜色可以判断出故障的原因。

4. 产生异味

如果汽车在行驶的过程中,出现离合器打滑或制动蹄片抱死现象时,可能会闻到焦臭味。导线短路也会发出气味。因此当闻到异常气味的时候应停车检查。

5. 油料消耗增加

当汽车发生故障时,燃油和润滑油的消耗会增加。燃油消耗多少不仅是汽车经济性能优劣的表现,而且是汽车质量和状态好坏的一项重要指标。

(二)故障的判断顺序

汽车的故障判断一般是从观察外部为主。一部分可以通过仪表直接显示出来,另一部分可以从发动机动力下降、油料增加、排气颜色异常、发动机不易起动或起动后工作状态等现象来观察。

1. 由表及里

检查故障时首先要弄清楚故障的症状和特点,从外表最容易部位开始查起,逐步向难度大的地方,例如:发现发动机缺缸时,就怀疑是气门头烧坏,拆开一看没事,其实是火花塞损坏所致。

2. 由简到繁

从故障简单的地方查起,逐步到烦琐的地方,例如,当制动失灵时应首先查看储液罐的制动液数量而不是去看车轮的制动蹄片的间隙大小。

3. 由外到内

有些故障涉及总成的内外部,拆卸总成的内部比较麻烦,因此查找原因应从外到内。

4. 故障发生的一般规律

故障多发生在新车或修车的磨合期,以及发生在大修和报废期。应按期更换的部件如果没有及时的更换,故障可能多发生于此。所以加强故障多发生期的维护工作,可以有效地降低故障的发生率。

二、行车故障与排除

1. 后门从车内打不开

原因:乘客不小心搬动了儿童锁,儿童锁起动后就只能从车外打开了。遇到这种情况只要关闭儿童锁就好了,多数的车儿童锁在后门侧边的位置。

2. 风窗玻璃清洗喷嘴不出水

检查洗涤器系统的管路连接情况,如有松动或脱落,应给与安装并固定好,塑料管路若有老化、折断或破裂,应给与更换。

检查洗涤器喷嘴,堵塞时可以用针捅开,喷嘴角度应给与调整。按动开关,喷嘴应将洗涤液喷射到玻璃上,否则应检查喷射部分或电路部分。

3. 自动变速器汽车不能起动

将挡位放在"D"等前进挡、"R"倒挡上进行起动时,发动机将无法起动,其实这是汽车的安全设置在起作用。自动变速器汽车一定要将挡位放在停车挡"P"或空挡"N"上,并且踩下制动器才能起动。

4. 熔断丝熔断

行车过程中发现收音机不工作,电动玻璃失灵时,多数是熔断丝熔断所致,可检查熔断丝并更换它。

5. 转向灯不亮或只亮不闪

不亮时可能是灯泡损坏,或者是转向灯及导线接触不良、熔断丝熔断、转向开关故障、转向闪光继电器损坏。转向灯只亮不闪,表明闪光电路故障,需及时更换。

6. 前照灯不亮

故障主要原因主要体现在灯泡、熔断丝、导线和蓄电池等几个部位,从灯泡到熔断丝就可排除故障。

7. 转向盘卡住了

起动车辆时惊讶地发现车钥匙拧不动,或者是转向盘卡住了,这种情况下不要以为是汽车坏了,请人来修理,因为这不过是车辆的转向盘锁起了作用。驻车后转向盘自动锁死,这是轿车上很常见的一个功能。虽然和大多数电子防盗器相比,转向盘锁显得原始,但对于盗贼来说,即使成功地将车起动,转向盘也无法转动,因此仍然具有很好的防盗作用。

8. 安全带收回时不自如

有些车辆的自动卷回式安全带使用一段时间后会出现当松开安全带后不能及时收回,一般这都是因为安全带脏造成的,只要做好清洁就解决了。

9. 空调出风口风量小

车辆内部的出风口风量随着车辆的使用会出现在同一风扇转速下风量逐渐变小的现象,同时制冷的效果也减弱了。一般这都是因为很多的新款车都安装了空调滤清器,安装的目的是为了保持车辆内部获得干净的空气,这也使空调蒸发器保持干净,获得最佳的制冷效果。滤清器使用一段时间后会被尘土所覆盖造成透气性能减弱,随之出风口的风量也就减小了。因此,只要更换新的滤清器问题就解决了。

10. 冬季清晨有时车门钥匙不能旋转

冬季洗车后,放在露天的车辆经常出现车门钥匙不能旋转的现象。这不是故障,是由于洗车后残留的水进入钥匙孔造成的,当钥匙插入锁孔后,里面的锁止机构不能弹起,出现钥匙无法拧动。此时,千万不要大力去拧,否则会造成钥匙的损坏或是变形而无法使用。应采取使用遥控器开启车门或是给门锁加热的方式打开。

三、发动机的小故障与排除

(一)发动机不能起动

原因:发动机的起动是靠蓄电池的电流推动火花塞点火完成的,造成发动机突然点不起火可能会有以下两个原因,首先很可能是由于蓄电池生锈或者蓄电池滴漏所造成,其次就是下雨天发动机火花塞受潮引起的。

维护方法:每一两个月要查看蓄电池内的蓄电池电解液是否充足。观察时如果液面位于上下2条刻线之间则认为合适。同时也应该检查各槽的液面差。如果液面不足,可以拧下蓄电池上面的盖子,倒入蒸馏水补足液面。随后还要检查蓄电池的接线端子,使用铁刷子刷除接线端子上的积污。如果接线卡箍严重污损,可以用砂纸顺着内壁擦动,磨掉污物。如果是火花塞受潮,可将其拿出,用打火机进行烘烤,以便尽快地使其上面的水分蒸发。

(二)行驶过程中发动机突然熄火

故障原因:蓄电池电缆脱落、发动机电脑电路断路或短路、传感器电路断路或短路。排除的方法是重点查找发动机舱内是否有导线脱落现象。

(三)发动机性能明显下降,伴随油耗增加

原因:这很可能是由于长时间未更换机油、机油滤清器、空气滤清器和汽油滤清器造成了油料燃烧不充分、发动机积炭增多等问题引起的。

维护方法：机油、机油滤清器，每行驶约 5000km 就要更换一次，而空气滤清器和汽油滤清器每行驶 1 万 km 时需要进行更换，否则空气、燃油和机油中的杂质会造成零件磨损和堵塞油路，从而影响发动机正常运转。

（四）发送机舱突然"冒烟"

有两种情况：

（1）冒白烟，发动机仍能运转，温度正常。遇到这种情况时，多为冷却液管路破裂。处理时关闭发动机，找到破裂处进行处理。

（2）冒白烟发动机熄火，这种情况多为电路短路所致，易引起火灾，比较紧急和危险，靠边停下关闭电源，打开发动机罩，检查冒烟部位。请求支援。

（五）发动机噪声大

车辆原地踩加速踏板时，有"隆、隆"异响，发动机舱内有振动感。原因分析：举升车辆，可看到发动机的底护板有磕碰痕迹。如果路面有障碍物而强行通过，发动机底护板就要被磕碰。底护板变形后与发动机油底壳距离变近，如果距离太近，当加速时油底壳与底护板相撞就会发出异响并使车身振动。所以，行车中一定要仔细观察路面，不要造成拖底现象发生。处理方法：拆下底护板，压平校正即可。

（六）运行中发动机温度突然过高

如果汽车在运行过程中，冷却液温度表指示很快到达 100℃ 的位置，或在冷车起动时，发动机冷却液温度迅速升高至沸腾，在补足冷却液后转为正常，但发动机功率明显下降，说明发动机机械系统出现故障。导致这类故障的原因大多是：冷却系统严重漏水；隔绝水套与汽缸的汽缸垫被冲坏；节温器主阀门脱落；风扇传动带松脱或断裂；水泵轴与叶轮松脱；风扇离合器工作不良。

（七）车辆急加速时，车速提不起来

轿车行驶中，缓加速时汽车加速正常，急加速时车速不能立即提高，无法超车。可能的原因为发动机的燃油供给系统故障，油压、喷油量、点火时刻不符合规范，火花塞及高压线故障。实际案例：有一辆轿车存在上述现象。对发动机做空转急加速试验，未发现异常。检查发动机的燃油供给系统，其油压、喷油量等都很正常，读数据流表明故障在点火系统。检查点火正时符合规范，更换火花塞后，故障依旧。最后检查确认是高速时高压火花不够强。用万用表电阻挡测量各缸高压线的电阻值，均在 25Ω。由于高速、大负荷时发动机需很强的点火能量，而中央高压线电阻值过大，造成点火能量衰减，高压火弱，从而引起发动机加速无力。换一套新的高压线后，故障排除。

（八）排气烟色异常

发动机排气烟色是发动机工作的外观表现。发动机燃烧正常有一定的排气烟色，发动机工作不正常时排气烟色发生变化。发动机烧机油排气呈蓝色，表明发动机需进行维修；发动机燃烧不完全排气呈黑色，应更换燃油或调整点火正时；发动机排气呈白色，表示燃油中或汽缸中有水，应检查燃油或检查发动机。

(九)汽车排气噪声增加,废气排放量增加超标

原因:出现这种原因,可能是由于发动机的废气经高温发生氧化作用,导致排气系统泄漏。

维护方法:定期检查排气系统的管路、接口处(特别是消声器等)是否被废气腐蚀,接口垫有没有被冲坏。若发现排气系统泄漏应及时到4S店进行修理或更换泄漏的部件。每年检查一次不仅可以保证排气系统正常运转,更重要的是减少尾气中有害物质对环境的污染。

(十)汽车加速时机油压力指示灯亮

机油压力指示灯点亮有实与虚两种情况。所谓实,就是机油压力确实低,低到指示灯发出警告的程度,说明润滑系统确有故障,必须予以排除。所谓虚,正像怀疑的那样,机油润滑系统没有故障,而是机油压力指示灯系统发生了故障,错误地点亮了指示灯。这种故障虽不会影响发动机的正常工作,但也应及时找到根源,排除为妙。通常情况下实症的可能性较大,应作为判断故障的主要思路。

四、底盘及其他的小故障与排除

(一)刮水器刮洗玻璃效果不佳

原因:刮水片出现破损,会造成刮洗得不干净。

维护方法:首先车主需要改正干刮的不良习惯,最好是先喷点水再开刮水器,这样有利于保护刮水片。其次,刮水器有时候会发出咯咯的响声,这个时候如果刮水片是完整的,那么车主最好到4S店进行刮水器角度的校正。最后,如果车辆长期停放,车主可以找泡沫条或者木条之类的小东西,垫在刮水器下,使刮水片与风窗玻璃相互分离,这样可以延长刮水器的使用寿命。

(二)汽车异味

汽车行驶中最忌发生异味,人的嗅觉是很灵敏的,有异味都会嗅到。有异味首先要判断是汽车异味还是周围环境异味。汽车异味主要有制动器和离合器上的非金属摩擦材料发出的焦臭味;蓄电池电解液的特殊臭味;汽车电气系统和导线烧毁的焦糊味。在某些时候能够嗅到漏机油的烧焦味和不正常的汽油味,都必须予以充分注意。

(三)汽车油耗莫名增加

原因:油耗增加的原因很多。但最常见又容易被车主忽略的是对轮胎气压的检查。轮胎胎压不足不仅会导致行驶阻力增加,造成油耗上升,还会影响轮胎的使用寿命。

维护方法:在开车时,多留意一下各个车胎是否有气,并定期检查轮胎气压。当然切记不要忘记备胎的检查,以免急需更换轮胎时,才发现备胎已经没气了。气温高时胎压会比平时高一些,因此在冷天或阴凉处测量胎压比较准确。时常轮胎每行驶1万km要互换位置,避免前后磨损程度相差太大。如果需要更换磨损严重的轮胎,最好两个或四个一起更换,纹路相同的轮胎可以前后交叉更换。另外,折线花纹的轮胎有助于节省燃油。

(四)汽车油泵损坏

原因:加油时的不合理行为有可能造成油泵损坏。

维护方法:车主在给汽车加油时,尽量不要等燃油报警灯亮了再加油,这样做是会缩短

油泵的使用寿命,存油太少或燃油耗尽都可能会烧毁油泵。如果常行驶于市区且加油比较方便则不必一次加满,因为这样可能会导致油浮及传感器失灵、油表失真并增加油耗,所以建议车主在燃油消耗差不多的时候就要加油。

(五)悬架感觉太硬

明明在买车的时候感觉蛮舒服,怎么现在开起来悬架这么硬?而且坐同款式别人的车时,也没觉得有那么强的颠簸感。遇到这种情况,就要注意检查一下轮胎胎压是否过高。轮胎其实是车上很重要的减振设施,当胎压合适的时候,轮胎可以很好地吸收来自路面的颠簸,但如果胎压不合适,尤其是胎压过高,轮胎就失去了减振的能力。

(六)转向时沉重费力

原因有转向系统各部位的滚动轴承及滑动轴承过紧,轴承润滑不良;转向纵拉杆、横拉杆的球头销调得过紧或者缺油;转向轴及套管弯曲,造成卡滞;前轮前束调整不当;前桥车或车架弯曲、变形。另外转向轮轮胎亏气、四轮定位数据不准也会造成转向沉重。

(七)车辆在高速行驶时出现全车抖动现象

车辆在正常行驶至 96km/h 左右时,出现全车抖动现象,降低车速,现象即消失,若再加速至 90km/h 左右时抖动又出现说明汽车底盘存在故障。其故障原因有:轮胎动平衡失准;前后悬架、转向、传动等机构松动;前轮定位、轴距失准;半轴间隙过大。首先,轮胎平衡失准会使车轮边滚动边跳动行驶,这是造成全车抖动的主要原因。其次,悬架机构、转向机构、传动机构松旷、松动,造成前束值、车轴距失准,钢板弹簧过软,导致车辆在行驶中产生共振,诱发全车抖动。再次,半轴间隙过大,使后轮在行驶中作不规则运动,磨损加剧,造成旋转质量不平衡,引起全车抖动。以上故障若不及时排除,将导致恶性循环,并引发其他故障。

第五节 车辆运行材料一般知识

所谓汽车运行材料是指车辆运行过程中,使用周期较短,消耗费用较大,对车辆使用性能有较大影响的一些金属材料,按其对汽车运行的作用和消耗方式的不同可分为:车用燃料,车用润滑油料,车用工作液,汽车轮胎。

世界范围内有 8.5 亿辆的汽车保有量,在给经济带来繁荣、交通带来便利的同时,也消耗这大量的资源,并对环境造成极大的影响。截至 2013 年,我国的汽车保有量已达到 1.3741亿辆,每年仅消耗的燃油达到 2 亿 t,消耗的润滑油、传动液、润滑脂、制动液、液压油、橡胶轮胎等材料数量也多得惊人。汽车在运行过程中消耗着这些材料,并对环境产生着不利的影响。随着汽车结构的改进、使用技术的发展,对汽车运行材料的性能和适应性要求也越来越高。如何开发、选用适合相应车辆需要的运行材料,以及合理使用这些运行材料,不仅关系到资源的合理利用和用车的经济效益,还关系到汽车运行性能的发挥,以及对环境的影响。

一、车用燃料

车用燃料主要包括车用汽油、车用柴油、车用替代燃料(如甲醇、乙醇、乳化燃料、天然气、石油气、氢气)等。车用燃油的使用性能对汽车的动力性、排放性有直接影响。车用燃料的消耗费用占汽车运输成本的1/3左右,直接影响汽车使用的经济性。

(一)汽油

1. 汽油牌号

我国汽油已按国际惯例采用研究法辛烷值(RON)来区别,具体可分为无铅汽油90号、93号、95号(国家标准 GB 17930—1999)。汽油牌号中的数值为用研究法测定的辛烷值。例如93号车用汽油,其辛烷值不小于93(研究法),其数值越大,辛烷值越高,汽油的抗爆性能越好。

2. 汽油的选择原则

选择汽油机所用汽油时,主要是根据发动机的压缩比。压缩比较高的发动机选用牌号(即辛烷值)较高的汽油;压缩比较低的发动机选用牌号(即辛烷值)较低的汽油;如果选择不当,即高压缩比的发动机选用了低牌号的汽油,则发动机工作时会产生爆震,同时使发动机功率下降、油耗增加、排放恶化;反之,低压缩比的发动机选用了高牌号的汽油,不仅不经济(牌号越高,价格越贵),而且对发动机也无好处。

3. 汽油的主要评价指标和对发动机的影响

1) 辛烷值

辛烷值是评价汽油抗爆性能的重要指标。辛烷值越高,抗爆性能越好。抗爆性能是指汽油在汽缸中燃烧时,避免产生爆震的能力。

爆震是一种不正常的燃烧,它会使汽缸内的温度和压力急剧升高,形成压力波,以超声速向前推进,撞击汽缸壁、活塞顶等部件,发出不规则的尖锐的金属敲击声,使发动机过热,冷却液温度过高,甚至出现活塞烧顶,气门烧毁、轴承等机件破裂;燃烧不完全,废气中有大量黑烟;发动机功率下降,油耗上升等。过去常在汽油中加入四乙铅来提高发动机的抗爆性能,但由于四乙铅是一种有剧毒的铅化合物,还会使三元催化器中毒,故现已禁止使用。

2) 馏程

馏程是评价汽油蒸发性能的重要指标。通常用10%、50%、90%的馏出温度来评价。馏出温度越低,表示油料轻质成分多,汽化快,燃烧越完全,燃油的蒸发性能越好,越有利于燃油混合气的雾化。

3) 灰分

灰分是指油料在规定条件下燃烧后剩下的不燃物质。它是衡量石油产品精制程度的指标之一。灰分太多,会导致汽缸积炭,引起爆震。

4) 诱导期

诱导期是指油料在一定试验条件下(即100℃,压力0.7MPa 的氧气中未被氧化所经历的时间。它是评价汽油化学安定性的指标之一。诱导期越长,汽油在储存时间内产生的潜在胶质的时间越长。

5)硫分

硫分是指油料中含硫的百分数。硫燃烧后会产生具有腐蚀性的物质并且会使积炭变硬,增加机件的磨损,排放增加等。因此,硫分越少越好。

6)饱和蒸汽压

饱和蒸汽压是在一定温度下,饱和蒸汽所显示出来的最大压力,它也是测定汽油蒸发性能好坏的一个重要指标。因为馏程相同的汽油,饱和蒸汽压也不相同。饱和蒸汽压大的汽油,蒸发性较强,但过大就容易形成气阻,堵死进气管,同时在储存、运输中也容易产生蒸发损失,着火危险性也较大。因此,规定车用汽油的饱和蒸汽压不大于 66.7kPa。

(二)车用轻柴油

1. 车用轻柴油的牌号及选用

柴油的牌号是根据它的凝点来划分的,我国 GB 252—2000 规定的柴油有 10 号、0 号、-10 号、-20 号、-35 号和 -50 号六种牌号,它们的凝点分别不高于 10℃、0℃、-10℃、-20℃、-35℃和 -50℃。这六种柴油的主要区别是凝固点不同,十六烷值和其他质量指标完全相同。所以,在选用柴油时,主要是根据不同使用地区和季节来选择。由于在凝固点以前,柴油中就已开始析出石蜡的结晶,有可能堵塞油管和滤清器。故一般要使柴油的凝固点比工作地最低温度低 5~10℃。

2. 柴油的使用性能指标

(1)柴油的发火性:柴油的发火性以十六烷值来表示,它代表了柴油的自燃性能。十六烷值高的柴油,发火性能好,自燃能力强,自燃温度低;在燃烧过程中发火均匀,可使柴油机工作柔和。同时,还可在较低温度下发火,有利于起动。

(2)柴油的蒸发性:柴油的蒸发性用馏程和闪点来表示,柴油的蒸发性能要适宜。

(3)柴油的低温流动性:柴油的低温流动性是以凝点来表示的,它能判断柴油适宜在什么样的气温下使用。凝点是指油料在一定的试验条件下,遇冷开始凝固而失去流动性的最高温度。有时为了改善柴油的低温流动性,可在柴油中加入裂化煤油。例如,在 0 号柴油中加入 40% 的裂化煤油后,其凝点可降低到 -10℃。还有是加入降凝剂,常用的降凝剂有烷基奈和乙烯醋酸乙烯酯共聚物。

(4)柴油的黏度:黏度是表示柴油稀稠的一项指标。黏度是指液体在外力作用下发生移动时,液体分子间所产生的内摩擦力的性质。

(5)柴油的腐蚀性:柴油的腐蚀性是由含硫量、酸度等指标来评价。

3. 柴油质量对发动机排放的影响

1)柴油的十六烷值

柴油的十六烷值影响汽车的冷起动、尾气排放和噪声。增加十六烷值将缩短发动机在某一转速下达到起动的时间。

欧洲汽车制造商协会(ACEA)的追踪研究表明,当十六烷值从 50 增加到 58 时,冷起动时间可缩短 40%。对于重负荷柴油机,当十六烷值从 50 增加到 58 时,氧化氮的排放与负荷有关。负荷越低,NO_x 的排放降低很多,可达 9%,而在高负荷时降低就越来越不明显。对于轻负荷柴油机,当十六烷值从 50 增加到 58 时,烃类和 CO 排放都可降低 26%。同时增加油品本身的十六烷值还可节省燃油消耗。

2) 相对密度和黏度的影响

柴油喷入计量是以体积或电磁阀的开启时间来计算的,如果相对密度和黏度变化就会使柴油喷入量变化,从而使发动机功率发生变化,由此导致发动机的排放及燃油消耗的变化,为了排放和油耗,就必须将柴油的相对密度定在一个合适的窄的范围。

供油和喷油时间也其决于柴油黏度,高黏度将使燃油的流速降低使得供油不充分。如果黏度太高还会损害油泵,但如果黏度太低,则在油泵中易漏油。当然,黏度受气温的影响,为了优化汽车的操作条件要将最大黏度及最高黏度之差要尽可能的小(即黏温性能要好)。

3) 硫含量

柴油中的硫含量很显著地影响排放中的微粒,它在废气中变成硫酸盐随后排到大气中。硫也可使发动机的部件腐蚀和磨损,更为重要的是硫将毒化后处理装置的催化剂,因而大大缩短后处理装置的使用寿命。

4) 芳烃

总芳烃含量高,将使火焰温度升高,从而增加了 NO_x 的排放。欧洲的 EPCFE 试验表明,当芳烃含量从 30% 降到 10% 时,在轻负荷柴油机中 NO_x 的排放降低 5.2%,而在重负荷柴油机中 NO_x 的排放将降低 3.9% 左右。

5) 馏程

馏程在影响车的性能及排放上分为三个部分。轻质部分影响汽车的起动性能,50% 的馏出温度影响柴油的黏度和相对密度,90% 及 95% 的馏出温度最影响排放,降低 95% 的馏出温度可降低微粒排放。

(三) 车用替代燃料

目前在用的车用替代燃料主要有醇类燃料、乳化燃料、天然气、液化石油气、氢气等。

醇类燃料的特点:辛烷值高,蒸发潜热大,着火极限宽,热值低,腐蚀性大,易产生气阻,储存和使用方便,排放污染低。

醇类燃料发展方向:掺醇燃烧和纯醇燃烧。

天然气的特点:着火界限宽,与空气的理论混合气热值低,火焰传播速度低,点火能量高,抗爆性能好,密度小,排放污染小,携带性能差,使用天然气可使发动机磨损小。

二、车用润滑油料

车用润滑油料包括润滑油和润滑脂。润滑油是由基础油(70% ~ 95%)和添加剂(5% ~ 30%)所组成。基础油的性能对发动机润滑油的性能有很大影响,它是发动机机油配方中最重要的组分之一。

为了提高润滑油的性能,在润滑油中往往加入了各种各样的添加剂。例如有保护基础油不变质的防氧化剂、防锈剂、提高低温流动性的降凝剂、减少燃油消耗的摩擦改进剂、控制泡沫的消泡剂、使发动机内部保持清洁的清洁剂、减少发动机磨损的抗磨剂、减少高温时油变稀的黏度指数改进剂等。润滑脂主要是由稠化剂、基础油和添加剂三部分组成。

(一) 润滑油的功能

润滑油是润滑系统的液态工作介质,其主要作用是润滑、减少机件间的摩擦力、密封、使机件保持清洁、冷却、防腐蚀。

(二)发动机润滑的特殊性

(1)发动机各部位对润滑油性能的要求不同。例如,活塞上部温度高,要求润滑油能耐高温;曲轴和轴承受冲击,要求有适当的黏度;对齿轮和凸轮要考虑边界润滑性能。

(2)受燃烧热的影响,各摩擦副件的温度较高。例如,燃烧室内的温度可达2000℃,活塞环处的润滑油温度也在200℃以上。

(3)在活塞上、下止点的瞬间速度为零,速度变化激烈,油膜难以形成。

(4)燃油燃烧后的产物具有腐蚀性,且产生沉淀物,加剧磨损。

(5)发动机的轻量化的前提下发出更大的功率,热膨胀及变形会使间隙变化甚至卡死。

(6)进气系吸入的空气中含有灰尘及盐分。这会对零部件产生严重的磨损。

(7)发动机曲轴转速最高可达 5000~6000r/min,这对轴承处的润滑油产生很大的剪切。

(8)随季节不同,外部环境温差可达70℃。

(三)发动机润滑油的选择及对汽车的影响

1.使用性能级别选择

使用性能级别选择主要根据发动机的结构特性、工作条件和燃料品质来选择。

2.黏度等级的选择。

润滑油黏度与发动机摩擦功率大小、运动零件的磨损量、活塞环的密封程度、润滑油及燃料的消耗量、发动机的冷起动性能有密切的关系。

黏度过大对发动机产生的影响:

(1)起动时转动曲轴所需的转矩大,使发动机低温起动困难。

(2)黏度过大,在发动机起动时上油很慢,使零件磨损加剧。

(3)摩擦表面的阻力会加大,发动机功率损失增多,油耗上升。

(4)黏度大的润滑油循环流动的速度慢,清洗作用差。

(5)冷却作用差。

黏度过小对发动机产生的影响:

(1)黏度小的润滑油在高温摩擦表面不易形成足够厚的油膜,且油膜承载能力小,在载荷作用下易被破坏而流失,使机件得不到润滑,因而磨损较大。

(2)密封效果差。

(3)黏度小的润滑油易蒸发,且易进入燃烧室,造成烧机油,使机油耗量增大。

可见,发动机润滑油的黏度过大、过小都不好。为此必须根据季节和气温情况,选用适当的黏度级别。

根据 SAE(美国汽车工程师学会)发动机机油黏度分类表明了在一定条件下润滑油在高温和低温时的流动性,其中100℃黏度与发动机在正常操作下的润滑油黏度有关,低温黏度则与发动机的冷起动性能有关。"W"(冬季)黏度等级越小,其低温流动性越好。(SAE 的黏度等级有:0W、5W、10W、15W、20W、25W、20、30、40、50、60)。发动机油的高温与低温黏度等级跨占三个或更多 SAE 黏度等级的油叫多级油。例:SAE 15W-40 多级油,15W 衡量了机油的低温流动性,它表示该机油可低至 -15℃的环境温度下工作。40 表示机油在100℃

时的黏度。"W"级别低的机油会符合任何级别较高的机油的黏度要求,"10W"机油会满足"15W"、"20W"机油的黏度要求。

（四）车用润滑脂

润滑脂主要是由稠化剂、基础油和添加剂三部分组成。

1. 润滑脂的分类

（1）按组成分类：按基础油分为矿物油和合成油，按稠化剂分为皂基脂和非皂基脂。

（2）按用途分类：抗磨脂、密封脂和防护脂。

2. 润滑脂的使用特点

（1）在金属表面具有良好的黏附性，不易流失；在不易密封的部位使用，可简化润滑系统的结构。

（2）抗碾压，在高负荷及冲击负荷作用下，仍有良好的润滑能力。

（3）润滑周期长，不需经常补充、更换，而且对金属部件具有一定的缓腐性，相对地降低了维护费用。

（4）适用的温度范围较宽，适用的工作条件也较宽。

润滑脂的选择应根据车辆和机械设备使用说明书的规定，选用与用脂部位工作条件相适应的润滑脂品种和稠度牌号。

三、车用工作液

车用工作液主要包括液力传动油、汽车制动液、液压系统用油、车用发动机冷却液、车用空调制冷剂、汽车风窗玻璃清洗液等。车用工作液的消耗费用和其他运行材料相比，虽然不是太多，但其对汽车性能，如行驶安全性、行驶舒适性等，有显著的影响，其选用的合理与否，对节约车用燃料和车用润滑油料，发挥车辆动力性，延长汽车使用寿命，有直接关系。

（一）液力传动油

汽车自动变速器所用汽车液力传动油是一种多功能工作液，其主要功能有：动力传递介质、热能传递介质、润滑介质。

液力传动油使用注意事项：

（1）注意保持油温正常。长时间重载低速行驶，将使油温上升，加速油的氧化变质，将形成沉积物和积炭，阻塞细小的通孔和油液循环管路，这又使自动变速器进一步过热，最终导致变速器损坏。

（2）经常检查油位。自动变速器油位不能过高或过低，否则自动变速器都将出故障。

（3）按照车辆使用说明书的规定更换液力传动油和过滤器，按规定拆洗自动变速器油底壳。

（4）检查油面和换油时，注意油液的状况。

（二）汽车制动液

汽车制动液又称刹车油，是用于汽车液压制动系统中传递压力的液体。汽车制动液一般分为如下3类：醇型、矿油型、合成型。

制动液的要求：

（1）应有较高的沸点。现代汽车在行驶中的制动比较频繁,制动鼓(盘)的温度不断升高,如使用沸点较低的制动液,常会在管路中产生气阻而导致制动失灵,因此制动液的蒸发性要低,不易在高温下汽化。

（2）适宜的高温黏度和良好的低温流动性。制动液在各种条件下都能及时传递压力,并同时使传动机构中的运动件得到一定的润滑。

（3）具有抗氧化、抗腐蚀和防锈的性能。制动液长期与金属相接触应不会因氧化而产生胶状物和腐蚀性物质,或因锈蚀而变色,甚至形成坑点。

（4）吸湿性低、溶水性好、沸点下降少。即使有水分进入制动液,要求能形成微粒而和制动液均匀混合,不产生分离和沉淀现象。

（5）对橡胶的适应性好。制动液对橡胶件不应有溶胀作用,否则会使其失去应有的密封作用,因此制动液对橡胶件要有良好的适应性。

（6）良好的化学安定性。制动液长期在高湿作用下使用,因此要求制动液不产生热分解和重合,而使油品增粘,也不允许生成油泥沉积物。同时要求互溶性好,当与另一种制动液混合时,不能产生分层或沉淀,影响使用。

（三）液压系统用油

液压油是一种润滑油,用作液压传动系统中的工作介质。此外,还具有润滑、冷却和防锈作用。

液压油首先应满足液压装置在工作温度时与起动温度时对液体黏度的要求。由于油的黏度变化直接与液压动作、传递效率和传递精度有关,还要求有的黏温性应满足不同用途所提出的各种需求和抗磨损能力以及抗空气夹带和气泡倾向;具有分水性和破乳化性。另外,液压油要对液压系统金属和密封材料有良好的配伍性;既有抗腐蚀压缩性;对于某些特殊用途,还应具有耐燃性和对环境不造成污染(易于生物降解性和无毒性)。

（四）发动机冷却液

冷却液有以下功能:冷却发动机部件、防止冷却液凝固、防止冷却系统部件生锈、防止过热。要定期更换发动机冷却液,根据行驶里程或时间长短来更换发动机的冷却液,因为难以通过目视来判断它的变质程度。如果冷却液没有变化其内在防锈品质降低,散热器、管路、软管等将会损坏。

高温天气行车,散热器内的冷却液蒸发加快,要时刻注意检查冷却液量,注意观察冷却液温度表。散热器如果不完全加满,冷却液在水套内循环就存在问题,冷却液温度容易升高造成"开锅"。

四、汽车轮胎

轮胎是汽车的重要部件之一,它直接与路面接触,和汽车悬架共同来缓和汽车行驶时所受到的冲击,保证汽车有良好的乘坐舒适性和行驶平顺性;保证车轮和路面有良好的附着性,提高汽车的牵引性、制动性和通过性;承受着汽车的质量,轮胎在汽车上所起的重要作用越来越受到人们的重视。

第四章　机动车基本知识

（一）选择子午线轮胎

汽车轮胎按胎体帘线排列方向不同，可分为普通斜交轮胎和子午线轮胎两种：

（1）普通斜交胎具有噪声小、制造容易、价格便宜等优点。但是由于其帘布层的斜交排列，给轮胎胎面和胎侧同时增加了强度，所以其弹性较差，只有在适当充气时，才能使驾驶人感到较为柔软、舒适。除此之外，普通斜交轮胎还有滚动阻力大、油耗高、承载能力较低。因此，其实用受到了一定限制，有被子午线轮胎取代的趋势。

（2）子午线轮胎与普通斜交轮胎相比，具有以下几方面的优点：

①使用寿命长。相同轮胎负荷的情况下，子午线轮胎胎体的径向弹性大，接地面积大，对地面的单位压力小，使胎面磨损小，耐磨性强，比普通斜交轮胎使用寿命长30%～50%。

②附着性能好。因为子午线轮胎的胎体弹性好，接地面积大，胎面滑移小，因而附着能力强。

③滚动阻力小，节约燃油的消耗。由于子午线轮胎的胎冠具有强度较高的带束层，轮胎滚动时胎冠变形小，滚动阻力比普通斜交轮胎小20%～30%，因而，需要克服阻力的做功小，油耗可降低3%～8%。

④承载能力大。子午线轮胎的帘线强度能够得到充分的利用，承载能力比普通斜交轮胎高约14%。

⑤缓冲能力好。子午线轮胎的胎体径向弹性大，可以更好地缓和、吸收路面对轮胎的冲击能量，提高行车的舒适性。

子午线轮胎与普通斜交轮胎相比，也存在轮胎侧面薄、变形大、胎面与胎侧的过渡区及轮辋附近易产生裂纹等缺点。但是，子午线轮胎的综合性能明显优越于普通斜交轮胎，因此被广泛使用。图4-5-1为子午线轮胎剖视图。

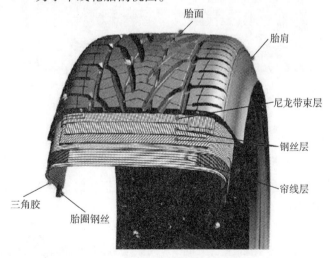

图4-5-1　子午线轮胎剖视图

子午线轮胎和普通斜交轮胎不能混装在同一轴上。子午线轮胎与斜交轮胎规格表示方法不同。子午线轮胎的表示方法中有"R"，"R"为子午线轮胎结构代号，例如，斜交轮胎：6.70-13-6；子午线轮胎：155/70 R 1386T。

(二)选择合适的花纹

轮胎花纹的主要作用就是增加胎面与路面间的摩擦力,以防止车轮打滑,这与鞋底花纹的作用如出一辙。轮胎花纹提高了胎面接地弹性,在胎面和路面间切向力(如驱动力、制动力和横向力)的作用下,花纹块能产生较大的切向弹性变形。切向力增加,切向变形随之增大,接触面的"摩擦作用"也就随之增强,进而抑制了胎面与路面打滑或打滑趋势。这在很大程度上消除了无花纹(光胎面)轮胎易打滑的弊病,使得与轮胎和路面间摩擦性能有关的汽车性能——动力性、制动性、转向操纵性和行驶安全性的正常发挥有了可靠的保障。

有研究表明,产生胎面和路面间摩擦力的因素还包括有这两面间的黏着作用、分子引力作用以及路面小尺寸微凸体对胎面微切削作用等,但是,起主要作用的仍是花纹块的弹性变形。

经常在较好路面行驶的车辆选择越野花纹轮胎,则会因滚动阻力的增加而增大燃油的消耗量。经常在矿山、建筑工地行驶的车辆选择普通花纹轮胎,则附着能力下降,需要更多的燃油消耗来增强车辆行驶的动力,甚至有时候会出现车轮打滑的现象。

除以上两个方面外,教练员还需要让学员掌握根据轮胎的使用速度和额定负荷来选择。例如,设计车速较高的车辆应当选用具有高速特性的轮胎,以防止行驶过程中爆胎,确保行车安全。图 4-5-2 为冰雪轮胎与夏季轮胎花纹的对比。

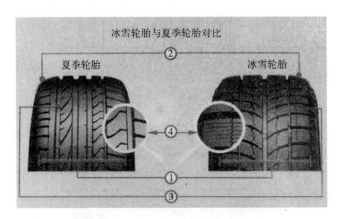

图 4-5-2　冰雪轮胎与夏季轮胎花纹对比

(三)保持合适的轮胎气压

轮胎气压不符合规定的标准气压,是造成轮胎早期损坏的最主要原因之一,不符合标准的轮胎气压会有负面影响。

1. 气压过高

过高的轮胎气压,在不平路面上行驶时,车辆振动加剧,车辆垂直位移增加而消耗能量,造成车辆的燃料消耗增加;轮胎与路面的接触面积减小,单位面积承受的压力增大,加大轮胎的磨损;车辆平顺性下降,加速车辆部件的磨损。

2. 气压过低

过低的轮胎气压,轮胎在接触面上的压力不均匀,造成轮胎不规则磨损;同时由于轮胎径向变形增大,周期性的压缩变形,加速轮胎的磨损;变形使轮胎的摩擦产生更多的热量。所以,轮胎气压应符合该轮胎承受负荷时规定的压力,一般可按照车辆使用说明书规定的轮胎气压检查。

(四)保持安全车速

每条轮胎胎侧都模刻有此轮胎的速度符号(又称速度级别),对应速度符号就可知道此轮胎的最高速度。例如:轮胎规格 195/65 R15 91V 中速度符号是V,查找速度符号和速度对应表就知道此轮胎的最高速度是240km/h。

随着行车速度的提高,车辆的行驶阻力增大,克服阻力需要更多的燃油消耗。此外,轮胎与路面的摩擦频率增加,轮胎的变形频率、胎体的振动以及轮胎的扭曲变形也随之增加,这些能量大部分转换成热量,使胎体的温度和胎压升高,加速轮胎的老化,严重时,还容易造成轮胎的爆裂,导致交通事故的发生。

(五)车辆磨损标记

轮胎侧面有磨损标记"▲",标记处的沟槽磨损到一定程度时(1.6mm),应立即更换轮胎。很多驾驶人对于轮胎的花纹沟深不予重视,有的花纹不要说是1.6mm,都磨到了帘布层还在使用。使用这种轮胎,不要说雨、雪路面,就是正常路面也很难在预计的距离内立即制动住车,所以,各种事故经常出现,成了交通安全的一大隐患。

此外,雪地胎有磨损残留深度极限,一般的雪地胎,当花纹磨损超过一半时为它的最大磨损极限,也就是说,当雪地胎的花纹磨损超过一半时,这条轮胎的花纹就失去了雪地胎的作用,就不能再当雪地胎使用。

总之,不要小看了轮胎上的花纹,它是轮胎很重要的一环,正视它并按要求对待它,就能避免很多不该发生的事故。

第五章　节能与环保知识

第一节　汽车节能减排常识

伴随着高耗能经济增长方式和粗放式的发展模式,中国的环境问题日趋凸现,如河流、空气污染、温室效应、酸雨的影响等环境恶化问题不断加重。而来自调查机构的最新统计数据显示,我国在用机动车的60%~70%属于高能耗、高污染物排放车辆,每年所消耗的燃油、机油的总量占我国成品油年产量的1/2以上,给环境造成了很大的污染。

汽车工业已经成为我国的支柱产业,但节能、环保等问题正成为制约其快速发展的瓶颈,也越来越受到社会的关注和重视。积极发展节能环保型汽车,符合我国能源状况和大众消费水平,有利于缓解能源紧张,保护环境。对于落实国家能源发展战略,加快建设资源节约型社会具有重要意义。汽车节能减排工作任重而道远。

一、交通运输对环境的影响

交通运输对生态环境的破坏主要集中为对大气环境的破坏,这部分污染主要来自于机动车辆的尾气排放,既包括直接排放物对环境的损害,如氮氧化物等,也包括排放物在空气中通过光学作用形成的二次污染。此外,也带来一系列诸如噪声污染等诸多问题。

交通运输对环境的影响有一定的区域性,其影响主要集中在运输线路周围,以对城市环境的影响为主。交通运输特别是公路交通运输尾气的排放更接近地面,对生态环境和人们健康的影响更为明显。

二、汽车节能减排综合治理措施

(一)汽车行业节能减排需要国家配套的政策支持

对于我国来说,建立并完善节能减排的标准和法规是当前的关键,而单单靠宣传和教育,节能减排的最终目标恐怕难以实现。我们在完善政策法规时,很多基础性工作要做扎实,单纯抓数字是远远达不到预期效果的。比如,我们可以从消费环节入手,推行燃油税等政策的实施。此项措施对于改善用油状况和调整汽车消费市场都有很大帮助。一方面能对消费者形成约束,另一方面能对市场形成调节机制。另外,节能减排的政策体系应该具有系统性、多方面性。即我们应该将约束政策和奖励性措施、激励政策结合起来,系统地发挥作用。设立不同的能耗级别,根据能耗级别进行奖励和惩罚。如美国对节能环保车型有财政补助,另外他们还有"3升车计划",鼓励汽车企业制造百公里油耗3L的汽车。

第五章 节能与环保知识

(二)齐抓共管生产、消费环节

节能与环保成了当今汽车制造厂家面临的新使命。他们也是推行节能减排的排头兵,他们身上担负着重大的责任,他们要尽可能地降低油耗。实际上现在我们的企业也开始认识到这一点,他们网络人才,努力提升研发技术水平。相信我们的企业能够克服技术难关,生产出低油耗、低污染的环保型汽车。另一方面,汽车的节能减排不仅是生产企业的责任,同时也是每一位消费者的义务,只有社会各界共同努力,才能早日实现低污染、低油耗。即我们要加强汽车节能减排工作的宣传教育工作,使消费者形成科学的汽车消费、油品消费观念,从消费环节入手,培养消费者养成省油、节油的好习惯。

(三)提高汽车节能减排研发技术水平

以内燃机为动力的交通工具,之所以产生高能耗、高污染物排放,主要是油气的供应量不够精确以及燃料燃烧不充分所造成的。我们多采用提高发动机综合性能,车身轻量化等技术措施来提高汽车的节能减排水平。总结为以下几方面。

1. 提高发动机的综合性能

1) 稀薄燃烧技术

稀薄燃烧技术的最大特点是燃烧效率高,经济、环保,同时还可以提升发动机的功率输出。因为在稀薄燃烧的条件下,由于混合气点火比理论空燃比条件下困难,爆震也就更不容易发生,因此可以采用较高的压缩比设计来提高热能转换效率,再加上汽油能在过量的空气中充分燃烧,所以在这些条件的支持下能使汽油充分燃烧。

2) 燃油电子控制喷射技术

燃油电子控制喷射系统是以燃油喷射装置取代化油器,通过微电子技术测量吸入发动机的空气量,再把适量的燃油采取高压喷射的方式供给发动机。燃油电子控制喷射技术的应用,大大改良了汽车的燃油经济性,使得缸内进油更科学、更准确。这种技术可使发动机的功率提高10%,在耗油量相同的情况下,转矩可增大20%以上,油耗降低10%~12%,尾气排放可降低30%~50%。

3) 优化设计燃烧系统

它涉及活塞顶和缸盖的形状、火花塞的位置、进、排气门的尺寸和数量以及进气口的设计等一系列问题。设计者对燃烧室形状、燃烧室布置以及喷射系统进行优化设计,改良燃烧状况,提高排放标准。

4) 闭环控制技术

该系统是一个实时的氧传感器、计算机和燃油量控制装置三者之间闭合的三角关系。采用闭环控制的电喷发动机,由于能使发动机始终在较理想的工况下运行(空燃比偏离理论值不会太多),从而能保证汽车不仅具有较好的动力性能,还能大幅度省油。

2. 车身轻量化

多使用铝合金或其他轻型材料,减轻汽车零部件质量,降低整车质量,达到节省燃料的目的。

3. 制动能量回收系统

将制动时产生的热能转换,并将其存储在电容器内,在使用时将其迅速释放。比如,我们可将飞轮与发电机相连接,将动能转化为电能储存起来。这样既提高了发动机的工作效率,又适度降低了耗油量。

4. 新型燃料的开发利用

比如以氢气代替燃油作为燃料;开发电动汽车、天然气发动机、混合动力轿车等。

5. 发展净化汽车尾气技术

(1) 三元催化器:三元催化器是安装在汽车排气系统中最重要的机外净化装置,它可将汽车尾气排出的 CO、HC 和 NO_x 等有害气体通过氧化和还原作用,转变为无害的二氧化碳、水和氮气。

(2) OBD(车载自动诊断系统):这个系统将从发动机的运行状况随时监控汽车是否尾气超标,一旦超标,会马上发出警示。

(四) 提高驾驶人的技术水平及改善道路交通环境等

同一技术状况的车辆,由于驾驶人的操作时机方法选择不同,其油耗可相差 15% ~ 30% 甚至更多,也就是说操作因素对油耗的影响较大。笔者认为只要遵照"操作熟练、适时换挡、节气门适当、合理滑行、预先处理",不仅节油效果显著,而且更能延长车辆寿命。另外,道路通行环境也对油耗产生较大影响。我们要尽量避免复杂路况,避开较差的交通环境。

(五) 做好车辆维护工作

车辆的维护水平将直接影响发动机的性能与汽车的行驶阻力等,从而影响车辆的耗油量。另外,前轮定位的正确与否、制动间隙与轮毂轴承的松紧度以及传动系统各箱体内润滑油质量的好坏等因素均会影响燃油消耗率。尤其是随着运行里程的增加,发动机、底盘各部的性能变差,耗油量会不断加大。所以,提高汽车日常维护的技术水平就变得尤为重要。我们要改善机件摩擦性能、恢复发动机的密封性、增加汽缸压力、定期检查汽车底盘的技术状况等,保证汽车处于良好技术状态。

综上所述,降低燃油消耗与多方面均有密切关系。即汽车的节能减排工作是一项复杂的系统工程,必须摆在突出的战略位置,从战略和全局的高度进行深入分析,充分认识到开展节能减排工作的重要性,通过如政策引导、制度完善、管理升级与技术创新等举措,进一步提高能源利用水平,降低运输污染物的排放。加强行业节能减排的科研力度,加快研究与制定交通行业有关节能减排的标准规范,促进节能减排工作全面升级。

科学发展观是保证汽车工业可持续发展的必要条件。在眼前利益和长远利益发生矛盾时,我们应充分考虑人类的长远利益和我们的生态环境。只有人、车、路、环境的和谐,才能促进我国汽车工业快速发展。同时,这也对我们提出了严峻的挑战。我们应不遗余力地去挖掘降低燃油消耗的潜力,把寻求改善汽车燃油经济性作为长期目标。我们相信,随着新材料的应用、新技术的发展,再加上我们的不懈努力,汽车节能减排工作必将有一个更大的发展和提高,从而推动交通运输行业乃至整个社会经济又好又快的发展。

第二节　汽车环保检测常识

一、汽车公害

1. 公害的组成

汽车的公害包括三个方面：汽车排气对大气的污染、噪声对环境的危害、汽车电气设备对无线电通信及电视广播等的电波干扰。

排气公害组成主要有：CO（一氧化碳）、HC（碳氢化合物）、NO_x（氮氧化合物）、SO_2（二氧化硫）、铅化合物、炭烟和油雾。其来源主要包括：发动机排出的燃烧产物、发动机曲轴箱通风污染（主要 HC）、燃料箱和化油器溢出的汽油蒸气。

汽油、柴油机排气公害特点：汽油机主要是 CO、HC、和 NO_x；柴油机的 CO 和 HC 排放量要比汽油机少得多，而炭烟的成分远高出汽油机，同时 NO_x 的排气量也较多。

2. 汽车噪声及其危害

噪声是指人们不需要并希望用一定措施加以控制和消除掉的声音总称。

噪声分类：交通噪声、生产噪声、建筑噪声、生活噪声。

汽车噪声来源：发动机噪声、轮胎噪声、车体振动、传动系统噪声、车身干扰空气及喇叭声。

噪声危害：听力下降、噪声性耳聋、诱发其他疾病、影响正常工作和学习。

3. 电波公害

产生原因：在汽车的电气设备中有很多振荡回路，当火花放电时，多振荡回路就会产生高频振荡，并以电磁波的形式放射到空中，引起干扰。

减少措施：主要是限制汽车点火系统产生的电波杂音强度。

二、汽车排放污染物检测

测量仪器：不分光红外线分析仪，由废气取样装置、废气分析装置、浓度指示装置、校准装置等几个部分组成。

（一）汽油车怠速排放污染物检测

1. 怠速检测法

（1）发动机处于怠速运装状态，离合器处于接合位置，加速踏板与阻风门位于松开位置，变速杆位于空挡位置，阻风门（化油器式发动机）全开。

（2）进气系统装有空气滤清器，排气系统装有排气消声器，并不得有泄漏，汽油符合国家标准规定。

（3）使发动机冷却液和润滑油温度达到汽车使用说明书所规定的热状态。

（4）必要时要在发动机上安装转速计、点火正时仪、冷却液和润滑油测温计等测试仪器。

（5）发动机由怠速工况加速至 70% 的额定转速，维持 60s（以清除燃烧室中的各种残留气体)后降至怠速状态。

(6)将测量仪的读数转换开关置于最高量程挡位,在稳定怠速状态下,将不分光红外吸收型(NDIR)分析仪的取样探头直接插入排气管中,插入深度为400mm,并固定于排气管上。

(7)在怠速状态下维持15s后开始读数,读取30s内CO和HC的最高值和最低值,取其平均值为测量结果。

(8)若为多排放管时,取各排放管测量结果的算术平均值。

2.双怠速检测法

(1)必要时要在发动机上安装转速计、点火正时仪、冷却液和润滑油测温计等测试仪器。

(2)发动机由怠速工况加速至70%的额定转速,维持60s后降至高怠速(即50%额定转速)。

(3)将发动机降至高怠速状态后,将取样探头直接插入排气管中,插入深度为400mm,并固定于排气管上。

(4)发动机在高怠速状态下维持15s后开始读数,读取30s内的最高值和最低值,取其平均值即为高怠速排气污染物检测结果。

(5)发动机从高怠速状态降至怠速状态,在怠速状态维持15s后开始读数,读取30s内的最高值和最低值,取其平均值即为怠速排气污染物检测结果。

(6)若为多排放管时,分别取各排放管高速排放检测结果的平均值和怠速排放检测结果的平均值。

(二)汽油车加速模拟工况法(ASM检验法)排放污染物检测

由于怠速工况NO_x排放浓度低,因此提出ASM检验法。

加速模拟(ASM)检测法。把汽车置于地盘测功机上,采用两阶段等速工况检测,工况分为ASM5025工况和ASM2540工况。

(1)ASM5025工况检测方法。车辆驱动轮位于测功机滚筒上,将分析仪取样探头插入排气管中,深度为400mm,并固定于排气管上,对独立工作的多排气管应同时取样。车辆经过预热后,加速至25km/h,测功机以底盘输出功率的50%对车辆加载。

(2)ASM2540工况检测方法。ASM5025工况试验结束后,车辆立即加速至40km/h,测功机以底盘输出功率的25%对车辆加载。

(三)柴油车排放污染物控制与检测

1.排放烟度检测设备:滤纸式烟度计

原理:抽气泵取废气,废气通过白色滤纸,废气中积炭留在纸上,废气染黑滤纸,检测装置测定染黑度,计算出烟度值。

烟度值单位为波许(Rb):0~10均匀分布。

2.柴油机自由加速排气烟度检测

(1)将烟度计取样探头逆气流固定于排气管内,深度为300mm,并使其中心线与排气管轴线平行。

(2)吹除积存物。按GB/T 1846 3.1条进行3次,以清除排气系统中的积存物。

(3)将踏板开关安装在加速踏板上端或将手动橡皮球通过远程软管引入驾驶室。把抽气泵压到最下端并锁止。

(4)按测量规程进行自由加速烟度的测量。

(5)再将加速踏板与取样机构的踏板开关迅速踩到底,约4s后立刻松开。维持怠速运转11s。此期间内完成取样、抽气泵复位、走纸(或更换新滤纸)、清晰和指示(或打印测量结果)等工作。

三、汽车噪声检测

(一)汽车噪声的检测

噪声测定:声音强弱。

测量单位:声压级、响应级 dB(A)。

测定仪器:声级计。

(二)试验方法

(1)车外加速噪声的测定(略)

(2)车外匀速噪声的测定(略)

(3)车内噪声的测定(略)

(4)汽车喇叭噪声(略)

第六章 急救与保险知识

第一节 伤员自救、急救常识

各种车辆在行驶或停放过程中难免出现碰撞、刮擦、辗压、翻覆、坠落、起火、爆炸等情况，造成人员伤亡或财产损失。作为驾驶人，应该做好预防工作，尽量避免事故的发生，也需要掌握事故时正确的自救和互救方法。

由于交通事故发生时，由于交通事故特定的场所和事故造成伤害的复杂性，掌握正确的伤员救护知识，按照正确的方法进行事故现场救护，对于减少事故致残率、死亡率，具有十分重要的意义。

一、现场救护的原则

发生交通事故造成人员受伤后，应迅速对伤员进行必要的搬运、包扎、止血等处理，能够有效地避免伤员受到二次伤害，还能为抢救生命赢得宝贵的时间。如果救护措施不当，会造成伤员伤势加重，因而必须遵守一些基本原则。

（一）注意自我保护

交通事故现场存在许多危险，如事故车辆起火、爆炸，救护人员被路过的车辆撞倒，或被锐利的器物如碎玻璃等划伤，还可能发生交叉感染，因此救护人员需要先评估事故现场，避免险情，保证救援时的安全。评估应迅速、冷静，尽快清晰现场情况。

救护人员应尽快将处于危险境地的伤员移至安全地带，再进行救治。为避免交叉感染，救护人员可戴手套。对伤员进行口对口人工呼吸时，可使用呼吸膜、面罩。

（二）先救命后治伤

救护人员本着先救命后治伤的原则，即先抢救重伤员，尽快将处于昏迷状态的伤员送往附近医院或交由专业救护人员，后护理一般伤员，对伤员进行伤口包扎、止血等处理。

（三）救护前先确认伤情

救护人员要对伤员进行一次全身检查，查清伤情，然后根据伤员的病情，科学实施救护。抢救人员要沉着，从车中移出伤员时不要生拉硬扯，动作要轻柔。

（四）选择安全的救护场所

救护应尽量选择就近、安全、平坦的场所。救护时应选择急救车辆易接近的地方，运送时使伤员平卧，减少运送途中的再损伤。

二、现场救护的程序

交通事故现场情况错综复杂,现场救护需要快速、有效。救护一般按照以下程序。

(一)迅速判断现场情况

救护者作为事故的"第一目击者",首先要评估现场情况,通过眼睛观察、耳朵听声、鼻子闻味对情况做出初步的快速判断。

1. 现场巡视

(1)注意现场是否对救护者、病人造成伤害。

(2)引起伤害的原因、受伤人数以及是否仍有生命危险等。

(3)现场可以利用的人力、物力资源以及需要的支援和救护行动。

这些步骤必须在数秒内完成。

2. 判断病情

现场巡视后,首先处理威胁生命的情况,然后根据需要检查伤员的意识、气道、呼吸、循环体征、瞳孔反应等。若发现异常,须立即救护并尽快护送到附近的医院救治。

(二)呼救

(1)向附近人群高声呼救。

(2)拨打"120"急救电话。

电话中应说明:

①伤员人数、大概病情及本人的姓名、联系方法。

②伤员所在的确切地点,尽可能指出附近的显著标志。

③病人目前最危重的情况,如昏倒、呼吸困难和出血等。

④现场已采取的救护措施,如止血、心肺复苏等。

(三)排除事故现场潜在危险,帮助受困人员脱离险境

(四)保护事故现场

在事故现场周围放置三角形警告标识,并指派专人指挥交通。注意保护现场,以便给事故责任划分提供可靠证据,采用最快的方式向公安机关交通管理部门报告。

将出事汽车发动机关闭,拉紧驻车制动装置,并用三角木或石块固定车轮,防止车辆滑动。夜间要凭手电筒或车灯进行现场照明。

一般情况不要立即移动伤员,除非伤员处于潜在危险或伤情急迫。

(五)伤情检查及伤员分类

伤情检查及伤员分类见表6-1-1。

伤情检查及伤员分类表 表6-1-1

类 别	程 度	标 志	伤 情
Ⅰ	危重伤	红色标志	多脏器损伤,多处骨折或广泛的软组织损伤,生命体征出现紊乱者,是现场抢救运送的重点。如开放性气胸,颅脑损伤、大面积烧伤等

续上表

类别	程度	标志	伤情
Ⅱ	重伤	黄色标志	损伤部位局限,生命体征平稳,但失去自救和互救能力,是仅次于红色标志需救治者。如单纯性四肢骨折
Ⅲ	轻伤	绿色标志	损伤轻微,伤口表浅,生命体征正常,具有自救和互救能力者,可在处理完红、黄标志伤员后再处理。如软组织挫伤、擦伤等
0	濒死伤	黑色标志	脑、心、肺等重要脏器严重受损,意识完全丧失,呼吸心跳停止

(1)伤情检查。要有整体观,切勿被局部伤口迷惑,首先要查出危及生命和可能致残的危重伤员。

①生命体征。

判断意识——呼唤伤员,轻拍其肩部,10s 内无任何反应可视为昏迷。表情淡漠,反应迟钝,不合情理的烦躁都提示伤情严重。对意识不清者不要随便翻动,以免加重未被发现的脊柱或四肢骨折。

判断脉搏——触摸颈动脉,判断心跳,正常脉搏应为每分钟 60~100 次,脉动清晰有力。

判断呼吸——观察伤员有无呼吸困难、气道阻塞及呼吸停止。正常呼吸为每分钟 16~20 次,均匀平稳。

②出血情况。伤口大量出血是伤情加重或致死的重要原因,现场应尽快发现大出血的部位。若伤员有面色苍白,脉搏快而弱,四肢冰凉等大失血的征象,却没有明显的伤口,应视为内出血。

③有否骨折。如怀疑有骨折,应尽量简单固定后再行搬运。

④皮肤及软组织损伤:皮肤表面出现瘀血、血肿等。

(2)出现大量伤员时,协助专业救护人员进行伤情分类并转送医院。

三、现场评估

(一)现场安全性评估

进行事故现场安全评估,可按照以下注意事项,以保护自身免受意外伤害:

(1)发现交通事故而停车救助时,请将自己的车停在离事故地点尽可能远些的地方。

(2)固定事故车辆,关闭其点火装置,拉紧驻车制动装置或用石头、三角木固定车轮,防止车辆滑动。

(3)晚上最好穿发亮或反光的衣服,并使用手电筒。

(4)在距离事故地点 50~100m(高速路上为 150~200m)的每个方向摆放警示三角。

(5)请求其他人协助参与救护工作,既可以增加人力,又可以作为彼此的见证,避免误会。

(6)小心地接近事故区,走走停停,注意有无危险情况。

(7)不要吸烟,同时看车上是否有危险品或者危险品标志。要特别留意车辆的油料燃烧、毒物泄漏和爆炸的可能性。

(8)保护现场,维持秩序,密切注意周围环境,防止其他危险发生。

(9)留意周围是否有合适的场地可以临时安置伤员。

(二)伤员伤情评估

在伤情评估的过程中,要注意以下几个方面。

1. 判断伤者有无颅脑损伤

颅脑损伤在交通事故中十分常见,一旦发生,其致死率和致残率很高,因此不容忽视。对伤者首先应大声呼唤或轻推,判断其是否清醒,有无昏迷。轻推伤者时,严禁用力摇动伤者,防止造成二次损伤。对于清醒的伤者,应询问其头部有无碰撞,有无头痛、头晕、短暂意识丧失等症状。如伤者出现上述情况,需将其送院检查。

2. 判断伤者有无脊柱损伤

脊柱和脊髓损伤在交通事故中致残率很高,因此,在搬动伤员之前,必须确定其是否有脊柱损伤。对于伤员出现颈后、背部或腰部疼痛,棘突压痛或昏迷的伤者,现场急救和搬运均应按照有脊柱损伤处理。

3. 判断有无骨折

如果出现轴向叩击痛(如叩击伤者足底导致其大腿疼痛)则高度怀疑疼痛部位有骨折存在,如果出现局部畸形和异常活动,则基本可以确定骨折的存在。

4. 判断有无胸、腹部脏器损伤

如果伤者出现胸部疼痛、压痛、呼吸困难等,提示有胸部损伤存在;如伤者出现腹痛、腹部压痛,肝、脾、肾区叩击痛,则应怀疑伤者有相应的脏器损伤。

在伤情的判断过程中,要求检查者采取的方法要简单、有效,检查手法准确,轻柔,防止增加伤者的痛苦并造成二次损伤。

四、伤员的转移

交通事故现场抢救的原则是先抢后救,抢中有救,应使伤员尽快脱离事故现场,及时得到救治,在搬移中要采取正确的方法,动作要轻巧、迅速,避免不必要的损伤。

五、创伤救护

事故的现场救护一般使用创伤救护的止血、包扎、四肢骨折的固定、搬运等技术。

(一)加压包扎止血法

这是一种最常用的止血方法,适用于小动脉、小静脉和毛细血管出血的止血。首先用消毒纱布或干净毛巾、布料等敷在伤口上,再用绷带、三角巾或布带加压紧紧包扎,达到止血的目的。

(二)指压止血法

直接压迫止血使用清洁的敷料盖在出血部位,直接压迫止血。

间接压迫止血是用拇指压住出血的血管上方(近心端),使血管被压闭住,中断血液,达到快速止血的目的。

(三)心肺复苏法

心肺复苏法是通过口对口吹气、胸外心脏按压等,对心脏、呼吸骤停伤员的有效抢救方

法。其步骤如下:

(1)判断意识。将伤员放置于仰卧姿势(图6-1-1),救助人员在伤员的一侧,轻推、呼喊伤员,如伤员无任何反应,即可判断为意识丧失。

(2)高声呼救,呼叫急救人员。

(3)保持呼吸道畅通。用两个手指抬起伤员下颌,同时将另一只手将伤员前额下按,使下颌角与耳垂连线垂直于地面,保持呼吸道的开放畅通,并清理气道和口中可能存在的异物,如图6-1-2所示。

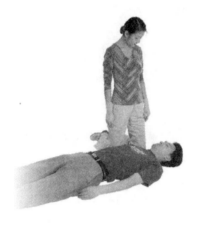 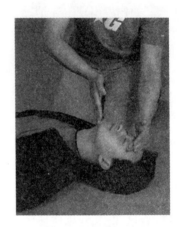

图6-1-1　伤员成仰卧姿势　　　　　　图6-1-2　仰头举颌法

(4)贴近伤员,通过听、看、感觉来判断伤员呼吸情况,如图6-1-3所示。若无呼吸,应立即进行口对口人工呼吸。

(5)实施人工呼吸。救助人员一手捏紧伤病员的鼻翼,防止空气从鼻孔泄漏,深吸一口气,用双唇包严伤员口唇,缓慢持续将气体吹入,吹气时间为2s以上,观察伤员胸部起伏情况。人工呼吸操作如图6-1-4所示。

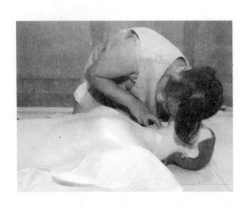 

图6-1-3　判断呼吸　　　　　　图6-1-4　人工呼吸

一次吹气完毕,救助人员立即抬头将口离开伤员,松开捏紧的鼻孔,停止吹气,让伤员胸壁自行回缩,呼出空气。吹气频率为每分钟12次。

(6)实施胸外心脏按压。救助人员触摸伤员颈动脉,如没有搏动,说明心脏停搏,应立即进行胸外心脏按压,方法如下:

①救助人员找准按压部位,如图6-1-5所示。救助人员用单手掌根紧贴食指置于伤员胸部,另一手放在其手背上,十指相扣,仅以单手掌根接触伤员胸壁。

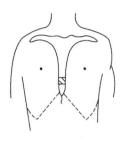
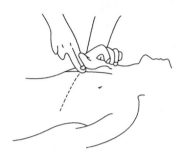

图6-1-5 按压部位

②救助人员双臂伸直,上半身前倾,以髋关节为支点,垂直向下、用力、有节奏地按压,使伤员胸骨下陷3~4cm,按压姿势如图6-1-6所示。

③下压后手臂放松,手掌不要离开胸部,使伤员胸壁充分恢复原状,然后再次下压,如此反复进行,按压时间和放送时间基本相同,按压频率为每分钟80~100次。

④按压15次后,加做2次人工呼吸作为一次循环(图6-1-7),做5个循环后可以观察一下伤员的呼吸和脉搏情况。

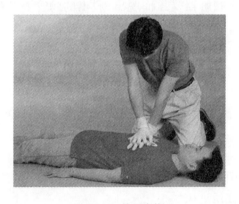

图6-1-6 按压姿势　　　　　图6-1-7 按压与人工呼吸

心肺复苏有效指征:伤员面色、口唇由苍白、青紫变红润;恢复自主呼吸及脉搏搏动;眼球活动,手足抽动,呻吟。

六、危重伤员的搬运

(一)各类病人的搬运方法

1. 脊柱、脊髓损伤(四人搬运法)

一人在伤员的头部,双手掌抱于头部两侧纵向牵引颈部,有条件的可戴上颈托;另外三人在伤员的同一侧（一般为右侧），分别在伤员的肩背部、腰臀部、膝踝部，双手掌平伸到伤员的对侧；四人单膝跪地，同时用力，保持脊柱为中立位，平稳地将伤员抬起，放在脊柱板上，头部固定；6~8根固定带将伤员固定在脊柱板上。

2. 骨盆骨折的搬运（三人搬运法）

先固定伤员的骨盆，三名救护员位于伤病员一侧，一人位于伤病员的胸部，伤病员的手臂抬起置于救护员的肩上。一人位于腿部，一人专门保护骨盆，双手平伸，同时用力，抬起伤病员放于硬板担架上，头部、双肩、骨盆、膝部用宽布带固定于担架上，防止途中颠簸和转动，三人搬运法操作如图6-1-8所示。

3. 颅脑损伤

图6-1-8 三人搬运法

颅脑损伤者常有脑组织暴露和呼吸道不畅等表现。搬运时应使伤病员取半仰卧位或侧卧位，以保持呼吸道通畅；脑组织暴露者，应保护好脑组织，并用衣物、枕头等将伤病员头部垫好，以减轻振动，注意颅脑损伤常合并颈椎损伤。

4. 胸部伤

搬运已封闭的气胸伤病员时，以座椅式搬运为宜，伤病员取坐位或半卧位。有条件时最好使用坐式担架、折叠椅或能调整至靠背状的担架。

5. 腹部伤

伤病员取仰卧位，下肢屈曲，以防止腹腔脏器受压而脱出，脱出的肠管要包扎，不要回纳，此类伤病员宜用担架或木板搬运。

6. 休克病人

病人取平卧位，不用枕头，或取脚高头低位，搬运时用普通担架即可。

7. 呼吸困难病人

病人取坐位，不能背驮，用软担架（床单、被褥）搬运时注意不能使病人躯干屈曲，如有条件，最好用折叠担架（或椅）搬运。

8. 昏迷病人

昏迷病人咽喉部肌肉松弛，仰卧位易引起呼吸道阻塞，此类病人宜采用平卧位并使头转向一侧或采用侧卧位，搬运时用普通担架或活动床。

(二) 搬运注意事项

(1) 先止血、包扎、固定，然后搬运。伤员四肢骨折时，由于骨折断端比较锋利，容易刺破血管和刺伤毗邻的神经，前者损伤易出现大出血，后者损伤易出现相应的肌肉和肢体的瘫痪，这两种状况对于伤员都是致命的二次伤害。

(2) 昏迷伤员要注意保持呼吸道通畅，防止窒息。

(3) 颈椎伤应有人协助牵引、固定伤病员头部。

(4) 脊椎、脊髓伤要避免伤病员身体弯曲、扭转，忌用一人抬肩、一人抱腿的错误搬运方法。应平抬平放，并宜用平板担架和仰卧姿势。

(5)搬运过程中,要时刻注意伤员伤情的变化,并随时调整止血带和固定物的松紧度,防止皮肤压伤和缺血坏死。如发现伤员出现面色苍白、头昏、眼花、血压脉搏减弱、恶心、呕吐、烦躁不安等症状,应暂停转送,就地实施抢救。

七、常见事故的应急自救

(一)冲出路面的应急自救

当汽车冲出路面时,驾驶人不要惊慌失措,应尽量保持车辆的平衡。汽车停稳之后,车上的人有序下车,以免造成翻车。

(1)车身不稳时不要下车。

(2)前轮悬空时先让前面的乘客逐个下车,后轮悬空时先让后面的乘客逐个下车。

(3)切断汽车电路,防止发生火灾。

(4)汽车发生翻滚时,驾驶人应握紧转向盘,尽量与汽车保持在同一条轴线上翻滚,避免身体在车内来回碰撞。同时嘱咐乘客紧靠座椅后背。

(二)制动失灵时的应急自救

如果行车途中制动失灵,应立即换挡并启用驻车制动装置,同时注意以下几点:

(1)不要猛拉驻车制动装置,应由轻缓逐渐用力,直至停车。

(2)小心地驶离车道,将车停在边坡上。

(3)如遇到较陡的下坡,为了减速,可以不断冲撞篱笆或者灌木丛等障碍物,还可以使用喇叭、警示灯、前灯等求救。

(三)发生撞车时的应急自救

遇到不可避免的撞车时,驾驶人应保持冷静,尽可能保护自己和他人的安全,减小损失。

(1)安全带可以阻止人在紧急制动时冲向风窗玻璃。如没有系安全带则不要硬撑着去对抗冲撞。

(2)驾驶人在发生冲撞的瞬间应尽量远离转向盘,双臂夹胸,双手抱头。

(3)副驾驶位的乘客要抱住头部躺在座位上,或者双手握拳,用手腕护住前额,同时屈身抬膝保护好胸腹。

(4)后座的乘客迅速向前伸出一只脚,顶在前面座椅的背面,并在胸前屈肘,双手张开,护住头面部,背部后挺,压在座椅上。

(5)冲撞时切忌喊叫,应紧闭嘴唇,咬紧牙关,避免相撞时咬到舌头。

(6)冲撞一旦停止,所有人应尽快离开汽车,因为车祸时极有可能发生火灾。

(四)受伤时的应急自救

(1)如果驾驶人被转向盘撞击胸部后感觉剧痛或呼吸困难,或者颈椎、腰椎等受到冲撞,千万不要贸然移动身体,可只移动手臂拨打急救电话。

(2)如有大量出血,应用毛巾或其他干净布料进行紧急止血,防止休克。

(3)如发现肢体疼痛、肿胀、畸形等,可能是骨折,应制动或用就便器材简单固定。

(五)发动机起火自救

驾驶人迅速停车,打开车门让乘客下车。切断电源,取下灭火器扑灭火焰。火势大时迅速拨打119报警。

（六）加油时起火

应立即停止加油，迅速将车开出加油站，用灭火器或者衣服等扑灭油箱上的火焰。火势大时迅速拨打119报警。如果地面有流散的燃料，应用灭火器或者沙土将地面的火焰扑灭。

（七）汽车落水及水淹时的自救

1. 坠落入水时的自我保护

汽车掉入水中，要沉着冷静，尽量在下沉前的1min左右设法从车门或车窗逃生。即使汽车沉入水底，也有机会逃生。

（1）保持冷静，双手抓紧扶手或椅背，身体后仰，紧贴椅背，随车翻滚。

（2）紧闭嘴唇，咬紧牙齿，避免舌头被咬伤。

（3）汽车入水时不要着急打开车门和车窗，防止水涌进。

（4）打开前灯和车辆照明灯，以看清四周，利于营救。

（5）关上车窗和通风管道，保留车厢内的空气。

2. 水中自救逃生

（1）耐心等待，直到车厢内水位不再上升。在此之前由于水压的影响，车门往往难以打开。

（2）解开安全带，深呼吸一次，打开车门或车窗跳出。

（3）如车门打不开，可采取以下几种方式打碎车窗玻璃逃生。

①用车内自备的安全锤或转向盘锁等敲击车窗玻璃四角部分，敲击时首选侧窗玻璃。

②取下座椅头枕，将其下面钢管插进车窗四角缝隙内，用力撬动，破窗逃生。

③用拖车钩或反握螺丝刀，采用甩击方式砸碎车窗玻璃。砸击时应最大限度地接近玻璃四角。

④灭火器可有效砸碎车窗玻璃，但如果灭火器质量不过关，则有爆炸可能，所以不到万不得已，不建议采用此方法。

第二节　机动车保险常识

车辆保险，即机动车辆保险，简称车险，也称作汽车保险。它是指对机动车辆由于自然灾害或意外事故所造成的人身伤亡或财产损失负赔偿责任的一种商业保险。车辆保险具体可分商业险和交强险。商业险又包括车辆主险和附加险两个部分。

商业险主险包括车辆损失险、第三者责任险、车上人员责任险、全车盗抢险。机动车辆损失险承保被保险车辆遭受保险范围内的自然灾害或意外事故，造成保险车辆本身损失，保险人依照保险合同的规定给予赔偿的一种保险。机动车辆第三者责任险，对被保险人或其允许的合格驾驶人员在使用保险车辆过程中发生意外事故，致使第三者遭受人身伤亡或财产损坏，依法应由被保险人支付的金额，也由保险公司负责赔偿。

全车盗抢险系指：

（1）在全车被盗窃、抢劫、抢夺的被保险机动车（含投保的挂车），需经县级以上公安刑侦部门立案侦查,证实满60天未查明下落。

(2)被保险机动车全车被盗窃、抢劫、抢夺后,受到损坏或因此造成车上零部件、附属设备丢失需要修复的合理费用。

(3)发生保险事故时,被保险人为防止或者减少被保险机动车的损失所支付的必要的、合理的施救费用,由保险人承担,最高不超过保险金额的数额。

三种情况下发生的损失可以赔偿。车上人员责任险系指保险车辆发生意外事故(不是行为人出于故意,而是行为人不可预见的以及不可抗拒的,造成了人员伤亡或财产损失的突发事件),导致您车上的驾驶人或乘客人员伤亡造成的费用损失,以及为减少损失而支付的必要合理的施救、保护费用,由保险公司承担赔偿责任。

附加险包括玻璃单独破碎险,车辆停驶损失险,自燃损失险,新增设备损失险,发动机进水险,无过失责任险,代步车费用险,车身划痕损失险,不计免赔率特约条款,车上货物责任险等多种险种。

一、车辆保险起源发展

国外汽车保险起源于19世纪中后期。当时,随着汽车在欧洲一些国家的出现与发展,因交通事故而导致的意外伤害和财产损失随之增加。尽管各国都采取了一些管制办法和措施,汽车的使用仍对人们的生命和财产安全构成了严重威胁。因此引起了一些精明的保险人对汽车保险的关注。最早开发汽车保险业务的是英国的"法律意外保险有限公司",1898年该公司率先推出了汽车第三者责任保险,并可附加汽车火险。到1901年,保险公司提供的汽车保险单,已初步具备了现代综合责任险的条件,保险责任也扩大到了汽车的失窃。到1913年,汽车保险已扩大到了20多个国家,汽车保险费率和承保办法也基本实现了标准化。

新中国成立以后的1950年,创建不久的中国人民保险公司就开办了汽车保险。1980年,中国人民保险公司逐步全面恢复中断了近25年之久的汽车保险业务,以适应国内企业和单位对于汽车保险的需要,适应公路交通运输业迅速发展、事故日益频繁的客观需要。但当时汽车保险仅占财产保险市场份额的2%。

随着改革开放形势的发展,社会经济和人民生活也发生了巨大的变化,机动车辆迅速普及和发展,机动车辆保险业务也随之得到了迅速发展。1983年将汽车保险改为机动车辆保险使其具有更广泛的适应性,机动车辆保险在我国保险市场,尤其在财产保险市场中始终发挥着重要的作用。到1988年,汽车保险的保费收入超过了20亿元,占财产保险份额的37.6%,第一次超过了企业财产险(35.99%)。从此以后,汽车保险一直是财产保险的第一大险种,并保持高增长率,我国的汽车保险业务进入了高速发展的时期。

与此同时,机动车辆保险条款、费率以及管理也日趋完善,尤其是中国保监会的成立,进一步完善了机动车辆保险的条款,加大了对于费率、保险单证以及保险人经营活动的监管力度,加速建设并完善了机动车辆保险中介市场,对全面规范市场,促进机动车辆保险业务的发展起到了积极的作用。

二、车险购买指南

购买车险的人越来越多,可是熟悉车险手续的人却不多。面对名目繁多的险种,保费不同的保险公司,究竟应该如何选择最适合自己的车险产品呢?

(一)机动车交通事故责任强制保险必须购买

根据《机动车交通事故责任强制保险条例》规定,从 2008 年 8 开始,所有的新车和保险到期的车辆续保必须购买机动车交通事故责任强制保险(以下简称交强险)。保险公司将根据车辆销售发票进行判断。

(二)新车险种应"求全"

除了国家强制规定购买的交强险,车主还需购买一些必要的商业险种,如车损险、三责险、盗抢险、车上人员险等。

以价格为 15 万元的车辆为例,人保的车损险为 2956 元,三责险车主可以根据自己的需要,选择 5 万元、10 万元、15 万元、20 万元等不同保额。三责险根据车型的不同,保金也不尽相同,最常见的 6 座以下乘用车,保额 5 万元的,保费通常为 800 元左右;保额 10 万元的,保费为 1100 元左右;保额 15 万元的,保费为 1200 元左右。盗抢险也是根据投保车辆的价格来进行换算,价格 15 万元的车保费为 900 元左右。车上人员险多按照每辆车 5 人计算,保额分别为 5000 元和 10000 元两种,保费分别为 100 元、200 元左右。

(三)附加险种酌情买

车主可以根据自己汽车的实际状况与使用情况,有针对性地选择附加险。这些险种包括:玻璃单独破碎险、划痕险、不计免赔险等。

(四)保险公司要细选

在确定了应该选择的险种以及可获得的优惠以后,在购买车险的过程中应该如何选择保险公司,购买过程中还应注意哪些问题呢?

如果是新车,而且车价相对较高,可选择大公司的车险。因为大公司的赔付额度相对会高一些,定点维修厂的级别也比较高。

如果是旧车,或者车价不高,修理费用也不会很高昂,选择小公司比较划算。

另外,如果经常出外跑长途,那么应该尽量选择比较大的保险公司来投保,遇到麻烦可即时在当地办理定损、理赔等。此外,车主投保车险不能只重价格,应该结合用车的实际情况如是否经常跑长途、是否指定专人驾驶等,综合出险时所需要的服务等来决定。

三、车险分类

车险分为不定值保险,分为基本险和附加险,其中附加险不能独立保险。基本险包括第三者责任险和车辆损失险(车损险);附加险包括全车盗抢险(盗抢险)、车上责任险、无过失责任险、车载货物掉落责任险、玻璃单独破碎险、车辆停驶损失险、自燃损失险、新增设备损失险、不计免赔特约险。

交强险是强制性险种,属于广义的第三者责任险。机动车必须购买才能够上路行驶、年

第六章 急救与保险知识

检、上户,且在发生第三者损失需要理赔时,必须先赔付交强险再赔付其他险种。

(一)交强险

交强险是我国首个由国家法律规定实行的强制保险制度。

《机动车交通事故责任强制保险条例》(以下简称《条例》)规定:交强险是由保险公司对被保险机动车发生道路交通事故造成受害人(不包括本车人员和被保险人)的人身伤亡、财产损失,在责任限额内予以赔偿的强制性责任保险。

(二)车辆损失险

车辆损失险是指保险车辆遭受保险责任范围内的自然灾害(不包括地震)或意外事故,造成保险车辆本身损失,保险人依据保险合同的规定给予赔偿。

(三)第三者责任险

负责保险车辆在使用中发生意外事故造成他人(即第三者)的人身伤亡或财产的直接损毁的赔偿责任。

(四)全车盗抢险

盗抢险,全称为机动车辆全车盗抢险。机动车辆全车盗抢险的保险责任为全车被盗窃、被抢劫、被抢夺造成的车辆损失以及在被盗窃、被抢劫、被抢夺期间受到损坏或车上零部件、附属设备丢失需要修复的合理费用。

(五)车上责任险

负责保险车辆发生意外事故造成车上人员的人身伤亡和车上所载货物的直接损毁的赔偿责任。其中车上人员的人身伤亡的赔偿责任就是过去的驾驶人乘客意外伤害保险。

(六)无过失责任险

投保车辆在使用过程中,因与非机动车辆、行人发生交通事故,造成对方人员伤亡和直接财产损毁,保险车辆一方不承担赔偿责任。如被保险人拒绝赔偿未果,对被保险人已经支付给对方而无法追回的费用,保险公司按《道路交通事故处理办法》和出险当地的道路交通事故处理规定标准在保险单所载明的本保险赔偿限额内计算赔偿。每次赔偿均实行20%的绝对免赔率。

(七)掉落责任险

承担保险车辆在使用过程中,所载货物从车上掉下来造成第三者遭受人身伤亡或财产的直接损毁而产生的经济赔偿责任。赔偿责任在保险单所载明的保险赔偿限额内计算。每次赔偿均实行20%的绝对免赔率。

(八)玻璃单独破碎险

车辆在停放或使用过程中,其他部分没有损坏,仅风窗玻璃单独破碎,风窗玻璃的损失由保险公司赔偿。

(九)车辆停驶损失险

保险车辆发生车辆损失险范围内的保险事故,造成车身损毁,致使车辆停驶而产生的损失,保险公司按规定进行以下赔偿:

（1）部分损失的，保险人在双方约定的修复时间内按保险单约定的日赔偿金额乘以从送修之日起至修复竣工之日止的实际天数计算赔偿。

（2）全车损毁的，按保险单约定的赔偿限额计算赔偿。

（3）在保险期限内，上述赔款累计计算，最高以保险单约定的赔偿天数为限。本保险的最高约定赔偿天数为90天，且车辆停驶损失险最大的特点是费率很高，达10%。

（十）自燃损失险

自燃损失险指负责赔偿因本车电器、线路、供油系统发生故障及运载货物自身原因起火造成车辆本身的损失。本保险为车辆损失险的附加险，投保了车辆损失险的车辆方可投保本保险。

（十一）设备损失险

车辆发生车辆损失险范围内的保险事故，造成车上新增设备的直接损毁，由保险公司按实际损失计算赔偿。未投保本险种，新增加的设备的损失保险公司不负赔偿责任。

（十二）不计免赔特约险

只有在同时投保了车辆损失险和第三者责任险的基础上方可投保本保险。办理了本项特约保险的机动车辆发生保险事故造成赔偿，对其在符合赔偿规定的金额内按基本险条款规定计算的免赔金额，保险人负责赔偿。也就是说，办了本保险后，车辆发生车辆损失险及第三者责任险方面的损失，全部由保险公司赔偿。这是1997年才有的一个非常好的险种。它的价值体现在：不保这个险种，保险公司在赔偿车损险和第三者责任险范围内的损失时是要区分责任的：若您负全部责任，赔偿80%；负主要责任赔85%；负同等责任赔90%；负次要责任赔95%。事故损失的另外20%、15%、10%、5%需要您自己掏腰包。

四、车险购买注意事项

（一）不要重复投保

有些投保人自以为多投几份保，就可以使被保车辆多几份赔偿。按照《中华人民共和国保险法》第四十条规定："重复保险的车辆各保险人的赔偿金额的总和不得超过保险价值。"因此，即使投保人重复投保，也不会得到超价值赔款。

（二）不要超额投保或不足额投保

有些车主，明明车辆价值10万元，却投保了15万元的保险，认为多花钱就能多赔付。而有的车价值20万元，却投保了10万元。这两种投保都不能得到有效的保障。依据《中华人民共和国保险法》第三十九条规定："保险金额不得超过保险价值，超过保险价值的，超过的部分无效。保险金额低于保险价值的，除合同另有约定外，保险人按照保险金额与保险价值的比例承担赔偿责任。"所以超额投保、不足额投保都不能获得额外的利益。

（三）保险要保全

有些车主为了节省保费，想少保几种险，或者只保车损险，不保第三者责任险，或者只保主险，不保附加险等。其实各险种都有各自的保险责任，假如车辆真的出事，保险公司只能依据当初订立的保险合同承担保险责任给予赔付，而车主的其他一些损失有可能就得不到赔偿。

(四)及时续保

在保险合同到期后应及时续保,避免车辆出现事故无法赔付的情况。

(五)要认真审阅保险单证

接到保险单证时,车主要认真核对单据第三联是否采用了白色无碳复写纸印刷并加印浅褐色防伪底纹,其左上角是否印有"中国保险监督管理委员会监制"字样,右上角是否印有"限在××省(市、自治区)销售"的字样,如果没有可拒绝签单。

(六)注意审核代理人真伪

投保时要选择国家批准的保险公司所属机构投保,而不能随便找一家保险代理机构投保,更不能被所谓的"高返还"所引诱,只求小利而上假代理人的当。

(七)核对保单

办理完保险手续拿到保单正本后,要及时核对保单上所列项目如车牌号、发动机号等,如有错漏,要立即提出更正。

(八)随身携带保险卡

保险卡应随车携带,如果发生事故,要立即通知保险公司并向交通管理部门报案。

(九)提前续保

记住保险的截止日期,提前办理续保。

(十)注意莫生"骗赔"伎俩

有极少数人,总想把保险当成发财的捷径,如有的先出险后投保,有的人为地制造出险事故,有的伪造、涂改、添加修车、医疗等发票和证明,这些都属于骗赔的范围,是触犯法律的行为。因此各位车主在这些问题上,千万不要耍小"聪明"。

(十一)车险中对第三方的界定,应排除家人在外。

保险公司的除外责任中有这样一条规定"被保险人或其允许的驾驶人以及他们的家庭成员的人身伤亡,及其所有或保管的财产的损失",汽车发生事故时的驾驶人及其家庭成员、被保险人的家庭成员是不算在第三方范围内的。汽车保险条款规定是为了防范被保险人为了获取保险金而对家庭成员进行故意伤害。

五、车险理赔和理赔注意事项

(一)车险理赔

车险理赔要注意:

(1)随车携带机动车辆"三证一单"的清晰复印件,即车主身份证、驾驶证、行驶证和保险大单。在此特别提醒大家,许多保险公司的保险小卡已不再作为理赔凭证。

(2)及时报案非常重要,尤其是重大事故。拨打保险公司报案电话时需要提供保单号码、出险时间、地点、事故性质等基本情况。

(3)临时牌照车辆一般只办理了短期交强保险,且有规定路线和时间,在规定以外的路线和时间发生的意外事故保险公司不承担赔付责任。

(4)车辆异地出险时,及时报保险公司,由出险地定损人员进行代查勘定损。赔付费用一般按出险地的行业标准估价,若有局部损坏回到投保地才发现的,这部分的修理费用保险公司可补定损赔偿。

(5)被保险人如果要委托修理厂办理赔,或将事故赔偿费直接划给修理厂的,应亲自签订授权委托书,并报保险公司备案。每次修理时,与修理厂签订质量合同,这样才能维护自己的合法权益。

(二)理赔注意事项

(1)及时报案。发生交通事故后,车主应保护好现场,并在48h内向保险公司报案,如实陈述事故发生经过,提供保险单,等待保险公司查勘人员到现场查勘,同时填写好《索赔申请书》。

(2)了解拒赔范围和免责范围。

(3)损失过小索赔不划算。因为在车险续保时,保险公司有一个保费优惠条款,即车辆一年未出险,第二年续保时即可享受10%左右的保费优惠;如果连续几年没有出险记录,那么保费优惠最高能达到30%左右。

(4)道路事故,先打110,让交警开好证明就去修理厂。定损全套修理厂都能做到。

(5)非道路事故(小区):自己写个证明,然后找所属派出所盖章就可以了。

(6)单车事故:先交警开单,然后找修理厂。保险公司有的要看现场有的不要,不要的直接去修理厂,要的再报案等保险公司来看车。

第七章 相关法律、法规知识

第一节 《中华人民共和国道路交通安全法》相关知识

一、概述

《中华人民共和国道路交通安全法》于2003年10月28日由中华人民共和国第十届全国人民代表大会常务委员会第五次会议通过,中华人民共和国主席令(第八号)发布,自2004年5月1日起施行。包括:总则、车辆和驾驶人、道路通行条件、道路通行规定、交通事故处理、执法监督、法律责任、附则共八章,一百二十四条。

立法宗旨: 为了维护道路交通秩序,预防和减少交通事故,保护人身安全,保护公民、法人和其他组织的财产安全及其他合法权益,提高通行效率,制定本法。

适用范围: 中华人民共和国境内的车辆驾驶人、行人、乘车人以及与道路交通活动有关的单位和个人,都应当遵守本法。

道路交通安全工作,应当遵循依法管理、方便群众的原则,保障道路交通有序、安全、畅通。

国务院公安部门负责全国道路交通安全管理工作。县级以上地方各级人民政府公安机关交通管理部门负责本行政区域内的道路交通安全管理工作。

二、车辆和驾驶人

国家对机动车实行登记制度。机动车经公安机关交通管理部门登记后,方可上道路行驶。尚未登记的机动车,需要临时上道路行驶的,应当取得临时通行牌证。

机动车登记证书、号牌、行驶证的式样由国务院公安部门规定并监制。驾驶机动车上道路行驶,应当悬挂机动车号牌,放置检验合格标志、保险标志,并随车携带机动车行驶证。

机动车号牌应当按照规定悬挂并保持清晰、完整,不得故意遮挡、污损。任何单位和个人不得收缴、扣留机动车号牌。

国家实行机动车强制报废制度,根据机动车的安全技术状况和不同用途,规定不同的报废标准。

应当报废的机动车必须及时办理注销登记。达到报废标准的机动车不得上道路行驶。报废的大型客、货车及其他营运车辆应当在公安机关交通管理部门的监督下解体。

任何单位或者个人不得有下列行为：拼装机动车或者擅自改变机动车已登记的结构、构造或者特征；改变机动车型号、发动机号、车架号或者车辆识别代号；伪造、变造或者使用伪造、变造的机动车登记证书、号牌、行驶证、检验合格标志、保险标志；使用其他机动车的登记证书、号牌、行驶证、检验合格标志、保险标志。

国家实行机动车第三者责任强制保险制度，设立道路交通事故社会救助基金。具体办法由国务院规定。

驾驶机动车，应当依法取得机动车驾驶证。申请机动车驾驶证，应当符合国务院公安部门规定的驾驶许可条件；经考试合格后，由公安机关交通管理部门发给相应类别的机动车驾驶证。

驾驶人应当按照驾驶证载明的准驾车型驾驶机动车；驾驶机动车时，应当随身携带机动车驾驶证。

公安机关交通管理部门以外的任何单位或者个人，不得收缴、扣留机动车驾驶证。

驾驶人驾驶机动车上道路行驶前，应当对机动车的安全技术性能进行认真检查；不得驾驶安全设施不全或者机件不符合技术标准等具有安全隐患的机动车。

机动车驾驶人应当遵守道路交通安全法律、法规的规定，按照操作规范安全驾驶、文明驾驶。

饮酒、服用国家管制的精神药品或者麻醉药品，或者患有妨碍安全驾驶机动车的疾病，或者过度疲劳影响安全驾驶的，不得驾驶机动车。

任何人不得强迫、指使、纵容驾驶人违反道路交通安全法律、法规和机动车安全驾驶要求驾驶机动车。

公安机关交通管理部门依照法律、行政法规的规定，定期对机动车驾驶证实施审验。

公安机关交通管理部门对机动车驾驶人违反道路交通安全法律、法规的行为，除依法给予行政处罚外，实行累积记分制度。公安机关交通管理部门对累积记分达到规定分值的机动车驾驶人，扣留机动车驾驶证，对其进行道路交通安全法律、法规教育，重新考试；考试合格的，发还其机动车驾驶证。

对遵守道路交通安全法律、法规，在一年内无累积记分的机动车驾驶人，可以延长机动车驾驶证的审验期。具体办法由国务院公安部门规定。

三、道路通行规定

机动车、非机动车实行右侧通行。根据道路条件和通行需要，道路划分为机动车道、非机动车道和人行道的，机动车、非机动车、行人实行分道通行。没有划分机动车道、非机动车道和人行道的，机动车在道路中间通行，非机动车和行人在道路两侧通行。

车辆、行人应当按照交通信号通行；遇有交通警察现场指挥时，应当按照交通警察的指挥通行；在没有交通信号的道路上，应当在确保安全、畅通的原则下通行。

机动车上道路行驶，不得超过限速标志标明的最高车速。在没有限速标志的路段，应当保持安全车速。

夜间行驶或者在容易发生危险的路段行驶，以及遇有沙尘、冰雹、雨、雪、雾、结冰等气象条件时，应当降低行驶速度。

同车道行驶的机动车,后车应当与前车保持足以采取紧急制动措施的安全距离。有下列情形之一的,不得超车:前车正在左转弯、掉头、超车的;与对面来车有会车可能的;前车为执行紧急任务的警车、消防车、救护车、工程救险车的;行经铁路道口、交叉路口、窄桥、弯道、陡坡、隧道、人行横道、市区交通流量大的路段等没有超车条件的。

机动车通过交叉路口,应当按照交通信号灯、交通标志、交通标线或者交通警察的指挥通过;通过没有交通信号灯、交通标志、交通标线或者交通警察指挥的交叉路口时,应当减速慢行,并让行人和优先通行的车辆先行。

机动车遇有前方车辆停车排队等候或者缓慢行驶时,不得借道超车或者占用对面车道,不得穿插等候的车辆。

在车道减少的路段、路口,或者在没有交通信号灯、交通标志、交通标线或者交通警察指挥的交叉路口遇到停车排队等候或者缓慢行驶时,机动车应当依次交替通行。

机动车通过铁路道口时,应当按照交通信号或者管理人员的指挥通行;没有交通信号或者管理人员的,应当减速或者停车,在确认安全后通过。

机动车行经人行横道时,应当减速行驶;遇行人正在通过人行横道,应当停车让行。机动车行经没有交通信号的道路时,遇行人横过道路,应当避让。

机动车载人不得超过核定的人数,客运机动车不得违反规定载货。

机动车行驶时,驾驶人、乘坐人员应当按规定使用安全带。

机动车在道路上发生故障,需要停车排除故障时,驾驶人应当立即开启危险报警闪光灯,将机动车移至不妨碍交通的地方停放;难以移动的,应当持续开启危险报警闪光灯,并在来车方向设置警告标志等措施扩大示警距离,必要时迅速报警。

机动车应当在规定地点停放。在道路上临时停车的,不得妨碍其他车辆和行人通行。

乘车人不得携带易燃易爆等危险物品,不得向车外抛洒物品,不得有影响驾驶人安全驾驶的行为。

设计最高时速低于70km的机动车,不得进入高速公路。高速公路限速标志标明的最高时速不得超过120km。

机动车在高速公路上发生故障时,应当将警告标志设置在故障车来车方向150m以外,车上人员应当迅速转移到右侧路肩上或者应急车道内,并且迅速报警。机动车在高速公路上发生故障或者交通事故,无法正常行驶的,应当由救援车、清障车拖曳、牵引。

四、交通事故处理

在道路上发生交通事故,车辆驾驶人应当立即停车,保护现场;造成人身伤亡的,车辆驾驶人应当立即抢救受伤人员,并迅速报告执勤的交通警察或者公安机关交通管理部门。

受伤人员变动现场的,应当标明位置。乘车人、过往车辆驾驶人、过往行人应当予以协助。

在道路上发生交通事故,未造成人身伤亡,当事人对事实及成因无争议的,可以即行撤离现场,恢复交通,自行协商处理损害赔偿事宜;不即行撤离现场的,应当迅速报告执勤的交通警察或者公安机关交通管理部门。

在道路上发生交通事故,仅造成轻微财产损失,并且基本事实清楚的,当事人应当先撤离现场再进行协商处理。

车辆发生交通事故后逃逸的,事故现场目击人员和其他知情人员应当向公安机关交通管理部门或者交通警察举报。举报属实的,公安机关交通管理部门应当给予奖励。

对交通事故损害赔偿的争议,当事人可以请求公安机关交通管理部门调解,也可以直接向人民法院提起民事诉讼。

经公安机关交通管理部门调解,当事人未达成协议或者调解书生效后不履行的,当事人可以向人民法院提起民事诉讼。

医疗机构对交通事故中的受伤人员应当及时抢救,不得因抢救费用未及时支付而拖延救治。肇事车辆参加机动车第三者责任强制保险的,由保险公司在责任限额范围内支付抢救费用;抢救费用超过责任限额的,未参加机动车第三者责任强制保险或者肇事后逃逸的,由道路交通事故社会救助基金先行垫付部分或者全部抢救费用,道路交通事故社会救助基金管理机构有权向交通事故责任人追偿。

机动车发生交通事故造成人身伤亡、财产损失的,由保险公司在机动车第三者责任强制保险责任限额范围内予以赔偿。超过责任限额的部分,按照下列方式承担赔偿责任:机动车之间发生交通事故的,由有过错的一方承担责任;双方都有过错的,按照各自过错的比例分担责任。

机动车与非机动车驾驶人、行人之间发生交通事故的,由机动车一方承担责任;但是,有证据证明非机动车驾驶人、行人违反道路交通安全法律、法规,机动车驾驶人已经采取必要处置措施的,减轻机动车一方的责任。

交通事故的损失是由非机动车驾驶人、行人故意造成的,机动车一方不承担责任。

五、法律责任

对道路交通安全违法行为的处罚种类包括:警告、罚款、暂扣或者吊销机动车驾驶证、拘留。

机动车驾驶人违反道路交通安全法律、法规关于道路通行规定的,处警告或者20元以上200元以下罚款。另有规定的,依照规定处罚。

饮酒后驾驶机动车的,处暂扣1个月以上3个月以下机动车驾驶证,并处200元以上500元以下罚款;醉酒后驾驶机动车的,由公安机关交通管理部门约束至酒醒,处15日以下拘留和暂扣3个月以上6个月以下机动车驾驶证,并处500元以上2000元以下罚款。

饮酒后驾驶营运机动车的,处暂扣3个月机动车驾驶证,并处500元罚款;醉酒后驾驶营运机动车的,由公安机关交通管理部门约束至酒醒,处15日以下拘留和暂扣6个月机动车驾驶证,并处2000元罚款。

一年内有前两款规定醉酒后驾驶机动车的行为,被处罚两次以上的,吊销机动车驾驶证,5年内不得驾驶营运机动车。

公路客运车辆载客超过额定乘员的,处200元以上500元以下罚款;超过额定乘员20%或者违反规定载货的,处500元以上2000元以下罚款。

货运机动车超过核定载质量的,处200元以上500元以下罚款;超过核定载质量30%或者违反规定载客的,处500元以上2000元以下罚款。

第七章 相关法律、法规知识

有前两款行为的,由公安机关交通管理部门扣留机动车至违法状态消除。

故意遮挡、污损或者不按规定安装机动车号牌的,依照法律的规定予以处罚。

伪造、变造或者使用伪造、变造的机动车登记证书、号牌、行驶证、检验合格标志、保险标志、驾驶证或者使用其他车辆的机动车登记证书、号牌、行驶证、检验合格标志、保险标志的,由公安机关交通管理部门予以收缴,扣留该机动车,并处200元以上2000元以下罚款;构成犯罪的,依法追究刑事责任。

机动车所有人、管理人未按照国家规定投保机动车第三者责任强制保险的,由公安机关交通管理部门扣留车辆至依照规定投保后,并处依照规定投保最低责任限额应缴纳的保险费的2倍罚款。

有下列行为之一的,由公安机关交通管理部门处200元以上2000元以下罚款:①未取得机动车驾驶证、机动车驾驶证被吊销或者机动车驾驶证被暂扣期间驾驶机动车的;②将机动车交由未取得机动车驾驶证或者机动车驾驶证被吊销、暂扣的人驾驶的;③造成交通事故后逃逸,尚不构成犯罪的;④机动车行驶超过规定时速50%的;⑤强迫机动车驾驶人违反道路交通安全法律、法规和机动车安全驾驶要求驾驶机动车,造成交通事故,尚不构成犯罪的;⑥违反交通管制的规定强行通行,不听劝阻的;⑦故意损毁、移动、涂改交通设施,造成危害后果,尚不构成犯罪的;⑧非法拦截、扣留机动车辆,不听劝阻,造成交通严重阻塞或者较大财产损失的。

行为人有前款第二项、第四项情形之一的,可以并处吊销机动车驾驶证;有第一项、第三项、第五项至第八项情形之一的,可以并处15日以下拘留。

驾驶拼装的机动车或者已达到报废标准的机动车上道路行驶的,公安机关交通管理部门应当予以收缴,强制报废。对驾驶人,处200元以上2000元以下罚款,并吊销机动车驾驶证。

违反道路交通安全法律、法规的规定,发生重大交通事故,构成犯罪的,依法追究刑事责任,并由公安机关交通管理部门吊销机动车驾驶证。

造成交通事故后逃逸的,由公安机关交通管理部门吊销机动车驾驶证,且终生不得重新取得机动车驾驶证。

对6个月内发生二次以上特大交通事故负有主要责任或者全部责任的专业运输单位,由公安机关交通管理部门责令消除安全隐患,未消除安全隐患的机动车,禁止上道路行驶。

对道路交通违法行为人予以警告、200元以下罚款,交通警察可以当场做出行政处罚决定,并出具行政处罚决定书。

行政处罚决定书应当载明当事人的违法事实、行政处罚的依据、处罚内容、时间、地点以及处罚机关名称,并由执法人员签名或者盖章。

当事人应当自收到罚款的行政处罚决定书之日起15日内,到指定的银行缴纳罚款。

道路交通违法行为人应当在15日内到公安机关交通管理部门接受处理。无正当理由逾期未接受处理的,吊销机动车驾驶证。

暂扣机动车驾驶证的期限从处罚决定生效之日起计算;处罚决定生效前先予扣留机动车驾驶证的,扣留一日折抵暂扣期限一日。吊销机动车驾驶证后重新申请领取机动车驾驶证的期限,按照机动车驾驶证管理规定办理。

公安机关交通管理部门根据交通技术监控记录资料,可以对违法的机动车所有人或者管理人依法予以处罚。对能够确定驾驶人的,可以依照本法的规定依法予以处罚。

第二节 《中华人民共和国道路交通安全法实施条例》相关知识

一、概述

《中华人民共和国道路交通安全法实施条例》已经2004年4月28日国务院第49次常务会议通过,自2004年5月1日起施行。包括:总则、车辆和驾驶人、道路通行条件、道路通行规定、交通事故处理、执法监督、法律责任、附则共八章,一百一十五条。

立法宗旨:我国行人、非机动车、机动车参与交通行为的基本法律规范,也是交通警察对交通行为做出处罚的依据。

适用范围:中华人民共和国境内的车辆驾驶人、行人、乘车人以及与道路交通活动有关的单位和个人,应当遵守道路交通安全法和本条例。

二、车辆和驾驶人

机动车的登记,分为注册登记、变更登记、转移登记、抵押登记和注销登记。

机动车登记证书、号牌、行驶证丢失或者损毁,机动车所有人申请补发的,应当向公安机关交通管理部门提交本人身份证明和申请材料。公安机关交通管理部门经与机动车登记档案核实后,在收到申请之日起15日内补发。

机动车号牌应当悬挂在车前、车后指定位置,保持清晰、完整。重型、中型载货汽车及其挂车、拖拉机及其挂车的车身或者车厢后部应当喷涂放大的牌号,字样应当端正并保持清晰。

机动车检验合格标志、保险标志应当粘贴在机动车前窗右上角。

机动车喷涂、粘贴标识或者车身广告的,不得影响安全驾驶。

机动车应当从注册登记之日起,按照下列期限进行安全技术检验:

(1)营运载客汽车5年以内每年检验1次;超过5年的,每6个月检验1次。

(2)载货汽车和大型、中型非营运载客汽车10年以内每年检验1次;超过10年的,每6个月检验1次。

(3)小型、微型非营运载客汽车6年以内每2年检验1次;超过6年的,每年检验1次;超过15年的,每6个月检验1次。

(4)摩托车4年以内每2年检验1次;超过4年的,每年检验1次。

(5)拖拉机和其他机动车每年检验1次。

营运机动车在规定检验期限内经安全技术检验合格的,不再重复进行安全技术检验。

学习机动车驾驶,应当先学习道路交通安全法律、法规和相关知识,考试合格后,再学习机动车驾驶技能。

在道路上学习驾驶,应当按照公安机关交通管理部门指定的路线、时间进行。在道路上学习机动车驾驶技能应当使用教练车,在教练员随车指导下进行,与教学无关的人员不得乘坐教练车。学员在学习驾驶中有道路交通安全违法行为或者造成交通事故的,由教练员承担责任。

机动车驾驶人在一个记分周期内记分未达到12分,所处罚款已经缴纳的,记分予以清除;记分虽未达到12分,但尚有罚款未缴纳的,记分转入下一记分周期。

机动车驾驶人在一个记分周期内记分2次以上达到12分的,除按照第二十三条的规定扣留机动车驾驶证、参加学习、接受考试外,还应当接受驾驶技能考试。考试合格的,记分予以清除,发还机动车驾驶证;考试不合格的,继续参加学习和考试。

接受驾驶技能考试的,按照本人机动车驾驶证载明的最高准驾车型考试。

机动车驾驶人记分达到12分,拒不参加公安机关交通管理部门通知的学习,也不接受考试的,由公安机关交通管理部门公告其机动车驾驶证停止使用。

机动车驾驶人在机动车驾驶证的6年有效期内,每个记分周期均未达到12分的,换发10年有效期的机动车驾驶证;在机动车驾驶证的10年有效期内,每个记分周期均未达到12分的,换发长期有效的机动车驾驶证。

换发机动车驾驶证时,公安机关交通管理部门应当对机动车驾驶证进行审验。

三、道路通行规定

驾驶机动车不得有下列行为:①在车门、车厢没有关好时行车;②在机动车驾驶室的前后窗范围内悬挂、放置妨碍驾驶人视线的物品;③拨打接听手持电话、观看电视等妨碍安全驾驶的行为;④下陡坡时熄火或者空挡滑行;⑤向道路上抛撒物品;⑥驾驶摩托车手离车把或者在车把上悬挂物品;⑦连续驾驶机动车超过4h未停车休息或者停车休息时间少于20min;⑧在禁止鸣喇叭的区域或者路段鸣喇叭。

高速公路应当标明车道的行驶速度,最高车速不得超过120km/h,最低车速不得低于60km/h。

在高速公路上行驶的小型载客汽车最高车速不得超过120km/h,其他机动车不得超过100km/h,摩托车不得超过80km/h。

同方向有2条车道的,左侧车道的最低车速为100km/h;同方向有3条以上车道的,最左侧车道的最低车速为110km/h,中间车道的最低车速为90km/h。道路限速标志标明的车速与上述车道行驶车速的规定不一致的,按照道路限速标志标明的车速行驶。

机动车从匝道驶入高速公路,应当开启左转向灯,在不妨碍已在高速公路内的机动车正常行驶的情况下驶入车道。

机动车驶离高速公路时,应当开启右转向灯,驶入减速车道,降低车速后驶离。

机动车在高速公路上行驶,车速超过100km/h时,应当与同车道前车保持100m以上的距离,车速低于100km/h时,与同车道前车距离可以适当缩短,但最小距离不得少于50m。

机动车在高速公路上行驶,遇有雾、雨、雪、沙尘、冰雹等低能见度气象条件时,应当遵守下列规定:

(1)能见度小于200m时,开启雾灯、近光灯、示廓灯和前后位灯,车速不得超过60km/h,与同车道前车保持100m以上的距离。

(2)能见度小于100m时,开启雾灯、近光灯、示廓灯、前后位灯和危险报警闪光灯,车速不得超过40km/h,与同车道前车保持50m以上的距离。

(3)能见度小于50m时,开启雾灯、近光灯、示廓灯、前后位灯和危险报警闪光灯,车速不得超过20km/h,并从最近的出口尽快驶离高速公路。

遇有前款规定情形时,高速公路管理部门应当通过显示屏等方式发布速度限制、保持车距等提示信息。

机动车在高速公路上行驶,不得有下列行为:
(1)倒车、逆行、穿越中央分隔带掉头或者在车道内停车;
(2)在匝道、加速车道或者减速车道上超车;
(3)骑、轧车行道分界线或者在路肩上行驶;
(4)非紧急情况时在应急车道行驶或者停车;
(5)试车或者学习驾驶机动车。

在高速公路上行驶的载货汽车车厢不得载人。两轮摩托车在高速公路行驶时不得载人。机动车通过施工作业路段时,应当注意警示标志,减速行驶。

四、交通事故规定

机动车与机动车、机动车与非机动车在道路上发生未造成人身伤亡的交通事故,当事人对事实及成因无争议的,在记录交通事故的时间、地点、对方当事人的姓名和联系方式、机动车牌号、驾驶证号、保险凭证号、碰撞部位,并共同签名后,撤离现场,自行协商损害赔偿事宜。当事人对交通事故事实及成因有争议的,应当迅速报警。

机动车发生交通事故,造成道路、供电、通信等设施损毁的,驾驶人应当报警等候处理,不得驶离。机动车可以移动的,应当将机动车移至不妨碍交通的地点。公安机关交通管理部门应当将事故有关情况通知有关部门。

第三节 《中华人民共和国道路运输条例》相关知识

一、概述

《中华人民共和国道路运输条例》已经2004年4月14日国务院第48次常务会议通过,现予公布,自2004年7月1日起施行。包括:总则、道路运输经营、道路运输相关业务、国际道路运输、执法监督、法律责任、附则共七章,八十三条。

立法宗旨:为了维护道路运输市场秩序,保障道路运输安全,保护道路运输有关各方当事人的合法权益,促进道路运输业的健康发展,制定本条例。

适用范围:从事道路运输经营以及道路运输相关业务的,应当遵守本条例。

国务院交通主管部门主管全国道路运输管理工作。县级以上地方人民政府交通主管部门负责组织领导本行政区域的道路运输管理工作。县级以上道路运输管理机构负责具体实施道路运输管理工作。

二、道路运输经营

客运班线的经营期限为4~8年。经营期限届满需要延续客运班线经营许可的,应当重新提出申请。

客运经营者需要终止客运经营的,应当在终止前30日内告知原许可机关。

客运经营者应当为旅客提供良好的乘车环境,保持车辆清洁、卫生,并采取必要的措施防止在运输过程中发生侵害旅客人身、财产安全的违法行为。

班线客运经营者取得道路运输经营许可证后,应当向公众连续提供运输服务,不得擅自暂停、终止或者转让班线运输。

从事包车客运的,应当按照约定的起始地、目的地和线路运输。从事旅游客运的,应当在旅游区域按照旅游线路运输。

客运经营者不得强迫旅客乘车,不得甩客、敲诈旅客;不得擅自更换运输车辆。

客运经营者、货运经营者应当加强对从业人员的安全教育、职业道德教育,确保道路运输安全。

道路运输从业人员应当遵守道路运输操作规程,不得违章作业。驾驶人员连续驾驶时间不得超过4h。

三、道路运输相关业务

申请从事机动车驾驶人培训的,应当具备下列条件:①有健全的培训机构和管理制度;②有与培训业务相适应的教学人员、管理人员;③有必要的教学车辆和其他教学设施、设备、场地。

申请从事道路运输站(场)经营、机动车维修经营和机动车驾驶人培训业务的,应当向所在地县级道路运输管理机构提出申请,并分别附送符合本条例第三十七条、第三十八条、第三十九条规定条件的相关材料。县级道路运输管理机构应当自受理申请之日起15日内审查完毕,做出许可或者不予许可的决定,并书面通知申请人。

道路运输站(场)经营者、机动车维修经营者和机动车驾驶人培训机构,应当持许可证明依法向工商行政管理机关办理有关登记手续。

第四节 《机动车驾驶人培训管理规定》相关知识

一、概述

《机动车驾驶人培训管理规定》是为规范机动车驾驶人培训经营活动,维护机动车驾驶人培训市场秩序,保护各方当事人的合法权益而制定。于2005年12月15日经第29次部务会议通过,2006年1月12日中华人民共和国交通部令2006年第2号公布,自2006年4月

1日起施行。包括总则、经营许可、教练员管理、经营管理、监督检查、法律责任和附则七章。

立法宗旨：为规范机动车驾驶人培训经营活动，维护机动车驾驶人培训市场秩序，保护各方当事人的合法权益，根据《中华人民共和国道路交通安全法》、《中华人民共和国道路运输条例》等有关法律、行政法规，制定本规定。

二、经营许可

机动车驾驶人培训依据经营项目、培训能力和培训内容实行分类许可。

机动车驾驶人培训业务根据经营项目分为普通机动车驾驶人培训、道路运输驾驶人从业资格培训、机动车驾驶人培训教练场经营三类。

普通机动车驾驶人培训根据培训能力分为一级普通机动车驾驶人培训、二级普通机动车驾驶人培训和三级普通机动车驾驶人培训三类。

道路运输驾驶人从业资格培训根据培训内容分为道路客货运输驾驶人从业资格培训和危险货物运输驾驶人从业资格培训两类。

获得一级普通机动车驾驶人培训许可的，可以从事三种（含三种）以上相应车型的普通机动车驾驶人培训业务；获得二级普通机动车驾驶人培训许可的，可以从事两种相应车型的普通机动车驾驶人培训业务；获得三级普通机动车驾驶人培训许可的，只能从事一种相应车型的普通机动车驾驶人培训业务。

获得道路客货运输驾驶人从业资格培训许可的，可以从事经营性道路旅客运输驾驶人、经营性道路货物运输驾驶人的从业资格培训业务；获得危险货物运输驾驶人从业资格培训许可的，可以从事道路危险货物运输驾驶人的从业资格培训业务。

获得道路运输驾驶人从业资格培训许可的，还可以从事相应车型的普通机动车驾驶人培训业务。

获得机动车驾驶人培训教练场经营许可的，可以从事机动车驾驶人培训教练场经营业务。

三、教练管理

机动车驾驶培训教练员资格实行全国统一考试制度。考试每年举行两次。

机动车驾驶培训教练员资格全国统一考试由省级道路运输管理机构按照交通部制定的考试大纲、考试题库、考核标准、考试工作规范和程序组织实施。

省级道路运输管理机构应当向考试合格人员核发《教练员证》。

《教练员证》由省级道路运输管理机构统一印制并编号，有效期为6年。机动车驾驶培训教练员应当在《教练员证》有效期届满前30日到原发证机关办理换证手续。

鼓励教练员同时具备理论教练员和驾驶操作教练员资格。

机动车驾驶培训教练员应当按照统一的教学大纲规范施教，并如实填写《教学日志》和《中华人民共和国机动车驾驶人培训记录》（简称《培训记录》，式样见附件2）。

教练员从事教学活动时，应当随身携带《教练员证》，不得转让、转借《教练员证》。在道路上学习驾驶时，随车指导的教练员应当持有相应的《教练员证》。

机动车驾驶人培训机构应当加强对教练员的职业道德教育和驾驶新知识、新技术的再教育,对教练员每年进行至少一周的脱岗培训,提高教练员的职业素质。

机动车驾驶人培训机构应当加强对教练员教学情况的监督检查,定期对教练员的教学水平和职业道德进行评议,公布教练员的教学质量排行情况,督促教练员提高教学质量。

四、经营管理

机动车驾驶人培训机构应当在注册地开展培训业务,不得采取异地培训、恶意压价、欺骗学员等不正当手段开展经营活动,不得允许社会车辆以其名义开展机动车驾驶人培训经营活动。

机动车驾驶人培训机构应当建立教学车辆档案。教学车辆档案主要内容包括:车辆基本情况、维护和检测情况、技术等级记录、行驶里程记录等。

教学车辆档案应当保存至车辆报废后1年。

机动车驾驶人培训机构在道路上进行培训活动,应当遵守公安交通管理部门指定的路线和时间,并在教练员随车指导下进行,与教学无关的人员不得乘坐教学车辆。

机动车驾驶人培训机构应当保持教学设施、设备的完好,充分利用先进的科技手段,提高培训质量。

机动车驾驶人培训机构应当按照有关规定向县级以上道路运输管理机构报送《培训记录》以及有关统计资料。

《培训记录》应当经获得相应《教练员证》的教练员审核签字。

第五节 《道路交通安全违法行为处理程序规定》相关知识

一、概述

本程序规定于2008年11月17日公安部部长办公会议通过,自2009年4月1日起施行。本程序分为总则、管辖、调查取证、行政强制措施适用、行政处罚、执法监督、负责等。

立法宗旨:为了规范道路交通安全违法行为处理程序,保障公安机关交通管理部门正确履行职责,保护公民、法人和其他组织的合法权益,根据《中华人民共和国道路交通安全法》及其实施条例等法律、行政法规制定本规定。

公安机关交通管理部门及其交通警察对道路交通安全违法行为的处理程序,在法定职权范围内依照本规定实施

二、行政强制措施适用

公安机关交通管理部门及其交通警察在执法过程中,依法可以采取下列行政强制措施:
(1)扣留车辆;
(2)扣留机动车驾驶证;

（3）拖移机动车；

（4）检验体内酒精、国家管制的精神药品、麻醉药品含量；

（5）收缴物品；

（6）法律、法规规定的其他行政强制措施。

采取上述行政强制措施，应当按照下列程序实施：

（1）口头告知违法行为人或者机动车所有人、管理人违法行为的基本事实、拟做出行政强制措施的种类、依据及其依法享有的权利。

（2）听取当事人的陈述和申辩，当事人提出的事实、理由或者证据成立的，应当采纳。

（3）制作行政强制措施凭证，并告知当事人在15日内到指定地点接受处理。

（4）行政强制措施凭证应当由当事人签名、交通警察签名或者盖章，并加盖公安机关交通管理部门印章；当事人拒绝签名的，交通警察应当在行政强制措施凭证上注明。

（5）行政强制措施凭证应当当场交付当事人；当事人拒收的，由交通警察在行政强制措施凭证上注明，即为送达。

现场采取行政强制措施的，可以由一名交通警察实施，并在24h内将行政强制措施凭证报所属公安机关交通管理部门备案。

有下列情形之一的，依法扣留车辆：

（1）上道路行驶的机动车未悬挂机动车号牌，未放置检验合格标志、保险标志，或者未随车携带机动车行驶证、驾驶证的。

（2）有伪造、变造或者使用伪造、变造的机动车登记证书、号牌、行驶证、检验合格标志、保险标志、驾驶证或者使用其他车辆的机动车登记证书、号牌、行驶证、检验合格标志、保险标志嫌疑的。

（3）未按照国家规定投保机动车交通事故责任强制保险的。

（4）公路客运车辆或者货运机动车超载的。

（5）机动车有被盗抢嫌疑的。

（6）机动车有拼装或者达到报废标准嫌疑的。

（7）未申领《剧毒化学品公路运输通行证》通过公路运输剧毒化学品的。

（8）非机动车驾驶人拒绝接受罚款处罚的。

对发生道路交通事故，因搜集证据需要的，可以依法扣留事故车辆。

有下列情形之一的，依法扣留机动车驾驶证：

（1）饮酒后驾驶机动车的。

（2）将机动车交由未取得机动车驾驶证或者机动车驾驶证被吊销、暂扣的人驾驶的。

（3）机动车行驶超过规定时速50%的。

（4）驾驶有拼装或者达到报废标准嫌疑的机动车上道路行驶的。

（5）在一个记分周期内累积记分达到12分的。

交通警察应当在扣留机动车驾驶证后24h内，将被扣留机动车驾驶证交所属公安机关交通管理部门。

具有上述第（1）、（2）、（3）、（5）项所列情形之一的，扣留机动车驾驶证至做出处罚决定之日；处罚决定生效前先予扣留机动车驾驶证的，扣留一日折抵暂扣期限一日。只对违法行为人做出罚款处罚的,缴纳罚款完毕后,应当立即发还机动车驾驶证。具有上述第(5)项情形的,扣留机动车驾驶证至考试合格之日。

违反机动车停放、临时停车规定,驾驶人不在现场或者虽在现场但拒绝立即驶离,妨碍其他车辆、行人通行的,公安机关交通管理部门及其交通警察可以将机动车拖移至不妨碍交通的地点或者公安机关交通管理部门指定的地点。

拖移机动车的,现场交通警察应当通过拍照、录像等方式固定违法事实和证据。

第六节 《机动车驾驶证申领和使用规定》相关知识

一、概述

2012年9月12日,中华人民共和国公安部令第123号公布修订后的《机动车驾驶证申领和使用规定》。该《规定》分总则,机动车驾驶证申请,机动车驾驶人考试,发证、换证、补证,机动车驾驶人管理,法律责任,附则7章89条,自2013年1月1日起施行,第五章第四节自发布之日起施行。

立法依据:根据《中华人民共和国道路交通安全法》及其实施条例、《中华人民共和国行政许可法》,制定本规定。

实施部门:本规定由公安机关交通管理部门负责实施。

省级公安机关交通管理部门负责本省(自治区、直辖市)机动车驾驶证业务工作的指导、检查和监督。直辖市公安机关交通管理部门车辆管理所、设区的市或者相当于同级的公安机关交通管理部门车辆管理所负责办理本行政辖区内机动车驾驶证业务。

县级公安机关交通管理部门车辆管理所可以办理本行政辖区内低速载货汽车、三轮汽车、摩托车驾驶证业务,以及其他机动车驾驶证换发、补发、审验、提交身体条件证明等业务。条件具备的,可以办理小型汽车、小型自动挡汽车、残疾人专用小型自动挡载客汽车驾驶证业务,以及其他机动车驾驶证的道路交通安全法律、法规和相关知识考试业务。具体业务范围和办理条件由省级公安机关交通管理部门确定。

二、驾驶证申请

已持有机动车驾驶证,申请增加准驾车型的,应当在本记分周期和申请前一个记分周期内没有记满12分记录。申请增加中型客车、牵引车、大型客车准驾车型的,还应当符合下列规定:

(1)申请增加中型客车准驾车型的,已取得驾驶城市公交车、大型货车、小型汽车、小型自动挡汽车、低速载货汽车或者三轮汽车准驾车型资格3年以上,并在申请前连续3个记分周期内没有记满12分记录。

(2)申请增加牵引车准驾车型的,已取得驾驶中型客车或者大型货车准驾车型资格3年以上,或者取得驾驶大型客车准驾车型资格1年以上,并在申请前连续3个记分周期内没有记满12分记录。

(3)申请增加大型客车准驾车型的,已取得驾驶中型客车或者大型货车准驾车型资格5年以上,或者取得驾驶牵引车准驾车型资格2年以上,并在申请前连续5个记分周期内没有记满12分记录。

在暂住地可以申请增加的准驾车型为小型汽车、小型自动挡汽车、低速载货汽车、三轮汽车、普通三轮摩托车、普通二轮摩托车、轻便摩托车。

三、机动车驾驶人考试

机动车驾驶人考试内容分为道路交通安全法律、法规和相关知识考试科目(以下简称"科目一")、场地驾驶技能考试科目(以下简称"科目二")、道路驾驶技能和安全文明驾驶常识考试科目(以下简称"科目三")。

考试内容和合格标准全国统一,根据不同准驾车型规定相应的考试项目。

每个科目考试一次,考试不合格的,可以补考一次。不参加补考或者补考仍不合格的,本次考试终止,申请人应当重新预约考试,但科目二、科目三考试应当在10日后预约。科目三安全文明驾驶常识考试不合格的,已通过的道路驾驶技能考试成绩有效。

在驾驶技能准考证明有效期内,科目二和科目三道路驾驶技能考试预约考试的次数不得超过5次。第五次预约考试仍不合格的,已考试合格的其他科目成绩作废。

四、发证、换证、补证

机动车驾驶人在机动车驾驶证的6年有效期内,每个记分周期均未记满12分的,换发10年有效期的机动车驾驶证;在机动车驾驶证的10年有效期内,每个记分周期均未记满12分的,换发长期有效的机动车驾驶证。

机动车驾驶证遗失的,机动车驾驶人应当向机动车驾驶证核发地车辆管理所申请补发。申请时应当填写申请表,并提交以下证明、凭证:

(1)机动车驾驶人的身份证明。
(2)机动车驾驶证遗失的书面声明。

符合规定的,车辆管理所应当在1日内补发机动车驾驶证。机动车驾驶人补领机动车驾驶证后,原机动车驾驶证作废,不得继续使用。机动车驾驶证被依法扣押、扣留或者暂扣期间,机动车驾驶人不得申请补发。

五、机动车驾驶人管理

机动车驾驶人应当按照法律、行政法规的规定,定期到公安机关交通管理部门接受审验。

机动车驾驶人按照本规定第四十八条、第四十九条换领机动车驾驶证时,应当接受公安机关交通管理部门的审验。

持有大型客车、牵引车、城市公交车、中型客车、大型货车驾驶证的驾驶人,应当在每个记分周期结束后30日内到公安机关交通管理部门接受审验。但在一个记分周期内没有记分记录的,免予本记分周期审验。

持有本条第三款规定以外准驾车型驾驶证的驾驶人,发生交通事故造成人员死亡承担同等以上责任未被吊销机动车驾驶证的,应当在本记分周期结束后30日内到公安机关交通管理部门接受审验。

在异地从事营运的机动车驾驶人,向营运地车辆管理所备案登记一年后,可以直接在营运地参加审验。

机动车驾驶人联系电话、联系地址等信息发生变化,以及持有大型客车、牵引车、城市公交车、中型客车、大型货车驾驶证的驾驶人从业单位等信息发生变化的,应当在信息变更后30日内,向驾驶证核发地车辆管理所备案。

道路运输企业应当定期将聘用的机动车驾驶人向所在地公安机关交通管理部门备案,督促及时处理道路交通安全违法行为、交通事故和参加机动车驾驶证审验。

公安机关交通管理部门应当每月向辖区内交通运输主管部门、运输企业通报机动车驾驶人的道路交通违法行为、记分和交通事故等情况。

第七节 《机动车登记规定》相关知识

一、概述

《机动车登记规定》于2008年5月27日以中华人民共和国公安部令第102号发布,根据2012年9月12日中华人民共和国公安部令第124号公布的《公安部关于修改〈机动车登记规定〉的决定》修正。该《规定》分总则、登记、其他规定、法律责任、附则5章65条,自2008年10月1日起施行。

立法依据:根据《中华人民共和国道路交通安全法》及其实施条例的规定,制定本规定。本规定由公安机关交通管理部门负责实施。

省级公安机关交通管理部门负责本省(自治区、直辖市)机动车登记工作的指导、检查和监督。直辖市公安机关交通管理部门车辆管理所、设区的市或者相当于同级的公安机关交通管理部门车辆管理所负责办理本行政辖区内机动车登记业务。

县级公安机关交通管理部门车辆管理所可以办理本行政辖区内摩托车、三轮汽车、低速载货汽车登记业务。条件具备的,可以办理除进口机动车、危险化学品运输车、校车、中型以上载客汽车以外的其他机动车登记业务。具体业务范围和办理条件由省级公安机关交通管理部门确定。警用车辆登记业务按照有关规定办理。

二、登记

初次申领机动车号牌、行驶证的,机动车所有人应当向住所地的车辆管理所申请注册登记。

申请注册登记所需的材料:
(1)机动车所有人的身份证明;
(2)购车发票等机动车来历证明;
(3)机动车整车出厂合格证明或者进口机动车进口凭证;

（4）车辆购置税完税证明或者免税凭证；
（5）机动车交通事故责任强制保险凭证；
（6）车船税纳税或者免税证明；
（7）法律、行政法规规定应当在机动车注册登记时提交的其他证明、凭证。

不属于经海关进口的机动车和国务院机动车产品主管部门规定免予安全技术检验的机动车，还应当提交机动车安全技术检验合格证明。

车辆管理所应当自受理申请之日起 2 日内，确认机动车，核对车辆识别代号拓印膜，审查提交的证明、凭证，核发机动车登记证书、号牌、行驶证和检验合格标志。

申请变更登记的，机动车所有人应当填写申请表，交验机动车，并提交以下证明、凭证：
（1）机动车所有人的身份证明；
（2）机动车登记证书；
（3）机动车行驶证；
（4）属于更换发动机、车身或者车架的，还应当提交机动车安全技术检验合格证明；
（5）属于因质量问题更换整车的，还应当提交机动车安全技术检验合格证明，但经海关进口的机动车和国务院机动车产品主管部门认定免予安全技术检验的机动车除外。

车辆管理所应当自受理之日起 1 日内，确认机动车，审查提交的证明、凭证，在机动车登记证书上签注变更事项，收回行驶证，重新核发行驶证。

已注册登记的机动车所有权发生转移的，现机动车所有人应当自机动车交付之日起 30 日内向登记地车辆管理所申请转移登记。

机动车所有人申请转移登记前，应当将涉及该车的道路交通安全违法行为和交通事故处理完毕。

机动车所有人将机动车作为抵押物抵押的，应当向登记地车辆管理所申请抵押登记；抵押权消灭的，应当向登记地车辆管理所申请解除抵押登记。

已达到国家强制报废标准的机动车，机动车所有人向机动车回收企业交售机动车时，应当填写申请表。报废的校车、大型客、货车及其他营运车辆应当在车辆管理所的监督下解体。

机动车回收企业应当在机动车解体后 7 日内将申请表、机动车登记证书、号牌、行驶证和《报废机动车回收证明》副本提交车辆管理所，申请注销登记。

第八节　《道路交通事故处理程序规定》相关知识

一、概述

立法宗旨：为了规范道路交通事故处理程序，保障公安机关交通管理部门依法履行职责，保护道路交通事故当事人的合法权益，根据《中华人民共和国道路交通安全法》及其实施条例等有关法律、法规，制定本规定，自 2009 年 1 月 1 日起施行。

本规定分为总则、管辖、报警和受理、自行协商和简易程序、调查、认定与复核、处罚执行、损害赔偿调解、涉外道路交通事故处理、执法监督、附则等部分。

二、报警和受理

公路上发生道路交通事故的,驾驶人必须在确保安全的原则下,立即组织车上人员疏散到路外安全地点,避免发生次生事故。驾驶人已因道路交通事故死亡或者受伤无法行动的,车上其他人员应当自行组织疏散。

三、协商和简易程序

机动车与机动车、机动车与非机动车发生财产损失事故,当事人对事实及成因无争议的,可以自行协商处理损害赔偿事宜。车辆可以移动的,当事人应当在确保安全的原则下对现场拍照或者标划事故车辆现场位置后,立即撤离现场,将车辆移至不妨碍交通的地点,再进行协商。

非机动车与非机动车或者行人发生财产损失事故,基本事实及成因清楚的,当事人应当先撤离现场,再协商处理损害赔偿事宜。

对应当自行撤离现场而未撤离的,交通警察应当责令当事人撤离现场;造成交通堵塞的,对驾驶人处以 200 元罚款;驾驶人有其他道路交通安全违法行为的,依法一并处罚。

当事人自行协商达成协议的,填写道路交通事故损害赔偿协议书,并共同签名。损害赔偿协议书内容包括事故发生的时间、地点、天气、当事人姓名、机动车驾驶证号、联系方式、机动车种类和号牌、保险凭证号、事故形态、碰撞部位、赔偿责任等内容。

四、认定与复核

当事人对道路交通事故认定有异议的,可以自道路交通事故认定书送达之日起 3 日内,向上一级公安机关交通管理部门提出书面复核申请。

复核申请应当载明复核请求及其理由和主要证据。

第九节 《道路运输从业人员管理规定》相关知识

一、概述

为加强道路运输从业人员管理,提高道路运输从业人员综合素质,根据《中华人民共和国道路运输条例》、《危险化学品安全管理条例》以及有关法律、行政法规,交通部制定了《道路运输从业人员管理规定》,规定自 2007 年 3 月 1 日起施行。

立法宗旨:加强道路运输从业人员管理,提高道路运输从业人员综合素质

管理部门:交通部负责全国道路运输从业人员管理工作。

县级以上地方人民政府交通主管部门负责组织领导本行政区域内的道路运输从业人员管理工作,并具体负责本行政区域内道路危险货物运输从业人员的管理工作。

县级以上道路运输管理机构具体负责本行政区域内经营性道路客货运输驾驶人、机动

车维修技术人员、机动车驾驶培训教练员、道路运输经理人和其他道路运输从业人员的管理工作。

本规定所称道路运输从业人员是指经营性道路客货运输驾驶人、道路危险货物运输从业人员、机动车维修技术人员、机动车驾驶培训教练员、道路运输经理人和其他道路运输从业人员。

经营性道路客货运输驾驶人包括经营性道路旅客运输驾驶人和经营性道路货物运输驾驶人。

道路危险货物运输从业人员包括道路危险货物运输驾驶人、装卸管理人员和押运人员。

机动车维修技术人员包括机动车维修技术负责人员、质量检验人员以及从事机修、电器、钣金、涂漆、车辆技术评估(含检测)作业的技术人员。

机动车驾驶培训教练员包括理论教练员、驾驶操作教练员、道路客货运输驾驶人从业资格培训教练员和危险货物运输驾驶人从业资格培训教练员。

道路运输经理人包括道路客货运输企业、道路客货运输站(场)、机动车驾驶人培训机构、机动车维修企业的管理人员。

其他道路运输从业人员是指除上述人员以外的道路运输从业人员,包括道路客运乘务员、机动车驾驶人培训机构教学负责人及结业考核人员、机动车维修企业价格结算员及业务接待员。

二、从业资格管理

国家对道路运输从业人员实行从业资格考试制度。从业资格是对道路运输从业人员所从事的特定岗位职业素质的基本评价。经营性道路客货运输驾驶人和道路危险货物运输从业人员必须取得相应从业资格,方可从事相应的道路运输活动。

机动车维修技术人员、机动车驾驶培训教练员取得从业资格的比例分别是相关经营者依法获取机动车维修和机动车驾驶人培训经营许可的必要条件之一。

机动车驾驶培训教练员应当符合下列条件。

1. 理论教练员

(1)取得相应的机动车驾驶证,具有2年以上安全驾驶经历;

(2)年龄不超过60周岁;

(3)具有汽车及相关专业中专以上学历或者汽车及相关专业中级以上技术职称;

(4)掌握道路交通安全法规、驾驶理论、机动车构造、交通安全心理学、常用伤员急救等安全驾驶知识,了解车辆环保和节约能源的有关知识,了解教育学、教育心理学的基本教学知识,具备编写教案、规范讲解的授课能力。

2. 驾驶操作教练员

(1)取得相应的机动车驾驶证,符合安全驾驶经历和相应车型驾驶经历的要求;

(2)年龄不超过60周岁;

(3)具有汽车及相关专业中专或者高中以上学历;

(4)掌握道路交通安全法规、驾驶理论、机动车构造、交通安全心理学和应急驾驶的基本知识,熟悉车辆维护和常见故障诊断、车辆环保和节约能源的有关知识,具备驾驶要领讲解、驾驶动作示范、指导驾驶的教学能力。

3. 道路客货运输驾驶人从业资格培训教练员

（1）具有汽车及相关专业大专以上学历或者汽车及相关专业高级以上技术职称。

（2）掌握道路旅客运输法规、货物运输法规以及机动车维修、货物装卸保管和旅客急救等相关知识，具备相应的授课能力。

（3）具有 2 年以上从事普通机动车驾驶人培训的教学经历，且近 2 年无不良的教学记录。

4. 危险货物运输驾驶人从业资格培训教练员

（1）具有化工及相关专业大专以上学历或者化工及相关专业高级以上技术职称。

（2）掌握危险货物运输法规、危险化学品特性、包装容器使用方法、职业安全防护和应急救援等知识，具备相应的授课能力。

（3）具有 2 年以上化工及相关专业的教学经历，且近 2 年无不良的教学记录。

申请参加机动车驾驶培训教练员从业资格考试的，应当向其户籍地或者暂住地省级道路运输管理机构提出申请，填写《机动车驾驶培训教练员从业资格考试申请表》，并提供下列材料：

（1）身份证明及复印件；

（2）机动车驾驶证及复印件；

（3）学历证明或者技术职称证明及复印件；

（4）道路交通安全主管部门出具的安全驾驶经历证明；

（5）相应车型驾驶经历证明；

（6）申请参加道路客货运输驾驶人从业资格培训教练员和危险货物运输驾驶人从业资格培训教练员从业资格考试的，还应当提供相应的教学经历证明。

三、从业资格证件管理

机动车驾驶培训教练员经考试合格后，取得《中华人民共和国机动车驾驶培训教练员证》，证件式样按照《机动车驾驶人培训管理规定》（交通部 2006 年第 2 号令）的规定执行；经营性道路客货运输驾驶人、道路危险货物运输从业人员、机动车维修技术人员、道路运输经理人和其他道路运输从业人员经考试合格后，取得《中华人民共和国道路运输从业人员从业资格证》。

《中华人民共和国道路运输从业人员从业资格证》和《中华人民共和国机动车驾驶培训教练员证》统称道路运输从业人员从业资格证件。

经营性道路客货运输驾驶人、道路危险货物运输从业人员在发证机关所在地以外从业，且从业时间超过 3 个月的，应当到服务地管理部门备案。

四、从业行为规定

道路运输从业人员在从事道路运输活动时，应当携带相应的从业资格证件，并应当遵守国家相关法规和道路运输安全操作规程，不得违法经营、违章作业。

道路运输从业人员应当按照规定参加国家相关法规、职业道德及业务知识培训。

机动车驾驶培训教练员应当按照全国统一的教学大纲实施教学,规范填写教学日志和培训记录,不得擅自减少学时和培训内容。

第十节 《机动车驾驶培训机构资格条件》相关知识

一、概述

本标准规定了机动车驾驶培训机构分类、主体资格、组织机构、岗位职责和管理制度、人员、教练车、教练场地、教学设施设备、理论教室、经营性教练场等基本条件。

适用范围: 本标准适用于从事民用机动车驾驶培训机构,不适用于专门的拖拉机驾驶培训学校、培训班,是道路运输管理机构对机动车驾驶培训机构资格许可和实施动态监督管理的依据。

二、术语和定义

机动车驾驶培训教练车车型的分类。培训车型分为大型客车、通用货车半挂车(牵引车)、城市公交车、中型客车、大型货车、小型汽车(含小型自动挡汽车)、低速汽车(含低速载货汽车、三轮汽车)、摩托车(含三轮摩托车、二轮摩托车、轻便摩托车)、其他车型(含轮式自行机械车、无轨电车、有轨电车、拖拉机)等九类。

驾驶培训机构分为综合和专项两类。

综合类机动车驾驶培训机构应具备两种以上(含两种)车型的培训能力,且每种车型教练车数量不少于5辆。专项类机动车驾驶培训机构只具备一种车型的培训能力。

三、主体资格与组织机构

机动车驾驶培训机构应具有独立企业法人资格。

机动车驾驶培训机构应设有教学、教员、学员、质量、安全、结业考试和设施设备管理等组织机构。组织机构可以综合设置。

四、岗位职责和管理制度

培训机构应建立负责人、管理人员、教学人员和其他人员的岗位职责。

培训机构应建立诚信承诺制度、教学管理制度、教练员管理制度、学员管理制度、结业考试制度、培训预约制度、责任倒查制度、学员投诉受理制度、安全管理制度、教练车管理制度、教学设施设备管理制度、计算机教学管理制度、培训收费管理制度。

教学管理制度应包括落实国家统一的教学大纲的措施,教学实施计划的制订、检查,驾驶培训记录的使用和管理以及教学质量评估等规定。

教练员管理制度应包括教练员聘用、轮训、评议、考核(包括执教能力、培训质量、职业道德、廉洁自律等)和教练员培训质量排行榜的公布,并建立教练员文字和电子档案。

五、人员

1. 管理人员

(1)理论教学负责人应具有汽车及相关专业中专以上学历或汽车及相关专业中级以上技术职称,并持有机动车驾驶证。

(2)驾驶操作训练负责人应具有汽车及相关专业中专以上学历或汽车及相关专业中级以上技术职称,并持有机动车驾驶证,有10年以上安全驾驶经历。

(3)教练车管理人员应具有汽车及相关专业中专以上学历或汽车及相关专业初级以上技术职称,并持有机动车驾驶证。

(4)结业考核人员应具有汽车及相关专业中专以上学历或汽车及相关专业初级以上技术职称,从事教练员工作5年以上,且具有8年以上安全驾驶经历。

(5)计算机管理人员应具有计算机专业大专以上学历或持有专业计算机运用水平考试二级证书。

2. 教练员

1)理论教练员

理论教练员应当具备下列条件:

(1)应持有机动车驾驶证,且具有2年以上驾驶经历;

(2)具有汽车及相关专业中专以上学历或汽车及相关专业中级以上技术职称;

(3)经省级道路运输管理机构对道路交通安全法律法规、汽车构造基本知识和教学授课能力考试合格。

理论教练员人数,一级培训机构不少于5人,二级培训机构不少于3人,三级培训机构不少于1人。

2)驾驶操作教练员

驾驶操作教练员应当具备下列条件:

(1)持有机动车驾驶证,且年龄不超过60周岁。

(2)具有汽车及相关专业中专或高中以上学历。

(3)安全驾驶经历和相应车型驾驶经历应满足下列要求:

①大型客车驾驶操作教练员具有10年以上安全驾驶经历,且有5年以上驾驶大型客车经历;

②通用货车半挂车(牵引车)驾驶操作教练员具有10年以上安全驾驶经历,且有5年以上驾驶通用货车半挂车(牵引车)的经历;

③城市公交车驾驶操作教练员具有10年以上安全驾驶经历,且有5年以上驾驶大型客车或城市公交车的经历;

④中型客车驾驶操作教练员具有10年以上安全驾驶经历,且有5年以上驾驶中型客车的经历;

⑤大型货车驾驶操作教练员具有10年以上安全驾驶经历,且有5年以上驾驶大型货车的经历;

⑥小型汽车驾驶操作教练员具有5年以上安全驾驶经历,且有3年以上驾驶小型汽车

的经历；

⑦低速汽车驾驶操作教练员具有5年以上安全驾驶经历，且有3年以上驾驶低速汽车的经历；

⑧摩托车驾驶操作教练员具有5年以上安全驾驶经历，且有3年以上驾驶摩托车的经历；

⑨其他教练车的驾驶操作教练员具有5年以上安全驾驶经历，且有4年以上驾驶相应车辆的经历。

(4)经省级道路运输管理机构对道路交通安全法律法规、驾驶技能和驾驶要领讲解、驾驶动作示范、指导驾驶、评教评学等教学能力考试合格。

六、教练车

教练车技术状况应符合GB 7258的要求和JT/T 198所规定的二级车以上技术条件，并装有副后视镜、副制动踏板、灭火器及其他安全防护装置。道路驾驶教练车还需装有副加速踏板和副离合器踏板。

七、教学设施设备、场地

应具备计算机单机或网络教学系统，满足运行多媒体理论教学软件和记录学时的要求。机动车驾驶培训机构应使用多媒体软件进行理论教学。多媒体教学软件的内容应满足教学大纲的要求，并具有集文字、图片、声音、动画、视频为一体的功能。

学员人均使用教室面积不小于$1.2m^2$，理论教室面积不少于$50m^2$。经营性教练场应符合JT/T 434的要求。

第十一节 《中华人民共和国刑法》相关知识

一、概述

《中华人民共和国刑法》于1979年7月1日第五届全国人民代表大会第二次会议通过。1997年3月14日第八届全国人民代表大会第五次会议对其进行了一次修订。《中华人民共和国刑法修正案(八)》于2011年2月25日第十一届全国人民代表大会常务委员会第十九次会议通过，并于2011年5月1日起施行。

立法宗旨：为了惩罚犯罪，保护人民，根据宪法，结合我国同犯罪作斗争的具体经验及实际情况，制定本法。

任务：中华人民共和国刑法的任务，是用刑罚同一切犯罪行为作斗争，以保卫国家安全，保卫人民民主专政的政权和社会主义制度，保护国有财产和劳动群众集体所有的财产，保护公民私人所有的财产，保护公民的人身权利、民主权利和其他权利，维护社会秩序、经济秩序，保障社会主义建设事业的顺利进行。

二、犯罪

明知自己的行为会发生危害社会的结果,并且希望或者放任这种结果发生,因而构成犯罪的,是故意犯罪。

为了使国家、公共利益、本人或者他人的人身、财产和其他权利免受正在发生的危险,不得已采取的紧急避险行为,造成损害的,不负刑事责任。紧急避险超过必要限度造成不应有的损害的,应当负刑事责任,但是应当减轻或者免除处罚。

三、刑罚

违反交通运输管理法规,因而发生重大事故,致人重伤、死亡或者使公私财产遭受重大损失的,处3年以下有期徒刑或者拘役;交通运输肇事后逃逸或者有其他特别恶劣情节的,处3年以上7年以下有期徒刑;因逃逸致人死亡的,处7年以上有期徒刑。

明知校舍或者教育教学设施有危险,而不采取措施或者不及时报告,致使发生重大伤亡事故的,对直接责任人员,处3年以下有期徒刑或者拘役;后果特别严重的,处3年以上7年以下有期徒刑。

捏造并散布虚伪事实,损害他人的商业信誉、商品声誉,给他人造成重大损失或者有其他严重情节的,处2年以下有期徒刑或者拘役,并处或者单处罚金。

第十二节 《中华人民共和国劳动合同法》相关知识

一、概述

全国人民代表大会常务委员会关于修改《中华人民共和国劳动合同法》的决定于2012年12月28日第十一届全国人民代表大会常务委员会第三十次会议修订,修改后的劳动合同法自2013年7月1日起施行。

立法宗旨: 为了完善劳动合同制度,明确劳动合同双方当事人的权利和义务,保护劳动者的合法权益,构建和发展和谐稳定的劳动关系。

适用范围: 适用于中华人民共和国境内的企业、个体经济组织、民办非企业单位等组织(以下称用人单位)与劳动者建立劳动关系,订立、履行、变更、解除或者终止劳动合同。

国家机关、事业单位、社会团体和与其建立劳动关系的劳动者,订立、履行、变更、解除或者终止劳动合同,依照本法执行。

二、订立劳动合同的原则

订立劳动合同,应当遵循合法、公平、平等自愿、协商一致、诚实信用的原则。依法订立的劳动合同具有约束力,用人单位与劳动者应当履行劳动合同约定的义务。

用人单位在制定、修改或者决定有关劳动报酬、工作时间、休息休假、劳动安全卫生、保险福利、职工培训、劳动纪律以及劳动定额管理等直接涉及劳动者切身利益的规章制度或者重大事项时,应当经职工代表大会或者全体职工讨论,提出方案和意见,与工会或者职工代表平等协商确定。

在规章制度和重大事项决定实施过程中,工会或者职工认为不适当的,有权向用人单位提出,通过协商予以修改完善。

用人单位应当将直接涉及劳动者切身利益的规章制度和重大事项决定公示,或者告知劳动者。

县级以上人民政府劳动行政部门会同工会和企业方面代表,建立健全协调劳动关系三方机制,共同研究解决有关劳动关系的重大问题。

工会应当帮助、指导劳动者与用人单位依法订立和履行劳动合同,并与用人单位建立集体协商机制,维护劳动者的合法权益。

三、劳动合同的订立

用人单位自用工之日起即与劳动者建立劳动关系,应当建立职工名册备查。

用人单位招用劳动者时,应当如实告知劳动者工作内容、工作条件、工作地点、职业危害、安全生产状况、劳动报酬,以及劳动者要求了解的其他情况;用人单位有权了解劳动者与劳动合同直接相关的基本情况,劳动者应当如实说明。

用人单位招用劳动者,不得扣押劳动者的居民身份证和其他证件,不得要求劳动者提供担保或者以其他名义向劳动者收取财物。

建立劳动关系,应当订立书面劳动合同。已建立劳动关系,未同时订立书面劳动合同的,应当自用工之日起1个月内订立书面劳动合同。用人单位与劳动者在用工前订立劳动合同的,劳动关系自用工之日起建立。

用人单位未在用工的同时订立书面劳动合同,与劳动者约定的劳动报酬不明确的,新招用的劳动者的劳动报酬按照集体合同规定的标准执行;没有集体合同或者集体合同未规定的,实行同工同酬。

劳动合同分为固定期限劳动合同、无固定期限劳动合同和以完成一定工作任务为期限的劳动合同。固定期限劳动合同,是指用人单位与劳动者约定合同终止时间的劳动合同。

无固定期限劳动合同,是指用人单位与劳动者约定无确定终止时间的劳动合同。

有下列情形之一,劳动者提出或者同意续订、订立劳动合同的,除劳动者提出订立固定期限劳动合同外,应当订立无固定期限劳动合同:

(1)劳动者在该用人单位连续工作满10年的;

(2)用人单位初次实行劳动合同制度或者国有企业改制重新订立劳动合同时,劳动者在该用人单位连续工作满10年且距法定退休年龄不足10年的;

(3)连续订立二次固定期限劳动合同,且劳动者没有本法第三十九条和第四十条第一项、第二项规定的情形,续订劳动合同的。

用人单位自用工之日起满1年不与劳动者订立书面劳动合同的,视为用人单位与劳动者已订立无固定期限劳动合同。

以完成一定工作任务为期限的劳动合同,是指用人单位与劳动者约定以某项工作的完成为合同期限的劳动合同。

第七章 相关法律、法规知识

劳动合同由用人单位与劳动者协商一致,并经用人单位与劳动者在劳动合同文本上签字或者盖章生效。劳动合同文本由用人单位和劳动者各执一份。

劳动合同应当具备以下条款:

(1)用人单位的名称、住所和法定代表人或者主要负责人;

(2)劳动者的姓名、住址和居民身份证或者其他有效身份证件号码;

(3)劳动合同期限;

(4)工作内容和工作地点;

(5)工作时间和休息休假;

(6)劳动报酬;

(7)社会保险;

(8)劳动保护、劳动条件和职业危害防护;

(9)法律、法规规定应当纳入劳动合同的其他事项。

劳动合同除前款规定的必备条款外,用人单位与劳动者可以约定试用期、培训、保守秘密、补充保险和福利待遇等其他事项。

劳动合同对劳动报酬和劳动条件等标准约定不明确,引发争议的,用人单位与劳动者可以重新协商;协商不成的,适用集体合同规定;没有集体合同或者集体合同未规定劳动报酬的,实行同工同酬;没有集体合同或者集体合同未规定劳动条件等标准的,适用国家有关规定。

劳动合同期限3个月以上不满1年的,试用期不得超过1个月;劳动合同期限1年以上不满3年的,试用期不得超过2个月;3年以上固定期限和无固定期限的劳动合同,试用期不得超过6个月。

同一用人单位与同一劳动者只能约定一次试用期。

以完成一定工作任务为期限的劳动合同或者劳动合同期限不满3个月的,不得约定试用期。

试用期包含在劳动合同期限内。劳动合同仅约定试用期的,试用期不成立,该期限为劳动合同期限。

劳动者在试用期的工资不得低于本单位相同岗位最低档工资或者劳动合同约定工资的80%,并不得低于用人单位所在地的最低工资标准。

在试用期中,除劳动者有本法第三十九条和第四十条第一项、第二项规定的情形外,用人单位不得解除劳动合同。用人单位在试用期解除劳动合同的,应当向劳动者说明理由。

用人单位为劳动者提供专项培训费用,对其进行专业技术培训的,可以与该劳动者订立协议,约定服务期。

劳动者违反服务期约定的,应当按照约定向用人单位支付违约金。违约金的数额不得超过用人单位提供的培训费用。用人单位要求劳动者支付的违约金不得超过服务期尚未履行部分所应分摊的培训费用。

用人单位与劳动者约定服务期的,不影响按照正常的工资调整机制提高劳动者在服务期期间的劳动报酬。

用人单位与劳动者可以在劳动合同中约定保守用人单位的商业秘密和与知识产权相关

的保密事项。

对负有保密义务的劳动者,用人单位可以在劳动合同或者保密协议中与劳动者约定竞业限制条款,并约定在解除或者终止劳动合同后,在竞业限制期限内按月给予劳动者经济补偿。劳动者违反竞业限制约定的,应当按照约定向用人单位支付违约金。

竞业限制的人员限于用人单位的高级管理人员、高级技术人员和其他负有保密义务的人员。竞业限制的范围、地域、期限由用人单位与劳动者约定,竞业限制的约定不得违反法律、法规的规定。

在解除或者终止劳动合同后,前款规定的人员到与本单位生产或者经营同类产品、从事同类业务的有竞争关系的其他用人单位,或者自己开业生产或者经营同类产品、从事同类业务的竞业限制期限,不得超过2年。

除本法第二十二条和第二十三条规定的情形外,用人单位不得与劳动者约定由劳动者承担违约金。

下列劳动合同无效或者部分无效:

(1)以欺诈、胁迫的手段或者乘人之危,使对方在违背真实意思的情况下订立或者变更劳动合同的;

(2)用人单位免除自己的法定责任、排除劳动者权利的;

(3)违反法律、行政法规强制性规定的。

对劳动合同的无效或者部分无效有争议的,由劳动争议仲裁机构或者人民法院确认。

劳动合同部分无效,不影响其他部分效力的,其他部分仍然有效。劳动合同被确认无效,劳动者已付出劳动的,用人单位应当向劳动者支付劳动报酬。劳动报酬的数额,参照本单位相同或者相近岗位劳动者的劳动报酬确定。

四、劳动合同的履行和变更

用人单位与劳动者应当按照劳动合同的约定,全面履行各自的义务。用人单位应当按照劳动合同约定和国家规定,向劳动者及时足额支付劳动报酬。用人单位拖欠或者未足额支付劳动报酬的,劳动者可以依法向当地人民法院申请支付令,人民法院应当依法发出支付令。

用人单位应当严格执行劳动定额标准,不得强迫或者变相强迫劳动者加班。用人单位安排加班的,应当按照国家有关规定向劳动者支付加班费。

劳动者拒绝用人单位管理人员违章指挥、强令冒险作业的,不视为违反劳动合同。劳动者对危害生命安全和身体健康的劳动条件,有权对用人单位提出批评、检举和控告。

用人单位变更名称、法定代表人、主要负责人或者投资人等事项,不影响劳动合同的履行。

用人单位发生合并或者分立等情况,原劳动合同继续有效,劳动合同由承继其权利和义务的用人单位继续履行。

用人单位与劳动者协商一致,可以变更劳动合同约定的内容。变更劳动合同,应当采用书面形式。变更后的劳动合同文本由用人单位和劳动者各执一份。

五、劳动合同的解除和终止

用人单位与劳动者协商一致,可以解除劳动合同。劳动者提前30日以书面形式通知用人单位,可以解除劳动合同。劳动者在试用期内提前3日通知用人单位,可以解除劳动合同。

用人单位有下列情形之一的,劳动者可以解除劳动合同:
(1)未按照劳动合同约定提供劳动保护或者劳动条件的;
(2)未及时足额支付劳动报酬的;
(3)未依法为劳动者缴纳社会保险费的;
(4)用人单位的规章制度违反法律、法规的规定,损害劳动者权益的;
(5)因本法第二十六条第一款规定的情形致使劳动合同无效的;
(6)法律、行政法规规定劳动者可以解除劳动合同的其他情形。

用人单位以暴力、威胁或者非法限制人身自由的手段强迫劳动者劳动的,或者用人单位违章指挥、强令冒险作业危及劳动者人身安全的,劳动者可以立即解除劳动合同,不需事先告知用人单位。

劳动者有下列情形之一的,用人单位可以解除劳动合同:
(1)在试用期间被证明不符合录用条件的;
(2)严重违反用人单位的规章制度的;
(3)严重失职,营私舞弊,给用人单位造成重大损害的;
(4)劳动者同时与其他用人单位建立劳动关系,对完成本单位的工作任务造成严重影响,或者经用人单位提出,拒不改正的;
(5)因本法第二十六条第一款第一项规定的情形致使劳动合同无效的;
(6)被依法追究刑事责任的。

有下列情形之一的,用人单位提前30日以书面形式通知劳动者本人或者额外支付劳动者1个月工资后,可以解除劳动合同:
(1)劳动者患病或者非因工负伤,在规定的医疗期满后不能从事原工作,也不能从事由用人单位另行安排的工作的;
(2)劳动者不能胜任工作,经过培训或者调整工作岗位,仍不能胜任工作的;
(3)劳动合同订立时所依据的客观情况发生重大变化,致使劳动合同无法履行,经用人单位与劳动者协商,未能就变更劳动合同内容达成协议的。

有下列情形之一,需要裁减人员20人以上或者裁减不足20人但占企业职工总数10%以上的,用人单位提前30日向工会或者全体职工说明情况,听取工会或者职工的意见后,裁减人员方案经向劳动行政部门报告,可以裁减人员:
(1)依照企业破产法规定进行重整的;
(2)生产经营发生严重困难的;
(3)企业转产、重大技术革新或者经营方式调整,经变更劳动合同后,仍需裁减人员的;
(4)其他因劳动合同订立时所依据的客观经济情况发生重大变化,致使劳动合同无法履行的。

裁减人员时,应当优先留用下列人员:

(1)与本单位订立较长期限的固定期限劳动合同的;

(2)与本单位订立无固定期限劳动合同的;

(3)家庭无其他就业人员,有需要扶养的老人或者未成年人的。

用人单位依照本条第一款规定裁减人员,在6个月内重新招用人员的,应当通知被裁减的人员,并在同等条件下优先招用被裁减的人员。

劳动者有下列情形之一的,用人单位不得依照本法第四十条、第四十一条的规定解除劳动合同:

(1)从事接触职业病危害作业的劳动者未进行离岗前职业健康检查,或者疑似职业病病人在诊断或者医学观察期间的;

(2)在本单位患职业病或者因工负伤并被确认丧失或者部分丧失劳动能力的;

(3)患病或者非因工负伤,在规定的医疗期内的;

(4)女职工在孕期、产期、哺乳期的;

(5)在本单位连续工作满15年,且距法定退休年龄不足5年的;

(6)法律、行政法规规定的其他情形。

用人单位单方解除劳动合同,应当事先将理由通知工会。用人单位违反法律、行政法规规定或者劳动合同约定的,工会有权要求用人单位纠正。用人单位应当研究工会的意见,并将处理结果书面通知工会。

有下列情形之一的,劳动合同终止:

(1)劳动合同期满的;

(2)劳动者开始依法享受基本养老保险待遇的;

(3)劳动者死亡,或者被人民法院宣告死亡或者宣告失踪的;

(4)用人单位被依法宣告破产的;

(5)用人单位被吊销营业执照、责令关闭、撤销或者用人单位决定提前解散的;

(6)法律、行政法规规定的其他情形。

劳动合同期满,有本法第四十二条规定情形之一的,劳动合同应当续延至相应的情形消失时终止。但是,本法第四十二条第二项规定丧失或者部分丧失劳动能力劳动者的劳动合同的终止,按照国家有关工伤保险的规定执行。

有下列情形之一的,用人单位应当向劳动者支付经济补偿:

(1)劳动者依照本法第三十八条规定解除劳动合同的;

(2)用人单位依照本法第三十六条规定向劳动者提出解除劳动合同并与劳动者协商一致解除劳动合同的;

(3)用人单位依照本法第四十条规定解除劳动合同的;

(4)用人单位依照本法第四十一条第一款规定解除劳动合同的;

(5)除用人单位维持或者提高劳动合同约定条件续订劳动合同,劳动者不同意续订的情形外,依照本法第四十四条第一项规定终止固定期限劳动合同的;

(6)依照本法第四十四条第四项、第五项规定终止劳动合同的;

(7)法律、行政法规规定的其他情形。

经济补偿按劳动者在本单位工作的年限,每满1年支付1个月工资的标准向劳动者支付。6个月以上不满1年的,按1年计算;不满6个月的,向劳动者支付半个月工资的经济补偿。

劳动者月工资高于用人单位所在直辖市、设区的市级人民政府公布的本地区上年度职工月平均工资3倍的,向其支付经济补偿的标准按职工月平均工资3倍的数额支付,向其支付经济补偿的年限最高不超过12年。本条所称月工资是指劳动者在劳动合同解除或者终止前12个月的平均工资。

用人单位违反本法规定解除或者终止劳动合同,劳动者要求继续履行劳动合同的,用人单位应当继续履行;劳动者不要求继续履行劳动合同或者劳动合同已经不能继续履行的,用人单位应当依照本法第八十七条规定支付赔偿金。

国家采取措施,建立健全劳动者社会保险关系跨地区转移接续制度。

用人单位应当在解除或者终止劳动合同时出具解除或者终止劳动合同的证明,并在15日内为劳动者办理档案和社会保险关系转移手续。

劳动者应当按照双方约定,办理工作交接。用人单位依照本法有关规定应当向劳动者支付经济补偿的,在办结工作交接时支付。

用人单位对已经解除或者终止的劳动合同的文本,至少保存2年备查。

六、特别规定

(一)集体合同

企业职工一方与用人单位通过平等协商,可以就劳动报酬、工作时间、休息休假、劳动安全卫生、保险福利等事项订立集体合同。集体合同草案应当提交职工代表大会或者全体职工讨论通过。

集体合同由工会代表企业职工一方与用人单位订立;尚未建立工会的用人单位,由上级工会指导劳动者推举的代表与用人单位订立。企业职工一方与用人单位可以订立劳动安全卫生、女职工权益保护、工资调整机制等专项集体合同。

在县级以下区域内,建筑业、采矿业、餐饮服务业等行业可以由工会与企业方面代表订立行业性集体合同,或者订立区域性集体合同。

集体合同订立后,应当报送劳动行政部门;劳动行政部门自收到集体合同文本之日起15日内未提出异议的,集体合同即行生效。

依法订立的集体合同对用人单位和劳动者具有约束力。行业性、区域性集体合同对当地本行业、本区域的用人单位和劳动者具有约束力。

集体合同中劳动报酬和劳动条件等标准不得低于当地人民政府规定的最低标准;用人单位与劳动者订立的劳动合同中劳动报酬和劳动条件等标准不得低于集体合同规定的标准。

用人单位违反集体合同,侵犯职工劳动权益的,工会可以依法要求用人单位承担责任;因履行集体合同发生争议,经协商解决不成的,工会可以依法申请仲裁、提起诉讼。

(二)劳务派遣

经营劳务派遣业务应当具备下列条件:

（1）注册资本不得少于人民币200万元；
（2）有与开展业务相适应的固定的经营场所和设施；
（3）有符合法律、行政法规规定的劳务派遣管理制度；
（4）法律、行政法规规定的其他条件。

经营劳务派遣业务，应当向劳动行政部门依法申请行政许可；经许可的，依法办理相应的公司登记。未经许可，任何单位和个人不得经营劳务派遣业务。

劳务派遣单位是本法所称用人单位，应当履行用人单位对劳动者的义务。劳务派遣单位与被派遣劳动者订立的劳动合同，除应当载明本法第十七条规定的事项外，还应当载明被派遣劳动者的用工单位以及派遣期限、工作岗位等情况。

劳务派遣单位应当与被派遣劳动者订立2年以上的固定期限劳动合同，按月支付劳动报酬；被派遣劳动者在无工作期间，劳务派遣单位应当按照所在地人民政府规定的最低工资标准，向其按月支付报酬。

劳务派遣单位派遣劳动者应当与接受以劳务派遣形式用工的单位（以下称用工单位）订立劳务派遣协议。劳务派遣协议应当约定派遣岗位和人员数量、派遣期限、劳动报酬和社会保险费的数额与支付方式以及违反协议的责任。

用工单位应当根据工作岗位的实际需要与劳务派遣单位确定派遣期限，不得将连续用工期限分割订立数个短期劳务派遣协议。

劳务派遣单位应当将劳务派遣协议的内容告知被派遣劳动者，不得克扣用工单位按照劳务派遣协议支付给被派遣劳动者的劳动报酬。劳务派遣单位和用工单位不得向被派遣劳动者收取费用。

劳务派遣单位跨地区派遣劳动者的，被派遣劳动者享有的劳动报酬和劳动条件，按照用工单位所在地的标准执行。

用工单位应当履行下列义务：
（1）执行国家劳动标准，提供相应的劳动条件和劳动保护；
（2）告知被派遣劳动者的工作要求和劳动报酬；
（3）支付加班费、绩效奖金，提供与工作岗位相关的福利待遇；
（4）对在岗被派遣劳动者进行工作岗位所必需的培训；
（5）连续用工的，实行正常的工资调整机制。

用工单位不得将被派遣劳动者再派遣到其他用人单位。

被派遣劳动者享有与用工单位的劳动者同工同酬的权利。用工单位应当按照同工同酬原则，对被派遣劳动者与本单位同类岗位的劳动者实行相同的劳动报酬分配办法。用工单位无同类岗位劳动者的，参照用工单位所在地相同或者相近岗位劳动者的劳动报酬确定。

劳务派遣单位与被派遣劳动者订立的劳动合同和与用工单位订立的劳务派遣协议，载明或者约定的向被派遣劳动者支付的劳动报酬应当符合前款规定。

被派遣劳动者有权在劳务派遣单位或者用工单位依法参加或者组织工会，维护自身的合法权益。

被派遣劳动者可以依照本法第三十六条、第三十八条的规定与劳务派遣单位解除劳动合同。

被派遣劳动者有本法第三十九条和第四十条第一项、第二项规定情形的,用工单位可以将劳动者退回劳务派遣单位,劳务派遣单位依照本法有关规定,可以与劳动者解除劳动合同。

劳动合同用工是我国的企业基本用工形式。劳务派遣用工是补充形式,只能在临时性、辅助性或者替代性的工作岗位上实施。

前款规定的临时性工作岗位是指存续时间不超过6个月的岗位;辅助性工作岗位是指为主营业务岗位提供服务的非主营业务岗位;替代性工作岗位是指用工单位的劳动者因脱产学习、休假等原因无法工作的一定期间内,可以由其他劳动者替代工作的岗位。

用工单位应当严格控制劳务派遣用工数量,不得超过其用工总量的一定比例,具体比例由国务院劳动行政部门规定。

用人单位不得设立劳务派遣单位向本单位或者所属单位派遣劳动者。

(三)非全日制用工

非全日制用工,是指以小时计酬为主,劳动者在同一用人单位一般平均每日工作时间不超过4小时,每周工作时间累计不超过24小时的用工形式。

非全日制用工双方当事人可以订立口头协议。从事非全日制用工的劳动者可以与一个或者一个以上用人单位订立劳动合同;但是,后订立的劳动合同不得影响先订立的劳动合同的履行。非全日制用工双方当事人不得约定试用期。

非全日制用工双方当事人任何一方都可以随时通知对方终止用工。终止用工,用人单位不向劳动者支付经济补偿。

非全日制用工小时计酬标准不得低于用人单位所在地人民政府规定的最低小时工资标准。非全日制用工劳动报酬结算支付周期最长不得超过15日。

七、监督检查

国务院劳动行政部门负责全国劳动合同制度实施的监督管理。县级以上地方人民政府劳动行政部门负责本行政区域内劳动合同制度实施的监督管理。

县级以上各级人民政府劳动行政部门在劳动合同制度实施的监督管理工作中,应当听取工会、企业方面代表以及有关行业主管部门的意见。

县级以上地方人民政府劳动行政部门依法对下列实施劳动合同制度的情况进行监督检查:

(1)用人单位制定直接涉及劳动者切身利益的规章制度及其执行的情况;

(2)用人单位与劳动者订立和解除劳动合同的情况;

(3)劳务派遣单位和用工单位遵守劳务派遣有关规定的情况;

(4)用人单位遵守国家关于劳动者工作时间和休息休假规定的情况;

(5)用人单位支付劳动合同约定的劳动报酬和执行最低工资标准的情况;

(6)用人单位参加各项社会保险和缴纳社会保险费的情况;

(7)法律、法规规定的其他劳动监察事项。

县级以上地方人民政府劳动行政部门实施监督检查时,有权查阅与劳动合同、集体合同有关的材料,有权对劳动场所进行实地检查,用人单位和劳动者都应当如实提供有关情况和材料。

劳动行政部门的工作人员进行监督检查,应当出示证件,依法行使职权,文明执法。

县级以上人民政府建设、卫生、安全生产监督管理等有关主管部门在各自职责范围内,对用人单位执行劳动合同制度的情况进行监督管理。

劳动者合法权益受到侵害的,有权要求有关部门依法处理,或者依法申请仲裁、提起诉讼。

工会依法维护劳动者的合法权益,对用人单位履行劳动合同、集体合同的情况进行监督。用人单位违反劳动法律、法规和劳动合同、集体合同的,工会有权提出意见或者要求纠正;劳动者申请仲裁、提起诉讼的,工会依法给予支持和帮助。

任何组织或者个人对违反本法的行为都有权举报,县级以上人民政府劳动行政部门应当及时核实、处理,并对举报有功人员给予奖励。

八、法律责任

用人单位直接涉及劳动者切身利益的规章制度违反法律、法规规定的,由劳动行政部门责令改正,给予警告;给劳动者造成损害的,应当承担赔偿责任。

用人单位提供的劳动合同文本未载明本法规定的劳动合同必备条款或者用人单位未将劳动合同文本交付劳动者的,由劳动行政部门责令改正;给劳动者造成损害的,应当承担赔偿责任。

用人单位自用工之日起超过1个月不满1年未与劳动者订立书面劳动合同的,应当向劳动者每月支付2倍的工资。

用人单位违反本法规定不与劳动者订立无固定期限劳动合同的,自应当订立无固定期限劳动合同之日起向劳动者每月支付2倍的工资。

约定的试用期已经履行的,由用人单位以劳动者试用期满月工资为标准,按已经履行的超过法定试用期的期间向劳动者支付赔偿金。

用人单位违反本法规定,扣押劳动者居民身份证等证件的,由劳动行政部门责令限期退还劳动者本人,并依照有关法律规定给予处罚。

用人单位违反本法规定,以担保或者其他名义向劳动者收取财物的,由劳动行政部门责令限期退还劳动者本人,并以每人500元以上2000元以下的标准处以罚款;给劳动者造成损害的,应当承担赔偿责任。

劳动者依法解除或者终止劳动合同,用人单位扣押劳动者档案或者其他物品的,依照前款规定处罚。

用人单位有下列情形之一的,由劳动行政部门责令限期支付劳动报酬、加班费或者经济补偿;劳动报酬低于当地最低工资标准的,应当支付其差额部分;逾期不支付的,责令用人单位按应付金额50%以上100%以下的标准向劳动者加付赔偿金:

(1)未按照劳动合同的约定或者国家规定及时足额支付劳动者劳动报酬的;

(2)低于当地最低工资标准支付劳动者工资的;

(3)安排加班不支付加班费的;

第七章 相关法律、法规知识

(4)解除或者终止劳动合同,未依照本法规定向劳动者支付经济补偿的。

劳动合同依照本法第二十六条规定被确认无效,给对方造成损害的,有过错的一方应当承担赔偿责任。

用人单位违反本法规定解除或者终止劳动合同的,应当依照本法第四十七条规定的经济补偿标准的二倍向劳动者支付赔偿金。

用人单位有下列情形之一的,依法给予行政处罚;构成犯罪的,依法追究刑事责任;给劳动者造成损害的,应当承担赔偿责任:

(1)以暴力、威胁或者非法限制人身自由的手段强迫劳动的;

(2)违章指挥或者强令冒险作业危及劳动者人身安全的;

(3)侮辱、体罚、殴打、非法搜查或者拘禁劳动者的;

(4)劳动条件恶劣、环境污染严重,给劳动者身心健康造成严重损害的。

用人单位违反本法规定未向劳动者出具解除或者终止劳动合同的书面证明,由劳动行政部门责令改正;给劳动者造成损害的,应当承担赔偿责任。

劳动者违反本法规定解除劳动合同,或者违反劳动合同中约定的保密义务或者竞业限制,给用人单位造成损失的,应当承担赔偿责任。

用人单位招用与其他用人单位尚未解除或者终止劳动合同的劳动者,给其他用人单位造成损失的,应当承担连带赔偿责任。

违反本法规定,未经许可,擅自经营劳务派遣业务的,由劳动行政部门责令停止违法行为,没收违法所得,并处违法所得1倍以上5倍以下的罚款;没有违法所得的,可以处5万元以下的罚款。

劳务派遣单位、用工单位违反本法有关劳务派遣规定的,由劳动行政部门责令限期改正;逾期不改正的,以每人5000元以上1万元以下的标准处以罚款,对劳务派遣单位,吊销其劳务派遣业务经营许可证。用工单位给被派遣劳动者造成损害的,劳务派遣单位与用工单位承担连带赔偿责任。

对不具备合法经营资格的用人单位的违法犯罪行为,依法追究法律责任;劳动者已经付出劳动的,该单位或者其出资人应当依照本法有关规定向劳动者支付劳动报酬、经济补偿、赔偿金;给劳动者造成损害的,应当承担赔偿责任。

个人承包经营违反本法规定招用劳动者,给劳动者造成损害的,发包的组织与个人承包经营者承担连带赔偿责任。

劳动行政部门和其他有关主管部门及其工作人员玩忽职守、不履行法定职责,或者违法行使职权,给劳动者或者用人单位造成损害的,应当承担赔偿责任;对直接负责的主管人员和其他直接责任人员,依法给予行政处分;构成犯罪的,依法追究刑事责任。

参 考 文 献

[1] 中华人民共和国人力资源和社会保障部,中华人民共和国交通运输部.国家职业技能标准:机动车驾驶教练员[M].北京:人民交通出版社,2011.

[2] 全国汽车驾驶员培训统编教材编委会.汽车驾驶员培训教材[M].北京:人民交通出版社,1997.

[3] 北京中德安驾科技发展有限公司,人民交通出版社.安全驾驶的引路人[M].北京:人民交通出版社,2006.

[4] 中华人民共和国交通部.安全驾驶从这里开始[M].北京:人民交通出版社,2005.

[5] 云南省交通厅公路运输管理局.云南省机动车驾驶教练员培训教材[M].昆明:云南民族出版社,2005.

[6] 中国道路运输协会.怎样当好教练员/机动车驾驶教练员培训教材[M].北京:人民交通出版社,2014.

[7] 本书编写组.机动车驾驶培训教练员从业资格培训教材[M].北京:人民交通出版社,2014.